法|学|研|究|文|丛
—— 刑法学 ——

刑法中的推定同意研究

张贵湘◎著

知识产权出版社
全国百佳图书出版单位
—北京—

图书在版编目（CIP）数据

刑法中的推定同意研究／张贵湘著．-- 北京：知识产权出版社，2024.8. -- ISBN 978-7-5130-9432-0

Ⅰ.D924.04

中国国家版本馆 CIP 数据核字第 2024LW1367 号

责任编辑：杨　帆　　　　　　　　责任校对：谷　洋
封面设计：智兴设计室　　　　　　责任印制：孙婷婷

刑法中的推定同意研究

张贵湘　著

出版发行：知识产权出版社 有限责任公司		网　　址：http://www.ipph.cn	
社　　址：北京市海淀区气象路 50 号院		邮　　编：100081	
责编电话：010-82000860 转 8173		责编邮箱：471451342@qq.com	
发行电话：010-82000860 转 8101/8102		发行传真：010-82000893/82005070/82000270	
印　　刷：北京建宏印刷有限公司		经　　销：新华书店、各大网上书店及相关专业书店	
开　　本：880mm×1230mm　1/32		印　　张：11	
版　　次：2024 年 8 月第 1 版		印　　次：2024 年 8 月第 1 次印刷	
字　　数：265 千字		定　　价：78.00 元	

ISBN 978-7-5130-9432-0

　　本书系"2024年度贵州大学学术著作出版基金项目"研究成果，并获2023年度国家社会科学基金青年项目（批准号：23CFX046）和2022年度贵州大学引进人才科研项目［批准号：贵大人基合字（2022）003号］出版资助。

序

张贵湘博士的新著《刑法中的推定同意研究》是在其博士学位论文的基础上修改完成的。在本书即将出版之际，张贵湘博士邀我作序，作为她的博士生导师，我欣然应允。纵观本书，在以下三个方面具有创新性的学术贡献：

一、关于推定同意的正当化根据，主张"被允许的风险说"

推定同意的特别之处在于，其并不存在被害人的真实意愿，也并非依据客观利益权衡标准得出结论，但仍能发挥阻却违法性的效用，甚至即便事后被害人知晓真相拒绝同意的，依然可以排除行为的违法性。因此，推定同意正当化的根据值得探讨。关于推定同意的正当化根据，学界存在现实意思推定说、紧急避险说、无因管理说、社会相当性说、综合说等不同观点，看似纷繁复杂，但无一不是围绕尊重被害人自主和客观利益权衡展开的。本书作者持"被允许的风险说"，并予以充分论证。认为推定同意的正当化根据并不是客观利益的权衡，而是被害人被假定的意志。只要在行为时可以高度盖然性地推定：如果被害人在场知悉全部事实真相，基于被害人自身的立场也会同意行为人所实施的行为，即可排除其行为的违法性。即便事后证实与被害人的真实意愿相违背，该行为也同样能够排除违法性的成立。因此，被允许的风险说更具合理性。虽然该学说同样有其缺陷之处，但也可以找到相应的解决方案。本书认为，该主张更有利于给予被害人权益针对性的特别保护，反向迫使行为人在推定被害人可能的意愿时，更多地立足于被害人的立场，竭尽所能地探知被害人的价值取向与利益偏好，以此作为推定其是否会作出同意的核心标准，客观利益的衡量只能作为辅助发现被害人真实意愿的手段，而不能作为推定同意正当化的根据。同时，只要行为人尽到注意义务，即便事后证实与被害人的真实意愿相违背，该行为也同样能够排除违法性。因此，本书认为，"被允许的风险说"既能避免行为人假借推定同意之名侵害权利人的自主决定权，同时也允许存在一定的误判可能性，免除行为人的后顾之忧，积极保护权利人的优越利益，优势更为明显。

二、关于如何理解和适用紧急医疗中的推定同意

传统的父权型医疗模式面临病人缺乏自治、医患关系紧张等挑战，因此，有必要基于病人自治理念，确立病人自主权的权利体系，推动由医生主导向病人自治的医患关系转型。因此，一般情况下，获得患者同意是医疗行为进行的前提，否则就会侵犯患者的自主决定权，构成专断医疗行为。但在一些急诊案例中，患者往往处于无意识状态，医生无法及时取得患者及其近亲属的同

意，为保护患者的生命安全与重大身体健康，需要立即采取救治措施。紧急医疗行为虽然具有专断医疗行为的外观，但病情紧急且为拯救患者的重大身体利益时，可以适用推定同意阻却行为的违法性。这与普通医疗中的患者同意在本质上是一致的，有利于在医疗行为中更好地维护患者的"最佳利益"，并为例外情况下放弃紧急医疗的行为提供合理解释。紧急医疗的正当性涉及患者自主权利与医生治疗义务的边界如何划分、当事人与亲属决策权如何权衡、个人自主与其最佳利益如何一致、个人权利与社会利益如何取舍等十分复杂的医疗伦理与法律制度难题。本文在充分考虑上述难题的基础上，对我国紧急医疗中如何理解和适用推定同意阻却行为违法性问题作了深入的研究。

三、关于如何理解和适用消极安乐死中的推定同意

本书立足于我国空前规模的老龄人口即将面临终老问题的社会现实，基于平等、自由的尊严价值体系，遵循宪法关于国家尊重和保障人权的要求，融通现有学说理论，结合国内外立法和司法实践经验，就如何划定消极安乐死在我国的合法化界限、合理设置消极安乐死正当化的判断标准、科学建构消极安乐死中适用推定同意的规则，提出自己的学术主张并予以论证，为我国司法机关处理此类案件提供了必要的理论支持与操作方案，也为我国尊严死亡的合法化作出理论上的呼吁。

总之，本书在充分阅览中外文献资料的基础上，运用自己选定的立场、观点和方法，对刑法中的推定同意进行了深入研究，特别是对于紧急医疗和消极安乐死中的推定同意如何适用进行专门探讨。观点明确，思路清晰，结构布局合理，论据丰富，论证

较为充分，有理论创新和实践参考价值。

张贵湘是我于 2018 年招收的博士研究生，在校学习四年。在校期间，她好学上进，精读刑法名家作品，积极参加各种读书会和学术会议，经常参加讲座，不断提升科研能力和学术水平。到博士论文选题阶段，她找了四五个题目来和我商榷，起初题目确定为"刑法中的被害人同意研究"。不久，她认为"被害人同意"这个选题过大，再者相关研究成果已经非常丰富，以她的实力很难再有创新，最后经过慎重考虑把题目确定为"刑法中的推定同意研究"。论文写作大纲，前后修改了几十余稿。仅是选题到大纲确定，就用了约一年半的时间。正式写作到定稿，前后又用了约一年的时间。整个论文，从选题到大纲拟定，再到写作过程，张贵湘都极为用心，可以说付出了极大的努力。功夫不负有心人，最终，博士论文答辩获得答辩委员们的全票通过，并且五位答辩委员全都给予"优"的评价。

祝贺张贵湘博士在其博士学位论文的基础上修改完成的专著《刑法中的推定同意研究》顺利出版。期待她在未来的学术道路上取得更加显著的成就，有更多更好的学术作品面世。

是为序。

王　平

中国政法大学刑事司法学院教授、博士研究生导师

2024 年 7 月 6 日

于中国政法大学学院路校区科研楼

前　言

20世纪90年代中后期，随着现代刑法的发展，基于对传统"国家—犯罪人"犯罪分析理论的反思和对个体自由的重视，德国刑法理论界日益关注被害人对于刑事实体法的影响，被害人教义学随之兴起。被害人教义学揭示出被害人同意的正当化根据在于：除却他人利益与公共利益，乃至公民的自决领域，于自治边界内其可自由支配对应权利。推定同意作为一种特殊的违法阻却事由，与被害人同意关联甚密，前者的特殊之处在于即使不存在被害人的现实同意却能够达致与后者相同的出罪效果。但是，推定同意一旦被滥用，较之于被害人同意，更容易反噬被害人的合法权益，反而会给被害人的自主决定权带来巨大风险。因此，有必要对推定同意展开深入研讨，厘清推定同意的内涵与外延，寻找推定同意的体系性定位与正当化根据，明确推定同意的成立要件，探索推定同意在特殊领域的具体适用规则。本书以紧急医疗与消极安乐死两个代表领域为例，意在为推定同意这一违法阻却事由建立更清晰的藩篱、更具实操性的规则，以期更好地保障行为人的合法权益与被害人的自主决定权。

为行文流畅，本书共分为五章。

第一章为概述。该章主要明确了推定同意的基本概念，将之与被害人同意、假定同意和紧急避险等近似概念加以辨析，探讨异同所在，避免混淆与误用。至于学界关于推定同意不同类型的主张，本书在逐一探讨的基础上，赞同为被害人利益型推定同意与为他人（行为人或是其他第三人）利益型推定同意的二分说观点。

第二章研讨推定同意的体系性地位与正当化根据。首先从构成要件该当性的角度，确认推定同意中是否存在法益侵害事实，在此基础上探讨推定同意的体系性定位问题。然后在确认推定同意属于违法阻却事由后，进一步研讨推定同意的正当化根据。对于学界有关推定同意正当化根据的探讨，本书逐一分析了被允许的风险说、现实意思推定说、紧急避险说、无因管理说、社会相当性说与综合说等主要观点，最终采被允许的风险说。

第三章明确推定同意的成立要件。较之于权利主体直接行使自主决定权的被害人同意，推定同意是他人代为行使被害人自主决定权的结果，故应采取更为审慎的态度，构建更为严格的成立要件，以避免对被害人自治领域的过度入侵。本书认为，行为人依推定同意实施的行为欲阻却违法性，需同时满足以下要件：其一，行为人主观目的正当合理并具有推定同意的认识；其二，客观上难以获得被害人的真实同意，具体包括情势紧急与非情势紧急两种不同情形；其三，存在被害人作出同意的当然可能性；其四，推定同意的行为仅限于被害人有权处分的个人法益。

　　第四章分析推定同意中情势紧急情形的典型场合，即紧急医疗中的推定同意。一般医疗行为的正当化根据在于患者的知情同意，正因事前的患者同意，干预性医疗行为才能阻却违法性。在紧急医疗的场合，因患者无同意能力、又情势紧急，只能依推定同意来施行医疗行为。推定同意作为超法规的违法阻却事由，虽然在我国现行刑事法律对此尚无明文规定，但医疗领域的部分相关法律法规中已含有推定同意的实质性规范。关于紧急医疗领域适用推定同意的研讨，要点有二：其一，近亲属推定同意的认定，主要探讨了紧急医疗中近亲属推定同意的界限、患者先前拒绝手术的意愿与近亲属推定同意的冲突与解决、拒绝治疗情形下各方主体的刑事责任认定以及享有同意权的近亲属之间意见分歧的处理等问题；其二，医方推定同意的认定，具体厘清了医方推定同意的前提、权限与超越患者同意权限扩大或变更手术范围的刑法评价等争议。

　　第五章探讨推定同意中非情势紧急情形的典型场合，即消极安乐死中的推定同意。当前，消极安乐死已为世界诸多国家认可的出罪事由，或由法律明确规定，或被司法实务所承认。本书着重梳理和分析了韩国、德国、美国与荷兰这几个十分具有代表性国家的立法，以此为我国消极安乐死领域适用推定同意出罪提供规范参考。同时，本书研讨了德国和日本关于消极安乐死适用推定同意出罪的典型案例，探寻了德国和日本实务中对推定同意适用于消极安乐死领域出罪的基本态度，以期对我国司法实践有所借鉴。本章的最后，在借鉴国外立法与司法实践的基础上，本书提出了我国消极安乐死领域适用推定同意作为出罪事由的具体规则。本书主张放弃作为与不作为的传统界分，转而以患者自主决定权之下的真实同意或推定同意作为认定消极安乐死能否正当化的标准。具体而言,针对处于临终状态的患者能否适用消极安乐死,本书主张应首先探寻患者的真实同意;若患者的真实同意无法获得,则次之适用患者的推定同意。对于推定同意的判断,应遵循生前预嘱、代行决定的先后适用顺序。如穷尽所有可得探知的可能仍无法推定患者主观意愿的,则应坚持生命利益优先原则,不得随意中断或终止维持生命医疗。

目录

CONTENTS

绪　论

一、研究缘起

推定同意在刑法中的出罪功能虽然历史悠久，但却是一个历久弥新的话题。随着科技发展和社会进步，国内外刑事司法领域出现了诸多关于推定同意的新类型案例，尤其在医事医疗领域的案件更是层出不穷。这为推定同意理论研究提供了必不可少的素材。同时，也对推定同意理论提出了挑战。近年来，随着"肖志军拒签案""拔管杀妻案""南通福利院切除智障少女子宫案""榆林产妇跳楼案"等热点案件的出现，推定同意在紧急医疗与消极安乐死两个典型领域的适用日益受到重视。其中，对于紧急医疗行为适用推定同意出罪，司法实务中基本没有争议，但关于近亲属推定同意的认定与医方推定同意的认定等相关问题，则存有较大分歧。至于消极安乐死领域适用推定同意出罪的议题，司法实务对此表现出的态度既包容又模糊。具而言之，对于中断医疗的消极安乐死行为，一般不会作为犯罪处理，更多的是作为民事案件对待。但是，也不乏少数案件进入刑事诉讼领域，被追究故意杀人的罪责，仅在量刑上有所减轻。因此，有必要明确并统一推定同意在紧急医疗与消极安乐死领域作为出罪事由适用的具体规则，以为我国当下司法实践和未来国家立法提供理论参考。

在刑法中研究推定同意的问题，源于实践和理论所需，二者紧密相关。推定同意涉及在刑法中如何理解、应对公民自治，以及推定同意为何具有出罪功能的关键议题。可见，推定同意典型地代表了公民自主决定权在刑法中的地位和作用。较之于构成要件的研究成果，我国刑法学界对违法性的论述，无论是质量还是数量皆有很大差距，作为违法阻却事由的推定同意也在其列。被害人同意基于医疗刑法的兴起，逐渐获得重视，研究成果颇丰，但对推定同意却一直缺乏深入讨论，研究成果多散见于教科书或专著中的部分章节以及少数期刊论文当中。学位论文对于推定同意的研究，也多见于硕士学位论文，博士学位论文的研究十分有限。从研究内容上看，国内现有关于推定同意的研究多为介绍性质，对于推定同意的正当化根据、成立条件等核心理论争议问题的研究尚处于起步阶段，研究成果亦十分薄弱，有待进一步地体系化、类型化和精细化，本书希望对此有所贡献。

关于推定同意在具体领域的适用，本书着重选取了紧急医疗与消极安乐死两个代表性领域进行探讨。其中，紧急医疗领域是适用推定同意出罪最为普遍和典型的场合，也是其起源之处。至于消极安乐死领域，虽然我国至今尚无关于安乐死的明文规定，但司法实务对于中止医疗的消极安乐死行为，原则上不会予以入罪，因而消极安乐死在我国整体上可以视为一种特殊的超法规违法阻却事由，我国一些学者对此也持相同观点。在消极安乐死的场合，绝大多数临终患者都已陷入重度昏迷或是处于丧失同意能力的状态，推定同意的适用是常态，因而本书的研究就主要聚焦于推定同意在消极安乐死领域的效力问题。

综上，希冀通过本书的写作，能够在厘清有关推定同意核心理论争议的同时，积极探寻应对实践中新涌现的关于推定同意适用难题的措施，并对本土的推定同意案例进行类型化处理，力图构建一套体系化的推定同意理论反馈到个案中，从而实现个案恰当与统一适用。

二、研究现状

（一）关于推定同意正当化根据的研究

刑法学界对于推定同意的正当化根据主要有如下几种学说：①现实意思推定说❶，又称为被害人同意延伸说、法益衡量说或是优越利益说，认为推定同意处于被害人同意的延长线上，二者的区别仅在于是否存在被害人的现实同意，其余要件几乎完全一致，推定同意的适用应当依据被害人同意的原理展开。②被允许的风险说❷，主张推定同意是对被害人如果知悉全部事实真相将会作出同意的一种事前盖然性推测，即便事后证实有悖于被害人主观真意的，同样能够排除违法性的成立。③紧急避险说❸，主张推定同意只能在紧急避险的要件中加以评价，并将推定同意视为主体利益归属一致的阻却违法性的紧急避险的特殊情形。④无因管理说❹，主张推定同意的正当化根据就是民法中的无因管理，虽然客观上并不

❶　现实意思推定说的支持者包括但不限于：山口厚、大谷实、大塚仁、曾根威彦、松官孝明、西田典之、陈子平、田宏杰、林亚刚等等。
❷　被允许的风险说的支持者包括但不限于：克劳斯·罗克辛、汉斯·海因里斯·耶赛克、托马斯·魏根特、松原芳博、黄荣坚、王皇玉、王俊、金日秀、徐辅鹤等等。
❸　紧急避险说的支持者包括但不限于：韦尔策尔、前田雅英、川端博等等。
❹　无因管理说的支持者包括但不限于：杜里奥·帕多瓦尼、林东茂等等。

存在被害人的真实同意，但为被害人利益或依推定同意而实施的法益侵害行为，可以根据民法中关于无因管理的规定来处理。⑤社会相当性说❶，主张行为人依推定同意实施的行为必须能够为国家与社会的道德规范所容许，如此才可阻却行为违法性的成立。目的说本质上同于社会相当性说，都主张推定同意的行为手段必须适当且符合共同生活目的，因而将二者共同视为社会相当性说领域。⑥综合说，学界具体存在多种不同的学说观点，例如：主张推定同意是具有独立结构的超法规违法性阻却事由的一种；❷ 或是主张推定同意是同时兼具被害人同意与紧急避险两方面要素的法律制度；❸ 亦或是推定同意的正当化依据应当同时涵括权利人个人利益和利益缺乏两种理论；❹ 等等。整体看来，德国刑法学界的通说观点为被允许的风险说，日本刑法学界则持现实意思推定说者居多。

（二）关于推定同意判断标准的研究

关于推定同意的判断标准，学界主要有如下不同观点：①主观说，主张行为是否符合被害人的主观真意是推定同意能否正当化的核心要旨。❺ 质言之，假定被害人在场并知悉全部事实真相

---

❶ 社会相当性说的支持者包括但不限于：甘添贵、李茂生、黄翰义等等。

❷ 参见［韩］李在祥：《韩国刑法总论》，［韩］韩相敦译，中国人民大学出版社2005年版，第242页。

❸ 参见黎宏：《被害人承诺问题研究》，载《法学研究》2007年第1期，第102页。

❹ 参见［德］约翰内斯·韦塞尔斯：《德国刑法总论》，李昌珂译，法律出版社2008年版，第205—206页。

❺ 参见张明楷：《被允许的危险的法理》，载《中国社会科学》2012年第11期，第131页；陈子平：《刑法总论》，元照出版有限公司2015年版，第289页；［日］大塚仁：《刑法概说》（总论），冯军译，中国人民大学出版社2003年版，第360页；车浩：《论推定的被害人同意》，载《法学评论》2010年第1期，第145页；［德］乌尔斯·金德霍伊泽尔：《刑法总论教科书》，蔡桂生译，北京大学出版社2017年版，第198页；［日］山口厚：《刑法总论》，付立庆译，中国人民大学出版社2018年，第178—181页；等等。

时，推测其将会如何选择。● 这是基于行为人的立场对事情进行的事前判断，即便事后证实有悖于权利人的真实意愿，依推定而为的行为仍然能够正当化。● 由此可以更进一步推论，如若处于行为人的位置上所无法知悉的事实真相，亦不能否定推定同意的成立。● 是否尽到全面的审慎检查，非为推定行为是否能够得以正当化的前提，一个偶然的、事后才被认识到的事实，并不能对阻却行为的违法性产生任何影响。● 推定同意独立存在的意义正在于即便权利人事后拒绝承诺的，仍然可以阻却推定行为的违法性成立。●
②客观说，认为推定同意是指被害人或其家属因客观因素使然无法作出现实的意思表示，但第三人从客观事实推定，被害人如果知晓事实真相，可能会同意侵害自己利益的行为。● 在推定同意的场合，行为时虽然没有被害人的真实同意，但依据客观情况可以合理推定被害人若知悉事实，应当会作出同意，推定同意的行为

● 参见车浩：《论推定的被害人同意》，载《法学评论》2010 年第 1 期，第 145 页。
❷ 参见［德］乌尔斯·金德霍伊泽尔：《刑法总论教科书》，蔡桂生译，北京大学出版社 2017 年版，第 198 页；王皇玉：《刑法总则》，新学林出版股份有限公司 2019 年版，第 312 页；［德］冈特·施特拉滕韦特、洛塔尔·库伦：《刑法总论 I——犯罪论》，杨萌译，法律出版社 2006 年版，第 156 页。
❸ 参见［德］乌尔斯·金德霍伊泽尔：《刑法总论教科书》，蔡桂生译，北京大学出版社 2017 年版，第 198 页。
❹ 参见［德］冈特·施特拉滕韦特、洛塔尔·库伦：《刑法总论 I——犯罪论》，杨萌译，法律出版社 2006 年版，第 156 页。
❺ 参见［日］山口厚：《刑法总论》，付立庆译，中国人民大学出版社 2018 年版，第 179—180 页。
❻ 参见黄荣坚：《基础刑法学》（上），元照出版有限公司 2012 年版，第 331 页；林书楷：《刑法总则》，五南图书出版股份有限公司 2018 年版，第 176 页；余振华：《刑法总论》，三民书局股份有限公司 2017 年版，第 274 页；黄仲夫：《刑法精义》，犁斋社有限公司 2018 年版，第 126 页；周光权：《刑法总论》，中国人民大学大学出版社 2016 年版，第 221 页；林亚刚：《刑法学教义》，北京大学出版社 2017 年版，第 303 页；等等。

正是基于这一推定而实施。❶ 此时，推定同意是否生效，是以理性第三人的意志作为判断标准，而非被害人自己的主观偏好或是价值取向，❷ 需遵循客观的法益衡量原则，应是为保护被害人的更大利益而牺牲其较小利益时而推定实施的行为能够得以正当化❸。原因在于同意仅关涉被害人一方，因而不能以一般人的标准作为判断依据。❹ 推定同意是法官基于伦理与经验，事后所为的盖然性事实判断，即便被害人事后拒绝同意的，并不影响推定同意的生效。❺ ③综合说，有学者并非持单一的主观说或是客观说，主张具体情况具体判断。具而言之，在为被害人利益的紧急推定同意场合，依据客观利益衡量的观点判断推定实施的同意行为能否生效；在为第三人利益的推定同意场合，综合客观利益权衡和被允许的危险的理论的观点来判断推定同意的效力问题；在非紧急推定同意的场合，因情况错综复杂，需具体情况具体处理，并无统一的判断依据。❻

（三）关于推定同意生效条件的研究

关于推定同意的生效条件，刑法学者存在多种不同主张。前田雅英教授认为，推定同意的生效，要求实施行为的目的是正当的、手段是具有社会相当性的，且行为的实施应当兼具必要性和紧急性。❼ 张明楷教授认为，推定同意的有效成立须当满足以下要

---

❶ 参见田宏杰：《刑法中的正当化行为》，中国检察出版社 2004 年版，第 402 页。

❷ 参见王政勋：《正当行为论》，法律出版社 2000 年版，第 470 页。

❸ 参见田宏杰：《刑法中的正当化行为》，中国检察出版社 2004 年版，第 408 页；刘艳红主编：《刑法学》（上），北京大学出版社 2016 年版，第 227 页。

❹ 参见［日］前田雅英：《刑法总论讲义》，曾文科译，北京大学出版社 2018 年版，第 218—219 页。

❺ 参见余振华：《刑法总论》，三民书局股份有限公司 2017 年版，第 274 页。

❻ 参见张少林、卜文：《推定同意的刑法意义探究——兼谈医疗手术行为中的紧急推定同意》，载《四川警察学院学报》2010 年第 2 期，第 11 页。

❼ 参见［日］前田雅英：《刑法总论讲义》，曾文科译，北京大学出版社 2018 年版，第 219 页。

件：①不存在被害人的现实的同意；②推定被害人若知悉事实真相将会作出同意；③原则上法益主体均为一人，也不排除为他人利益而牺牲被害人的利益，但牺牲的法益不得大于所保全的法益；④行为限于被害人有权处分的个人法益之内。❶ 黄翰义教授认为，推定同意的成立要求同时满足以下几个要件：①客观情势紧急且难以取得被害人的现实同意；②行为人侵害的是被害人的法益；③行为是基于一般理性人的理智判断而为；④行为应当兼具适当性与必要性；⑤行为应具有社会相当性。❷ 黄仲夫教授认为，推定同意的生效需要具备以下两个要件：一是行为人主观上具备有利于被害人的意愿；二是客观要件上要求行为仅能针对被害人有权处分的个人法益实施，且推定是基于客观合理的判断标准得出。❸ 此外，金德霍伊泽尔教授❹、山口厚教授❺、余振华教授❻、车浩教授❼、冯军教授❽、田国宝教授❾、田宏杰教授❿、王

---

❶　参见张明楷：《刑法学》（上），法律出版社 2021 年版，第 301 页。

❷　参见黄翰义：《刑法总则新论》，元照出版有限公司 2010 年版，第 183 页。

❸　参见黄仲夫：《刑法精义》，犁斋社有限公司 2018 年版，第 126 页。

❹　参见［德］乌尔斯·金德霍伊泽尔：《刑法总论教科书》，蔡桂生译，北京大学出版社 2017 年版，第 195—196 页。

❺　参见［日］山口厚：《刑法总论》，付立庆译，中国人民大学出版社 2018 年版，第 181 页.

❻　参见余振华：《刑法总论》，三民书局股份有限公司 2017 年版，第 275 页。

❼　参见车浩：《论推定的被害人同意》，载《法学评论》2010 年第 1 期，第 145—147 页。

❽　参见冯军：《刑法问题的规范理解》，北京大学出版社 2009 年版，第 162—164 页。

❾　参见田国宝：《论基于推定承诺的行为》，载《法学评论》2004 年第 3 期，第 133 页。

❿　参见田宏杰：《刑法中的正当化行为》，中国检察出版社 2004 年版，第 410—413 页。

政勋教授❶、魏超博士❷等，都有对推定同意的生效条件作出论述。总而察之，学界关于推定同意的生效条件看似各不相同，但彼此之间不无交叉与重叠之处。归纳来看，不同主张之间在难以获得被害人的现实同意、存在被害人作出同意的当然可能性、限于被害人有权处分的个人法益范围等核心要件上基本是达成一致的，但在是否要求行为具有社会相当性、客观情势是否紧急、行为是否必须当为保护被害人的利益、推定的判断是遵循客观标准还是主观标准等方面则存有较大争议，尚未形成统一观点。

（四）关于推定同意类型划分的研究

关于推定同意的类型划分，学界主要存在以下主张：①根据目的的不同，将推定同意划分成为被害人利益型推定同意和为他人（行为人或第三人）❸ 利益型推定同意。❹ 也有学者表述称为权利侵害型推定同意与事务管理型推定同意。❺ 德国学界普遍也是持此二分说的观点，只不过将之表述成为法益持有人之实质利益的推定同意与对法益持有人不具影响之干预的推定同意。❻ 针对为被

---

❶ 参见王政勋：《正当行为论》，法律出版社 2000 年版，第 469—471 页。

❷ 参见魏超：《论推定同意的正当化依据及范围——以"无知之幕"为切入点》，载《清华法学》2019 年第 2 期，第 205—206 页。

❸ 有学者主张此时"为他人利益的推定同意"的场合，还可以是为公共利益。参见张少林、卜文：《推定同意的刑法意义探究——兼谈医疗手术行为中的紧急推定同意》，载《四川警察学院学报》2010 年第 2 期，第 9 页。

❹ 参见张少林、卜文：《推定同意的刑法意义探究——兼谈医疗手术行为中的紧急推定同意》，载《四川警察学院学报》2010 年第 2 期，第 8 页；车浩：《论推定的被害人同意》，载《法学评论》2010 年第 1 期，第 143—144 页；黎宏：《被害人承诺问题研究》，载《法学研究》2007 年第 1 期，第 103—104 页；林书楷：《刑法总则》，五南图书出版股份有限公司 2018 年版，第 176—178 页；陈子平：《刑法总论》，元照出版有限公司 2015 年版，第 289 页。

❺ 参见魏超：《论推定同意的正当化依据及范围——以"无知之幕"为切入点》，载《清华法学》2019 年第 2 期，第 195 页。

❻ Urs Kindhäuser, Strafrecht Allgemeiner Teil, 1. Aufl. , Nomos, 2005, §19 Rn. 1.

害人利益型推定同意，德国学者罗克辛（Roxin）教授又将其具体划分为以下三类：与物品有关的推定、与人格有关的推定和对现时决定的推定。❶ 国内有论者进一步主张，"为其他人利益的推定"原则上仅限于"与物品有关的推定"，并不涉及关于人格和现时决定的推定。❷ 此外，意大利学者帕多瓦尼（Padovani）还主张将推定同意划分成为权利人利益的推定同意、为第三者利益的推定同意和为自己利益的推定同意，❸ 看似不同分类，但内容与前述两分说完全一致，只不过细分为三种类型而已，并无实质差异。②依据推定的紧急情况不同，将推定同意划分为紧急推定同意和非紧急推定同意。❹ ③推定同意限于为被害人利益而推定这一种，因为只有该场合的推定同意才具备阻却犯罪成立的合理根据。❺ ④推定同意的实例类型化后，涵括本于特定关系者、基于同种行为者、保护优越利益者与因法益持有者之行为者几种类型。❻ 针对前述分类，有论者对于最后一种情形持保留态度，认为无论对于权利人

---

❶ 参见［德］克劳斯·罗克辛：《德国刑法学总论（第1卷）——犯罪原理的基础构造》，王世洲译，法律出版社2005年版，第537—539页。
❷ 参见邵睿：《论依"推定的权利人同意"之行为》，西南政法大学2015年博士学位论文，第31页。
❸ 参见［意］杜里奥·帕多瓦尼：《意大利刑法学原理》，陈忠林译，法律出版社1998年版，第153页。
❹ 参见张少林、卜文：《推定同意的刑法意义探究——兼谈医疗手术行为中的紧急推定同意》，载《四川警察学院学报》，2010年第2期，第8页。
❺ 参见冯军：《被害人同意的刑法涵义》，载赵秉志主编：《刑法评论》，法律出版社2002年版，第73页；田宏杰：《刑法中的正当化行为》，中国检察出版社2004年版，第401页；王政勋：《正当行为论》，法律出版社2000年版，第467页；阮齐林：《刑法学》，中国政法大学出版社2011年版，第221页；魏超：《论推定同意的正当化依据及范围——以"无知之幕"为切入点》，载《清华法学》2019年第2期，第206页；田国宝：《论基于推定同意的行为》，载《法律评论》2004年第3期，第134—135页；等等。
❻ 参见甘添贵：《刑法的重要理念》，瑞兴书局1996年版，第72页。

作出同意的意思表示持意思表示说还是意思方向说，都无涉于推定同意的适用。[1] 事实上，前述主张只不过是对普遍分类加以细化罢了，并无创新性论点。

（五）关于紧急医疗与推定同意适用的研究

当患者丧失同意能力之时，为保护患者的利益，医师在未获同意之下径行实施的医疗行为，属推定同意，是超法规的违法阻却事由之一。但是，当事实情状存有疑虑时，应秉持生命优先的准则，不能因推定可能存在放弃急救的同意而有所懈怠。[2] 推定同意作为违法阻却事由，仅能在患者事实上确实无法就法益侵害行为表达同意或是拒绝之时，方可适用。[3] 也就是说，推定同意是现实同意的替代同意（Einwilligungssurrogat），仅当不可能取得患者的现实同意之时具备适用的前提条件[4]。根据德国联邦最高法院的见解，如果医生不立即采取医疗措施，将会对患者的生命与身体健康造成重大损害的场合，推定同意才能够成立。[5] 由此可见，推定同意之所以受到容许，正是因为患者已经陷入昏迷状态，若坚持等到获得其真实同意之时，必将会给患者的生命或是身体健康造成严重的不可逆损害。[6] 如果患者已经明确拒绝救治的，学界存

---

[1] 参见张原瑞：《承诺与同意对于犯罪成立之研究》，台湾辅仁大学 2015 年硕士论文，第 66—67 页。

[2] 参见林东茂：《医疗上病患承诺的刑法问题》，载《月旦法学杂志》2008 年第 157 期，第 63—64 页。

[3] 参见古承宗：《可得推测之承诺与利益衡量》，载《月旦法学教室》2020 年第 209 期，第 32—35 页。

[4] 参见张丽卿：《医疗常规与专断医疗的刑法容许性——评析拒绝输血案》，载《台湾法学杂志》2015 年第 272 期，第 15—31 页。

[5] BGHSt 45, 219, 223; Klaus Ulsenheimer, Arztstrafrecht in der Praxis, 5. Aufl., C. F. Müller, 2015, Einleitung Rn. 558.

[6] Klaus Ulsenheimer, Arztstrafrecht in der Praxis, 5. Aufl., C. F. Müller, 2015, Einleitung Rn. 555.

在两种不同的观点：有学者认为，如果患者明确反对救治的，因存在患者的真实意愿，就不得再主张适用推定同意❶；也有学者认为，医生的职责是救人，当医生存在抢救他人的可能时，就没有理由为遵循患者不合常理的决定而放弃其生命，因而医生违背患者意愿实施的救人行为是合法的，可以根据"推定同意"或是"假定同意"的法理来使得救人行为正当化，构成业务上的正当行为。❷

　　推定同意整体上是事前进行的一种盖然性判断，质言之，推定患者若知悉全部事实真相，当然会作出相同的选择。但对于推定得出的意愿，需要综合各种客观因素去尽可能还原或是无限靠近患者本人的内心真意，即一个具有正常理智的人的惯常想法。❸推定同意的基础，仍然需以尊重患者的自主决定权为主导，不能反其道行之。❹ 具而言之，关于患者意愿的推定主要根据患者本人的个人利益、需求、愿望与价值观来展开。❺ 在"推定的患者意愿"这一概念之下，暗含着我们是在替不理性的患者作一个理性的决定，何谓理性的决定，则取决于客观利益的权衡。质言之，患者的自主决定权自然必须严格遵从，但其他相对利益的考量也

❶　参见 Frank Saliger：《刑法上假设同意的替代方案》，古承宗译，载《月旦医事法报告》2019 年第 38 期，第 67 页。

❷　参见张丽卿：《医疗常规与专断医疗的刑法容许性——评析拒绝输血案》，载《台湾法学杂志》2015 年第 272 期，第 31 页。

❸　参见林钰雄：《新刑法总则》，元照出版有限公司 2018 年版，第 287 页；王皇玉：《德国医疗刑法论述概说》，载台湾刑事法学会主编：《过失医疗与刑事责任》，台湾刑事法学会 2009 年版，第 22 页。

❹　参见王皇玉：《德国医疗刑法论述概说》，载台湾刑事法学会主编：《过失医疗与刑事责任》，台湾刑事法学会 2009 年版，第 22 页。

❺　参见王富仙：《医疗自主权之代理行使》，载《治未指录：健康政策与法律论丛》2020 年第 8 期，第 225—226 页。

不能被忽视。❶ 即便是由法定代理人代为作出推定同意的，仍应尊重患者本人的自主意愿，竭力实现患者的真实意愿。如果法定代理人存在滥用代理权的情况，医生认为有悖于患者最佳利益，或是难以对患者主观意愿进行推定的，医生可直接为保护患者的最佳利益而采取最为有利的医疗处置。❷ 显然，患者家属的意愿仅是医生推定患者意愿的参考，并不能完全取代患者本人的真实意愿。❸ 只要医生是基于患者的最佳利益而实施的医疗行为，即便违背患者家属的意愿，亦无须担责。❹ 在符合规范的医患关系中，医生相对于患者自主决定权的实现仅能发挥辅助性的作用，基于患者病情的现实情状，凭借自己的专业知识辅助患者决定是否消除病症以及如何消除病症。因此，医师如果违背患者的自主决定权，作出不利患者的决定，则不能根据推定同意阻却违法性的成立。❺ 但是，当确实难以推断患者可能的主观意愿之时，可以例外允许采取客观利益权衡的标准来推定患者意愿❻。涉事主体（Betroffene）在事后才提出的同意基本上不会影响业已发生的实体上之不法，否则被害人将有权以违反职权原则之方式，自主决定是否发动国

---

❶ 参见黄荣坚：《基础刑法学》（上），元照出版有限公司 2012 年版，第 333—334 页。

❷ 参见吴俊颖：《寿终正寝？病患亲属代理决定权的探讨》，载《月旦法学》2004 年第 114 期，第 158 页。

❸ Klaus Ulsenheimer, Arztstrafrecht in der Praxis, 5. Aufl., C. F. Müller, 2015, Einleitung Rn. 433.

❹ 参见萧奕弘：《欠缺识别能力时的病人自主决定权》，载《月旦医事法报告》2018 年第 25 期，第 166 页。

❺ 参见王富仙：《医疗自主权之代理行使》，载《治未指录：健康政策与法律论丛》2020 年第 8 期，第 226 页。

❻ BGHSt 35, 246, 248 ff.

家刑罚权。❶

（六）关于拒绝维生医疗与推定同意适用的研究

是否接受治疗和接受何种程度与范围的治疗，并不取决于医学的客观发展水平❷，而是由患者的主观意愿决定。当患者不愿延长自己的生命之时亦然，否则将会使得法律对于生命法益的保护变质为强迫患者忍受极端痛苦继续生存的"义务"。❸ 也就是说，患者具有拒绝维生医疗的权利，患者的拒绝意愿既可以通过口头或是书面的方式表达，也可以根据个案情状来推定其存在该意愿。注意，患者此时所主张的自主决定权，并非是可以积极要求死亡的"死亡请求权"，而仅是一种消极的"拒绝医疗权"。❹

患者拒绝维生医疗的意思表示是具有拘束力的，可以据此排除医生的保证人地位，进而排除其杀人的罪责。❺ 对于不具康复可能性且已经进入死亡进程的终末期患者，❻ 医生不再处于保证人地位❼，无须再进行无效的医疗❽，医生所负有的维持患者生命的义

---

❶ 参见 Frank Saliger：《刑法上假设同意的替代方案》，古承宗译，载《月旦医事法报告》2019 年第 38 期，第 67 页。

❷ BGHSt 32，367，376 ff.

❸ 参见王钢：《德国刑法中的安乐死》，载《比较法研究》2015 年第 5 期，第 92 页。

❹ 参见刘建利：《刑法视野下医疗中止行为的容许范围》，载《法学评论》2013 年第 6 期，第 131 页。

❺ 参见许泽天：《消极死亡协助与病人自主决定权——德国学说、立法与实务的相互影响》，载《台北大学法学论义》2016 年第 100 期，第 231 页。

❻ 参见王志嘉：《医师、病人谁说的算?：病人自主之刑法基础理论》，元照出版有限公司 2014 年版，第 182 页；孙效智：《安宁缓和医疗条例中的末期病患与病人自主权》，载《政治与社会哲学评论》2012 年第 41 期，第 59 页。

❼ 参见［日］井田良：《维持生命治疗的界限和刑法》，冯军译，载《法学家》2000 年第 2 期，第 114 页。

❽ 参见王志嘉：《医师、病人谁说的算?：病人自主之刑法基础理论》，元照出版有限公司 2014 年版，第 186—187 页。

务即告终结❶，仅需给予患者止痛等基础照顾即可❷。具而言之，针对丧失意识的终末期患者，如果医生发现继续实施维生医疗行为已经不符合患者的最佳利益，只要患者事先没有任何明确的意思表示，又无患者家属反对的，医生可以径行中断维生医疗。❸ 对此，也有论者持相反意见，主张当患者曾默示表达或是可推知其继续接受维生医疗的意愿，抑或是无法确定其主观意愿时，只要患者的死亡进程尚未正式开始，医生就仍然负有挽救患者生命的义务，任何人都无权替代患者判断其是否达到已无治疗必要性或已丧失生命尊严以至于不值得继续生存的程度。❹ 擅自决定导致患者因中断医疗而死亡的，国家必然会启动杀人罪等规定来保护处于弱势地位之患者的生命权与自主决定权，以贯彻生命权绝对保护原则。❺ 显然，拒绝维生医疗有效成立所必需的前提条件就在于患者处于临终状态且拒绝维生医疗是基于患者的意愿，司法审查也主要是围绕前述二者展开。❻

相对应地，如果医生违背患者意愿坚持进行维生医疗行为，就是对患者自主决定权的侵害，依据"医疗行为伤害说"的见解，

---

❶ 参见王志坚、林信铭：《权利或犯罪？从法哲学的观点论刑法对自杀及其协助行为的评价》，载《生命教育研究》2010 年第 2 卷第 2 期，第 14 页。

❷ Andreas Popp, Patientenverfügung, mutmaβliche Einwilligung und prozedurale Rechtfertigung, in：ZStW 2006，644.

❸ 参见杨秀仪：《论病人之拒绝维生医疗权：法律理论与临床实践》，载《生命教育研究》2013 年第 1 期，第 18 页。

❹ 参见雷文玫：《沉默的病人？父权的家属？——从安宁缓和医疗条例修法历程检视病人临终自主在我国的机会与挑战》，载《月旦法学杂志》2014 年第 227 期，第123 页。

❺ 参见王志嘉：《医师、病人谁说的算？：病人自主之刑法基础理论》，元照出版有限公司 2014 年版，第 223 页。

❻ 参见于佳佳：《刑法视野下临终患者的自主决定权及限制》，载《当代法学》2015 年第 6 期，第 51 页。

医生将该当故意伤害罪的构成要件。❶ 至于患者近亲属的意愿，仅能是协助查明患者的主观意愿，属推定患者是否同意的重要参考资料，并不能取代患者的真实意愿。❷ 关于患者主观意愿的判断，应综合患者事先口头或是书面的意思表示，以及主观偏好与价值取向来推定。也有学者主张直接将预立医疗决定视为患者的推定意愿，以确认其持续性的价值观。❸ 至于患者推定意愿的确立与践行，只有当患者家属与医师一致推定放弃维生医疗符合患者的主观意愿时，才可实施，如果家属作出的推定同意违背患者本人的真意或是最佳利益原则，医生可以拒绝遵循患者家属的意愿。❹

　　通过对已有相关文献的梳理，可以发现，刑法学界对于推定同意的关注度正逐步提升，尤以德国和日本表现最为显著，我国台湾地区亦较为密切，原因在于德国、日本的安乐死司法判例、德国《民法典》第 1901a 条的规定与实践、我国台湾地区先后公布的《安宁缓和医疗条例》以及所谓的"病人自主权利法"等无不为推定同意的研究提供了实务素材和理论参考。我国大陆地区刑法学界对于推定同意的研究虽然相对有限，但仍为推定同意的基础理论研究奠定了前期基础。因此，对于现有文献在理论和实践上所提供的价值，要予以充分肯定。

　　但是，以"推定同意"作为独立研究主题的刑事法学类学术专著寥寥无几，多散见于教科书范式的专著中。此类专著主要是

❶ 参见许泽天：《消极死亡协助与病人自主决定权——德国学说、立法与实务的相互影响》，载《台北大学法学论义》2016 年第 100 期，第 232 页。
❷ 参见王皇玉：《强制治疗与紧急避难——评台湾高等法院 96 年度上易字第 2020 号判决》，载《月旦法学杂志》2007 年第 151 期，第 261 页。
❸ 参见古承宗：《预立医疗决定于刑法上的意义与适用》，载《月旦刑事法评论》2017 年第 7 期，第 36—39 页。
❹ 参见杨秀仪：《论病人之拒绝维生医疗权：法律理论与临床实践》，载《生命教育研究》2013 年第 1 期，第 19 页。

就推定同意的域外研究成果进行最基础的介绍，主要集中于推定同意的正当化根据、生效条件、判断标准、类型划分等领域的浅层探讨，多不够深入和体系，与本土现实也结合较少，理论深度相对不足。至于与推定同意相关的期刊论文，研究成果相对丰富一些，但以推定同意作为核心主题的研究成果仍然为数甚少，多是在研讨自主决定权、医疗行为、安乐死行为、自杀与协助自杀等主题时会有部分内容涉及推定同意，附带性阐释和论证。整体察之，国内外刑法学界对于推定同意的研究多是零星分散的概略探讨，研究的体系性、理论性、创新性相对有限。同时，对于本土司法案例的关注较少，缺乏类型化处理，还有待密切结合社会和科技的新发展，具体探讨推定同意适用中面临的新变化和新挑战。

三、创新之处

基于前人的研究，本书在以下三个方面存在创新：

第一，选题上的创新。当前国内刑法学界对于推定同意的研究从整体上看，研究数量较少，特别的以推定同意为题的文献甚少，相关讨论主要见于在论述相关主题时附带性提及。有关推定同意的专著与博士学位论文更是有限。本书则以刑法中的推定同意作为研究对象，在选题上一定程度地弥补了该领域的国内研究缺陷。

第二，内容上的创新。本书系统阐释了推定同意作为违法阻却事由的教义学原理与结构，确立"被允许的风险说"作为推定同意的正当化根据，剖析了推定同意一般成立要件，分析了紧急医疗与消极安乐死领域适用推定同意出罪的核心争议，并提出了具体适用规则的建议。

　　第三，推定同意具体适用的创新。目前国内刑法学界对推定同意的具体适用问题研究较少，现有研究主要集中在立法思考、法律责任等单一层面，缺乏理论性、体系性探讨。本书则选取了紧急医疗与消极安乐死两个代表性领域，基于司法审查的视角，对适用推定同意出罪进行系统性研究。积极探索我国紧急医疗与消极安乐死领域适用推定同意出罪的具体规则，解决实践中存在的争议与分歧，为司法实践提供明确统一的裁判标准。

第一章
推定同意概述

推定同意是被刑法学界普遍认可的超法规违法阻却事由，当前仅有极少数国家和地区在刑法典中对其作出明文规定。关于推定同意的判断标准，学界存在主观说与客观说两种主张，并据此形成了两种不同思路的推定同意概念。在探讨推定同意时，与被害人同意、紧急避险之间的比较是不可回避的。随着假定同意逐渐兴起，其与推定同意之间的异同也备受关注。厘清推定同意与被害人同意、紧急避险和假定同意之间的异同，对于推定同意论域的准确限定十分必要。在此基础上，方能更好地探讨推定同意的类型划分与其他相关重要问题。

第一节　推定同意的概念明确

关于推定同意的概念，整体上可以划分为主观说与客观说两种不同类型的概念主张。本书持主观说的立场，原因在于推定同意决定的事项仅关乎被害人一人的切身利益，自然应以被害人的主观意愿作为判断标准。至于为何在推定同意中选择"同意"这一术语，而不是"承诺"，下文将会与前述概念主张一并详细阐释。

一、推定同意的概念

推定同意，是指客观上并不存在被害人的真实同意，但可以合理信赖如果被害人知悉全部事实后将会作出相同选择，从而推定其意思所实施的行为。❶ 如患者陷入昏迷，且无亲属在此，医生擅自实施医疗行为的场合；邻居不在家之时水管泄漏，擅自进入邻居住宅维修水管等场合。推定同意在学理研究中，通常又被称为推定承诺、推测承诺、推测同意、权利人承诺或是权利人同意等，前述称谓在我国刑法理论中基本上处于同质且可以任意互换的地位，仅是不同学者基于不同立场或是个人喜好而选择不同的称谓罢了。本书将研究对象统一称为"推定同意"，具体缘由在后文还将会专门阐明。需要说明一点，本书在援引其他学说著述的过程中，为尽可能还原文本真意，如没有特殊需求，将会保持原文表述。

推定同意是一种独立的、存在于习惯法上的正当化事由。❷ 推定同意得以正当化的思想根据在于：一是推定同意的行为有利于保护权利人利益，即利益代理原则；二是推定同意的行为是明显合理的，且不会对权利人的利益造成影响，即缺乏利益原则。❸ 同

---

❶　参见［日］大塚仁：《刑法概说》（总论），冯军译，中国人民大学出版社 2003 年版，第 359 页；张明楷：《刑法学》（上），法律出版社 2021 年版，第 301 页。

❷　参见江溯主编：《德国判例刑法》（总则），北京大学出版社 2021 年版，第 165 页。

❸　参见［德］乌尔斯·金德霍伊泽尔：《刑法总论教科书》，蔡桂生译，北京大学出版社 2017 年版，第 195 页。

意是被害人直接行使自主决定权的表现，因而是为阻却构成要件该当性的事由；而推定同意的场合，并不存在被害人的真实意愿，且存在违背被害人主观真意的风险，因而是为阻却违法性的事由。同意是基于被害人真实的意思表示，推定同意则是基于推测得出的被害人可能意愿。严格依据推定同意的标准，行为人的行为自始就已经符合了侵害被害人利益的构成要件。事实上，人们是依据案件情况去推测被害人的利益不会真正受损。较之于存在被害人现实意思的同意，推定同意仅仅是辅助适用，在难以获知被害人真意时，补充替代同意发挥作用。较之于紧急避险这一法定的违法性阻却事由，推定同意则具有优先适用性，因为此时的利益权衡是以权利人的自我决定权为根据。推定同意不同于紧急避险的地方在于，其是以个人主观的意愿作为判断标准。推定同意是位于（纯主观的）同意和（纯客观的）紧急避险之间的违法性阻却事由。❶

关于推定同意，当前仅有新加坡《刑法典》、马来西亚《刑法典》、印度《刑法典》（1988 年）与我国澳门地区《刑法典》（1996年）等极少数国家和地区对之予以明文规定。至于其他国家和地区，关于推定同意的规定都甚少。以意大利《刑法典》为例，仅在总则部分规定了"权利人同意"。再如德国《刑法典》，更是仅在分则就某种行为规定了"被害人同意"。包括我国在内的绝大多数国家和地区的成文刑法中，对推定同意甚或是被害人同意都未有涉及。关于推定同意的概念和理论，基本上都是在司法实务或是理论研究中践行和研讨。相较于刑事立法的缺位，学理上关于推定同意的论争则始终处于持续状态。

---

❶ 参见［德］乌尔斯·金德霍伊泽尔：《刑法总论教科书》，蔡桂生译，北京大学出版社 2017 年版，第 195 页。

关于推定同意的概念，学界存在诸多主张，整体上可以划分为主观说和客观说两种主张，进而形成了两类在思路上截然不同的概念：

第一，主观说，认为推定同意是指假设被害人行为之时在场，且能够有效表达意愿的，基于被害人的视角去推测将会如何选择。[1] 因此，是否符合被害人的主观真意是推定同意能否阻却犯罪成立的核心根据。[2] 推定同意中并不存在被害人的真实同意，仅仅是对被害人可能意愿的一种合理推测。在推定同意的场合，因为事关被害人自身利益层面的决定，因而不能以一般人的标准作为判断根据，[3] 应当以被害人的主观意愿为主，只要该意愿能够被知悉或是推知，即便是非理性的意愿，也应当予以尊重。推定同意的生效要件同于现实的同意，且是以行为时作为判断的时间节点，被害人事后是否认可没有决定性作用。甚至有学者进一步要求，推定同意中的权利人应当具有与推定同意事项相当的判断能力与识别能力，如若权利人事前并不具备该能力的，则以法定代理人的意愿作为推定标准。[4] 如若被害人的意愿确实难以获知或是推知的，才可以退而选择适用客观利益权衡的标准，如此亦能够正当化。[5] 与此同时，有学者对推定同意的生效提出了更高标准，依推定同意实施的行为既只能针对权利人有权处分的个人法益，且必

---

[1] 参见车浩：《论推定的被害人同意》，载《法学评论》2010 年第 1 期，第 145 页。

[2] 参见张明楷：《被允许的危险的法理》，载《中国社会科学》2012 年第 11 期，第 131 页。

[3] 参见［日］前田雅英：《刑法总论讲义》，曾文科译，北京大学出版社 2018 年版，第 218—219 页。

[4] 参见［德］汉斯·海因里斯·耶赛克、托马斯·魏根特：《德国刑法教科书》（上），徐久生译，中国法制出版社 2017 年版，第 526 页。

[5] 参见［日］大塚仁：《刑法概说》（总论），冯军译，中国人民大学出版社 2003 年版，第 360 页。

须符合当前的社会行为规范，如此才能够得以正当化。❶

在主观说内部，关于推定错误的风险具体由谁承担存在分歧。部分学者认为，误判的风险应当由行为人自己承担。在被害人有权处分的法益范围内，若推定实施的行为确实有违被害人的真实意愿，就不得阻却行为的违法性。❷ 基于对他人意愿的推测不可避免地会存在失败风险，因而有学者对推定错误的担责加设了一个审慎审查的前置条件，以限缩推定错误的追责范围。具而言之，认为只有当行为人尽到审慎义务之后，推定实施的行为才能够正当化，如果行为人未尽到审慎义务，事后证实有悖于被害人意愿的，则行为不能阻却违法性。❸ 更多的学者则认为推定错误的风险应当由被害人自己承担。在推定同意的场合，是立于行为人的视角对整个事态进行事前判断，即便事后证实与被害人的真意不相符合的，行为人的行为仍然能够正当化。❹ 同时，若属于行为人所处位置难以知悉的事实，亦能正当化。❺ 是否尽到全面的审慎检查，非为推定行为是否能够得以正当化的前提，一个偶然的、事后才被认识到的事实，并不能对阻却行为的违法性产生任何影响。❻ 推定同

❶ 参见［日］大塚仁：《刑法概说》（总论），冯军译，中国人民大学出版社 2003 年版，第 359 页。

❷ 参见张明楷：《被允许的危险的法理》，载《中国社会科学》2012 年第 11 期，第 131 页。

❸ 参见［德］汉斯·海因里希·耶赛克、托马斯·魏根特：《德国刑法教科书》（上），徐久生译，中国法制出版社 2017 年版，第 526 页。

❹ 参见［德］乌尔斯·金德霍伊泽尔：《刑法总论教科书》，蔡桂生译，北京大学出版社 2017 年版，第 198 页；王皇玉：《刑法总则》，新学林出版股份有限公司 2019 年版，第 312 页；［德］冈特·施特拉滕韦特、洛塔尔·库伦：《刑法总论I——犯罪论》，杨萌译，法律出版社 2006 年版，第 156 页。

❺ 参见［德］乌尔斯·金德霍伊泽尔：《刑法总论教科书》，蔡桂生译，北京大学出版社 2017 年版，第 198 页。

❻ 参见［德］冈特·施特拉滕韦特、洛塔尔·库伦：《刑法总论I——犯罪论》，杨萌译，法律出版社 2006 年版，第 156 页。

意独立存在的意义正在于即便权利人事后拒绝同意的，仍然可以阻却行为的违法性。❶ 基于在推定同意的场合，将原本应由行为人自己承担的责任转嫁至被害人，因而对推定同意的适用范围应当予以严格限制。对此，山口厚教授认为，推定同意仅限于以下两个特定场合才能够阻却行为的违法性：一是法益侵害行为与权利人事后真意一致的；二是情势紧急且难以获知权利人意愿的场合，且存在权利人明确的类型性利益，如治疗行为等典型行为。❷

第二，客观说，认为推定同意是指当被害人因客观因素使然，无法作出现实的同意，行为人基于客观利益权衡的视角，认为被害人如果在场并知悉全部事实的，将会作出同样选择。❸ 在推定同意的场合，虽然行为时被害人并未作出真实的意思表示，但基于理性第三人的视角，有理由信赖被害人将会作出同意，据此实施的行为就是推定同意的行为。❹ 此时，推定同意是否生效，是以理性第三人的意志作为判断标准，而非被害人自己的主观偏好或是价值取向，❺ 需遵循客观的法益衡量原则，应是为保护被害人的更大利益而牺牲其较小利益时而推定实施的行为才能够得以正当化❻。

---

❶ 参见［日］山口厚：《刑法总论》，付立庆译，中国人民大学出版社 2018 年版，第 179—180 页。

❷ 参见［日］山口厚：《刑法总论》，付立庆译，中国人民大学出版社 2018 年版，第 180—181 页。

❸ 参见黄荣坚：《基础刑法学》（上），元照出版有限公司 2012 年版，第 331 页；林书楷：《刑法总则》，五南图书出版股份有限公司 2018 年版，第 176 页；余振华：《刑法总论》，三民书局股份有限公司 2017 年版，第 274 页；黄仲夫：《刑法精义》，犁斋社有限公司 2018 年版，第 126 页；周光权：《刑法总论》，中国人民大学大学出版社 2016 年版，第 221 页；林亚刚：《刑法学教义》（总论），北京大学出版社 2017 年版，第 303 页；等等。

❹ 参见田宏杰：《刑法中的正当化行为》，中国检察出版社 2004 年版，第 402 页。

❺ 参见王政勋：《正当行为论》，法律出版社 2000 年版，第 470 页。

❻ 参见田宏杰：《刑法中的正当化行为》，中国检察出版社 2004 年版，第 408 页；刘艳红主编：《刑法学》（上），北京大学出版社 2016 年版，第 227 页。

推定同意是法官基于伦理与经验，事后所为的盖然性事实判断，即便被害人事后拒绝同意的，并不影响推定同意的生效。❶ 也就是说，在推定同意的场合，纵使侵害了被害人法益，推定同意的行为仍然能够正当化，无须承担刑事责任。❷ 客观来看，推定同意兼具紧急避险与被害人同意二者的要素，当被害人自身的利益发生冲突又无法获得被害人的真实同意之时，为保护被害人的优越利益，而补充适用。再者，即便事后证实有悖于被害人真实意愿的，但在当时的情况下，基于被害人与行为人之间的亲密关系或是某种特定的既往事实常态，行为人能够合理信赖被害人在行为时会作出同意的，也能够说明这种假想的同意与现实的同意法律效力等同，这也正是推定同意的价值所在。❸

简而言之，推定同意是在未得许可的情况下，实施了法益损害行为，因而是特殊的违法性阻却事由。❹ 依被害人同意实施的行为，不要求必须有利于被害人，但依据推定同意实施的行为，则必须有利于保护被害人的利益，否则，就不能够正当化。❺ 推定同意中的核心论点在于，行为人虽推测被害人知晓事实后会作出同意，但被害人在事前有过相反的表述，或是事后明确反对推定行为的，推定同意是否还能够生效？进一步言之，其实就是在追寻判断标准究竟是什么的问题。主观说认为应以被害人的个人意愿作为判断标准，客观说则主张应以理性第三人的选择作为判断标准。依据主观说和客观说处理同一个案件，可能会得出截然相反

---

❶ 参见余振华：《刑法总论》，三民书局股份有限公司 2017 年版，第 274 页。

❷ 参见黎宏：《刑法学》，法律出版社 2012 年版，第 162—163 页。

❸ 参见黎宏：《被害人承诺问题研究》，载《法学研究》，2007 年第 1 期，第 102 页。

❹ 参见林亚刚：《刑法学教义》（总论），北京大学出版社 2017 年版，第 303 页。

❺ 参见周光权：《刑法总论》，中国人民大学大学出版社 2016 年版，第 221 页。

的结论。❶

此外，还有少数学者并非持单一的主观说或是客观说，而是持综合说，主张具体情况具体判断。具而言之，在为被害人利益的紧急推定同意场合，依据客观利益衡量的观点判断依推定实施的行为能否生效；在为第三人利益的推定同意场合，综合客观利益权衡和被允许的危险理论来判断推定同意的效力；在非紧急推定同意的场合，因情况错综复杂，需具体情况具体处理，并无统一的判断依据。❷

综合国内外学说关于推定同意的各类概念主张，基本上达成以下共识：虽不存在被害人的真实同意，但客观上存在被害人作出同意的当然可能性，且仅限于被害人有权处分的个人法益，同时，推定同意还是一种事前判断。但是，关于推定同意成立的判断根据，究竟是客观的利益权衡，还是个人的主观意愿，则存在较大分歧。

推定同意作为超法规的违法阻却事由，最核心问题就在于为何推定、何为推定和由谁推定。事实上，推定同意存在的初衷同于被害人同意，都是为确保被害人自主决定权的实现。因此，推定同意的概念确定必然是以实现被害人的真实意愿为依归，以被害人的主观喜好和价值取向作为判断标准，无论是否符合普遍的、多数人的客观利益衡量准则，即便推定得出的结论有损于被害人的个人利益，也应予以尊重和维护。由此可以进一步推出，推定实施的行为应当具备被害人知晓事实后会予以同意的当然可能性，与前述以被害人的主观意愿作为判断准则之间是相辅相成的关系。

---

❶　参见周光权：《刑法总论》，中国人民大学出版社 2016 年版，第 221—222 页。
❷　参见张少林、卜文：《推定同意的刑法意义探究——兼谈医疗手术行为中的紧急推定同意》，载《四川警察学院学报》2010 年第 2 期，第 11 页。

也就是说，只有符合被害人的主观意愿，才具备被害人事后将会予以同意的当然可能性；相对应地，既然存在被害人应然会予以同意的合理推测，那推定实施的行为必然是符合被害人主观意愿的。推定同意事实上就是行为人在被害人行动不能时，代替被害人行动的一种行为。推定实施的行为是法益损害行为，且损害的必然是被害人的利益。因而行为人依据推定的同意而代替被害人实施的法益处分行为，自然只能限于被害人有权处分的个人法益范围内，不能依据推定同意实施侵害国家、社会或是他人法益的行为，以及被害人原则上无权处分的生命利益等重大法益。有权实施推定同意行为的主体，无外乎以下两种：要么是保护被害人利益的人，对此没有明确的主体身份要求；要么就是为保护行为人自己或是其他第三人利益的人，因被害人在此处于纯利损的状态，因而对于此类行为主体存在严格要求，限于与被害人之间存在特别亲密关系，或是此类行为是在与行为人的日常交往中习以为常的。事实上，推定同意的场合绝大多数都是为保护被害人利益，为保护行为人或是其他人利益而实施推定同意的场合，本就十分罕见，且此中可以损害的被害人利益是有严格限制的，通常只能损害被害人较为轻微的利益，加之为确保推定同意的可预期和可信赖，一般认为只要行为人依据推定实施的行为若不存在重大瑕疵或恶意，即便被害人事后拒绝予以同意的，通常不会对推定同意的效力产生影响。

综上，本书认为，推定同意的概念可以表述为：客观上并不存在被害人真实的意思表示，但可以合理信赖被害人若在场并知悉全部事实真相的，将会作出同样选择。申言之，推定同意是否成立是以被害人的主观意愿作为判断标准，但这不是绝对的，如果被害人的意愿确实难以被获知或是推知的，可以退而根据客观利益权衡的标准加以判断，也能够阻却违法性。

二、"同意"还是"承诺"

（一）"同意"与"承诺"的历史渊源

被害人的同意与承诺问题在刑法学理论中渊源深远。早在古罗马时期，法学家乌尔比安（Ulpian）就在著述《学说汇纂》第47卷中言之，"以被害人的意志所发生的东西不是不法的"（nulla iniuria est，quae in volentem fiat），后被学界发展形成"同意不发生不法"（volenti non fit iniuria）的法谚。前述法原则至今仍然发挥效力，对罗马法而言，基于每一公民都享有任意支配私生活的权利，因而所有的同意在任何时候都是存在正当性根据的，包括对身体和生命的人格权之同意。❶ 具而言之，对于生命、健康、自由和名誉等人格权的侵害，都可以因为存在被害人的有效同意而阻却犯罪的成立。然而，在自然法学派观点的影响下，"同意不发生不法"这一法谚的适用受到限制，认为权利人对自己法益的放弃必须限制在个人有权放弃的法益范围内。❷ 前述学派观点事实上主张可以同意放弃的法益范围是有限度的，相对应地，社会法学派则认为犯罪的本质是利益受损，得同意的行为本质上并未损害利益，包括同意对生命和身体的伤害亦如。❸ 事实上，自然法学派与社会法学派虽然对权利人同意可以放弃的法益范围存在分歧，但持有一个共同的前提观点，即都认可被害人同意的有效性。但历

---

❶ 参见［德］汉斯·海因里斯·耶赛克、托马斯·魏根特：《德国刑法教科书》（上），徐久生译，中国法制出版社，第509—510页。

❷ Claus Roxin，Strafrecht Allgemeiner Teil，Bd. I，4. Aufl.，C. H. Beck，2006，§13 Rn. 1.

❸ Claus Roxin，Strafrecht Allgemeiner Teil，Bd. I，4. Aufl.，C. H. Beck，2006，§13 Rn. 1.

史法学派的观点则截然相反，主张刑法是国家秩序历史演变的产物，只为公共利益服务，不应当受制于个人意志，被害人同意无权对犯罪的成立与否产生影响。❶ 时至今日，基于对公民个人自主决定权的日益重视，世界各国的刑法学界逐渐更为普遍认可被害人意志的有效性，部分国家甚至直接在刑法典中对被害人同意相关的法律效力问题作出明文规定，如意大利、奥地利、瑞典、韩国、印度、马来西亚、新加坡等。整体而言，对于生命和对身体重伤害的同意基本上都是不被允许的，最终目的也旨在保障个人自我决定权继续行使的可能。

（二）"同意"与"承诺"的国内外学说观点

在刑法中研究被害人同意的问题，源于理论和实践所需，二者紧密相关。被害人同意涉及在刑法中如何理解、应对公民自治，以及被害人同意为何具有出罪功能的关键议题。可见，被害人同意是典型地代表了公民的自主决定权在刑法中的地位和作用，该问题本身就具有法理学和宪法学上的双重重要性。在研讨与被害人的"同意"相关问题时，中国刑法学界自 20 世纪 80 年代以来的论著中，最常见的表述就是承诺和同意。无论是被害人承诺还是被害人同意，本质上都是关于被害人意志的法律效力问题。刑法学界在早期基本上是使用"同意"，但后来受到日本刑法的影响，而移植了"承诺"这一用语。在中国刑法学的语境中，"同意"与"承诺"都是指代所有得到被害人认可的场合。日本和我国台湾地区的刑法学事实上都主要受到德国刑法学的影响，在德国早期的学说中，刑法学界并未对同意（Einverständnis）与承诺

---

❶ Claus Roxin, Strafrecht Allgemeiner Teil, Bd. I, 4. Aufl., C. H. Beck, 2006, §13 Rn. 1.

（Einwilligung）二者作出区分，基本上是混同使用，都是将被害人的承诺视为违法阻却事由，仅限于违法性层面的探讨，至于阻却构成要件该当性层面的承诺则并未引起重视。❶ 自 20 世纪 80 年代以后，我国台湾地区刑法学理论的发展逐渐超过日本，直接接受德国最新的研究成果，以林山田教授的著作《刑法通论》为标志，该书是完全以德国刑法学体系作为基本框架，在我国台湾地区刑法学界影响颇深。自此，我国台湾地区刑法学理论的各个领域逐日受到德国刑法学的深刻影响，包括被害人承诺领域。

在 20 世纪中叶以前，关于同意与承诺，德国学界基本上是一元的状态，并未区别适用。也即是说，普遍认为同意与承诺都是阻却构成要件该当性的事由，二者并无实质差异。当然，也有少数学者持不同观点，以该时期的李斯特（Liszt）和威尔策尔（Wezel）为例，二者都曾表明被害人承诺针对个人有权处分的法益是阻却违法性，若针对以违背被害人意志为犯罪成立前提的行为，则阻却行为的构成要件该当性。直至 1954 年，格尔茨（Geerds）在博士论文中首次提出"二元论"的观点，对被害人的同意与承诺作出明确区分，主张同意是阻却构成要件该当性事由，承诺则是阻却违法性事由。❷ 在二元论的主张之下，同意与承诺在犯罪论体系中分别发挥不同的功能，承诺（Einwilligung）仅仅适用于身体侵害和财产损害的犯罪行为，同意则适用于范围较广的强奸罪、非法侵入住宅罪、侮辱罪等罪名。此后，该主张在德国刑法学界逐渐发展成为通说观点。一贯沿袭德国刑法理论的日本

---

❶ 参见车浩：《"被害人承诺"还是"被害人同意"?》，载《中国刑事法杂志》2009 年第 11 期，第 15—16 页。

❷ Friedrich Geerds, Einwilligung und Einverständnis des Verletzten im Strafrecht, in: GA 1954, 205 ff.

和我国台湾地区，在接受"二元论"的同时，对于阻却违法性的承诺（Einwilligung），称谓依旧；至于阻却构成要件该当性的"Einverständnis"，则谓之"许可"、"合意"或"同意"。此后，在接受"二元论"的日本和我国台湾地区学者中，但凡再论及"承诺"时，通常是表征违法阻却事由。❶ 当然，对于德国的"二元论"，日本和我国台湾地区学者也并非都是一概接受，也存在一元论的主张，包括德国本土的刑法学者亦如是。一元论具体又包括将同意与承诺统一视为违法性阻却事由或是阻却构成要件该当性事由两种观点。松原芳博教授就主张被害人同意与被害人承诺同为阻却构成要件该当性的事由，❷ 山口厚教授❸、西田典之教授❹与大谷实教授❺则将被害人承诺与被害人同意统一视为阻却违法性的事由。德国刑法学者 Roxin 教授指出，法益旨在于保护个人的自由发展，而刑法又是以保护法益为根本目的，权利人通过同意或是承诺处分个人有权处分的法益时，并没有法益侵害的存在，且是权利人自由发展的表现。❻ 因而对被害人同意与被害人承诺的区分是毫无意义亦无必要的，针对被害人有权处分的个人法益而言，无论被害人的同意还是承诺都是阻却构成要件的该当性，而非部

---

❶ 参见车浩：《"被害人承诺"还是"被害人同意"?》，载《中国刑事法杂志》2009 年第 11 期，第 16 页。

❷ 参见［日］松原芳博：《刑法总论重要问题》，王昭武译，中国政法大学出版社2014 年版，第 97 页。

❸ 参见［日］山口厚：《刑法总论》，付立庆译，中国人民大学出版社 2018 年版，第 162 页。

❹ 参见［日］西田典之：《日本刑法总论》，王昭武、刘明祥译，法律出版社 2013年版，第 157 页。

❺ 参见［日］大谷实：《刑法讲义总论》，黎宏译，中国人民大学出版社 2008 年版，第 233 页。

❻ Claus Roxin, Strafrecht Allgemeiner Teil, Bd. I, 4. Aufl., C. H. Beck, 2006, §13 Rn. 12.

分阻却构成要件、部分阻却违法性。

关于同意与承诺二者，刑法分则中部分犯罪的成立是以违背被害人的主观意愿作为构成要件要素之一，在该类犯罪中，但凡行为是得到被害人同意而实施的，就能够阻却构成要件的该当性，因而将此种同意定位为阻却构成要件该当性的事由；至于针对被害人有权处分的个人法益，被害人是基于真实自主的意愿许诺侵害的，客观上已经造成了法益损害的事实，必然是符合构成要件该当性的行为，只不过因为是被害人行使自主决定权的表现，因而刑法不再介入，在违法性阶层予以排除。我国台湾地区有论者认为，从本质上观之，同意与承诺的核心差异在于成立要件的不同，具而言之：其一，同意与承诺所要求的能力不同，同意能力是事实上的判断，同意人具有自然的意思能力即可；承诺能力是规范上的评价，要求承诺者须当具备相当程度的心智成熟度。其二，作出同意的意思表示即便是有瑕疵的，仍然能够阻却行为的构成要件该当性，但作出承诺的意思表示则必须是无瑕疵的，否则就不能够阻却行为的违法性。其三，发生错误认识时所造成的法律效果存在差异，误认不同意为同意时，往往欠缺构成要件的故意；误认同意为不同意时，犯罪不能既遂；误认未承诺为承诺时，是容许的构成要件错误，同于误想防卫；误认承诺为未承诺时，符合阻却违法性的客观要件，但不符合阻却违法性的主观要件，同于偶然防卫或是偶然避难。❶

源自德国对同意与承诺作区别对待的"二元论"，我国刑法学界（除港、澳、台之外）部分学者则持相反的意见，认为对于同意与承诺没有必要严格区分，统一称为被害人同意即可，再者，

---

❶　参见林钰雄：《新刑法总则》，元照出版有限公司 2018 年版，第 283—284 页。

基于对客观归属论的慎重，将被害人同意统一视为违法性阻却事由。● 原因有二：一是经被害人同意实施的行为原本就不可能符合构成要件，因而没必要再视为阻却构成要件该当性的事由加以讨论；二是被害人承诺与被害人同意的区分原就是十分困难的问题。● 在权利人有权处分的个人法益范围内，且不危及社会秩序的，被害人承诺阻却行为的违法性，● 属于超法规的违法阻却事由●。与阻却行为违法性相对应的，部分学者主张推定同意是阻却构成要件的该当性。基于被害人意志的出罪根据在于是法益主体对法益的自主处分，是行使自我决定权的表现，因而应当将"同意"与"承诺"都视为阻却构成要件该当性的出罪事由。● 只要存在被害人同意，行为人的行为就阻却构成要件的该当性。经被害人同意放弃的法益，不值得刑法保护。● 是被害人主动放弃了刑法保护，刑法自然也就没有介入的必要。● 此外，观之实践效果，无论一元论抑或二元论，只要严格适用，最终得出的结论都是阻却犯罪的成立，二者殊途同归，只不过在出罪的时间上一前一后。● 因而严格意义上说来，一元论的实践效率更高，在构成要件阶层就可实现出罪的效果，免去了后续烦琐而不必要的判断成本。

● 参见付立庆：《刑法总论》，法律出版社 2020 年版，第 184—185 页。

● 参见张明楷：《刑法学》（上），法律出版社 2021 年版，第 296—301 页。

● 参见林亚刚：《刑法学教义》（总论），北京大学出版社 2017 年版，第 302 页。

● 参见周光权：《刑法总论》，中国人民大学大学出版社 2016 年版，第 219 页。

● 参见方军：《被害人同意：根据、定位与界限》，载《当代法学》2015 年第 5 期，第 45 页。

● 参见黎宏：《刑法学》，法律出版社 2012 年版，第 159 页。

● 参见阮齐林：《刑法学》，中国政法大学出版社 2011 年版，第 144 页。

● 参见蔡桂生：《构成要件论》，中国人民大学出版社 2015 年版，第 344 页。

(三) 适用"同意"术语的确认

在梳理完毕"同意"与"承诺"二者的源流，阐释清楚国内外刑法学者对于二者所持态度后，可以发现，关于"同意"与"承诺"的争议都是在被害人真实的同意或是承诺之下展开，而非推定的同意或是推定的承诺，但在对"同意"还是"承诺"的术语选择上，二者可以同等对待。原因在于无论是被害人同意（承诺）还是推定同意（承诺），都是出于保护权利人自我决定权的初衷。只不过前者是对被害人现实行使自我决定权的保护，后者则是通过对被害人真实意愿的推定而实现对其自我决定权的保护。差别只不过在于被害人的真实意愿是否具备最终决定效力，因而可以一并研讨。对于前述对被害人意志的表达，究竟是适用"同意"还是"承诺"哪一术语的问题，本书持将"同意"与"承诺"统一视为阻却构成要件该当性一元论的观点，并主张将二者统一谓之"同意"。具体原因如下：

其一，被害人承诺的范围于德日刑法学理论中是有限的，通常只能适用于故意毁坏财物或是身体伤害的场合，统一指称阻却违法性的出罪事由，如果超出既定范围适用，容易导致学术交流上的混乱与误解。对于我国刑法分则明文规定的强奸、非法侵入住宅等犯罪行为，只要行为时获得了被害人的同意，原本就并不存在法益侵害的现实结果，自然谈不上是否阻却违法，但我国有学者在论及时往往不加区分地一概使用"承诺"这一术语。以强奸罪为例，我国有学者在论述存在被害人承诺的强奸罪场合时，不加区分地统一适用"承诺"来加以阐述，认为强奸罪中被害人的"承诺"适用存在两种可能，即阻却构成要件该当性或是违法性。[1] 显

---

[1]　参见黎宏：《被害人承诺问题研究》，载《法学研究》2007 年第 1 期，第 85 页。

而易见，在强奸罪的场合下，被害人的真实意愿决定了是否阻却构成要件的该当性，无关于违法性的判断。该论者对于"承诺"的随意使用，忽视了"承诺"适用范围的有限性，容易导致理解上的混乱与误读。

其二，"同意"这一术语的使用，更有利于与国外刑法理论的沟通与交融。自20世纪70年代以来，"二元论"日益面临愈加严峻的挑战。时至今日，将"同意"与"承诺"统一视为阻却构成要件该当性事由的"一元论"，已逐步发展成为被学界普遍认可的通说观点。❶ 在我国当下备受推崇的、从德日引进的三阶层犯罪论体系之下，持"一元论"的观点自然是畅通无阻。针对被害人同意（承诺）这一特定情形，英美法中普遍适用"consent"来加以阐释，且正是与德国刑法中"Einwilligung"相对应的概念，在有关英美刑法学的译著之中，"consent"也是普遍被翻译为"同意"。因此，统一适用"被害人同意"的表述，便于与英美法中关于被害人同意的相关理论直接对接与沟通，还能够兼顾与德国刑法学之间学说表述与内涵上的一致。另外，从降低交流成本与解释成本的角度考虑，也应当提倡统一适用"被害人同意"的表述。

其三，"同意"更符合我国语言表达的惯例与刑法语境的适用。从汉语词典和用语习惯的角度观之，通常认为但凡权利人主动提出的就是"承诺"，被动接受的则为"同意"。❷ 也就是说，"承诺"一般被理解为向他人保证自己确定会实施某行为，"同意"则往往指允许、认可或赞同他人实施某行为。❸ 在刑法中，被害人

---

❶ 参见车浩：《"被害人承诺"还是"被害人同意"?》，载《中国刑事法杂志》2009年第11期，第18页。

❷ 参见付立庆：《刑法总论》，法律出版社2020年版，第184页。

❸ 参见车浩：《"被害人承诺"还是"被害人同意"?》，载《中国刑事法杂志》2009年第11期，第19页。

同意（承诺）一般被理解为权利人在自己有权处分的个人法益范围内，有权允许他人对自己实施法益侵害行为。由此可见，"同意"这一术语的表述更符合刑法语境的适用需要，更能够与刑法中出现的各种相关情况有效对应。

综上所述，关于"同意"与"承诺"的问题，在我国刑法的语境中，本书主张统一适用"被害人同意"这一表述，来指代所有得到被害人许可的法益侵害行为。如此，在国内外的学说交流过程中，既可以实现统一术语上的准确对接，还能够避免相同概念但不同内涵的误解。同时，也可以尽早出罪，有利于犯罪判断的经济性。❶ 另外，构成要件阶层是解决有无法益需要保护的问题，违法性阶层则是解决在诸多需保护法益存有冲突时如何处理的问题。❷ 具而言之，违法性阶层的任务在于将一个该当构成要件的行为，置于整个法秩序中权衡各种利益和价值的冲突后再行评价。❸ 基于个人自治的法益观，得同意实施的行为是个人自由的实现和发展，并无法益受损，❹ 自然也就谈不上是否需要保护的问题。也就是说，被同意的法益是缺乏保护必要性的。由此观之推定同意的体系定位这一问题，二元论主张的不合理之处尽显无遗。显然，同意明显属于构成要件阶层所要解决的问题。因此，没有必要对承诺和同意作出区分，将所有同意都视为构成要件阻却事由的一元论才是可取的。❺

---

❶ 参见方军：《被害人同意：根据、定位与界限》，载《当代法学》2015 年第 5 期，第 44 页。

❷ 参见许玉秀：《当代刑法思潮》，中国民主法制出版社 2005 年版，第 145 页。

❸ 参见车浩：《阶层犯罪论的构造》，法律出版社 2017 年版，第 138 页。

❹ 参见车浩：《阶层犯罪论的构造》，法律出版社 2017 年版，第 226 页。

❺ 参见周维明：《刑法中假定同意之评析》，载《环球法律评论》2016 年第 2 期，第 129—130 页。

第二节　推定同意与相关概念辨析

最常与推定同意置于一起比较的概念就是被害人同意与紧急避险，近年来，由于假定同意这一概念的兴起，关于推定同意与假定同意之间的比较也引起了学界关注。厘清推定同意与被害人同意、紧急避险和假定同意之间的异同，有利于合理界定推定同意的适用范围，避免混淆与误用。

一、推定同意与被害人同意

（一）被害人同意的基本内涵

一般而言，关于同意人们更直观的印象是属于民法中的概念。根据我国《民法典》第 479 条❶的规定，承诺是受要约人同意要约并缔结合同的意思表示。同意的法律效力之于民法而言，同意人一经同意并通知或通过行为让要约人知悉，合同就生效，当即对同意人和要约人产生法律上的约束力。但在我国刑法中，总则并没有关于"同意"或是"承诺"的明文规定。刑法隶属于公法，历来是依据国家意志来决定是否追究某一行为的刑事责任，除却自诉案件，被告人、被害人对于刑事责任均无权选择或放弃。❷ 较之于西方国家，中国的刑法制度整体上更加偏向于保护国家利益，因而关于个人同意没有作出总则性的规定是符合我国现实的。但是，在我国的刑法理论和司法实务中，被害人同意受重视的程度

---

❶　参见《民法典》第 479 条："承诺是受要约人同意要约的意思表示。"
❷　参见谢望原：《论刑法上同意之正当化根据及其司法适用》，载《法学家》2012 年第 2 期，第 56 页。

却是与日俱增，很多时候甚至能够直接影响法院对于刑事责任的认定。简而言之，得同意的行为有时会对刑事责任的大小甚至有无产生重大影响，即会影响对行为人行为的定性问题。那么，同意得以正当化的依据何在？学界对此存在不同的主张，涵括意思自治说、社会相当性说、客观归责说、法律行为说、放弃保护说，等等。● 本书支持意思自治说的观点，认为被害人同意是个人自治的表现因而阻却犯罪的成立，故应当依据被害人自治来考察被害人同意的效力。从本质上而言，被害人同意与自损行为一样，都体现了对个人自由的尊重。当被害人同意的行为并未侵犯他人或是社会公共利益时，法律对此予以禁止的，显然是为保护被害人的物质利益，但却是以牺牲被害人的自由为代价，这是不该当的。得同意而实施行为的人，是对被害人意思自由的尊重，并不具备真正意义上的法益损害。被害人是享有法益的主体，有权对属于个人的法益自由支配和使用，自主决定个人法益的变更和终结，被害人同意的行为正是行使个人法益的表现方式。

具而言之，被害人同意的正当化是为促进人的自由发展，以及出于对个人自我决定权的尊重。宪法规范的根据则是《中华人民共和国宪法》第 33 条❷和第 37 条❸中关于保障人权和人身自由

---

❶ 参见冯军：《刑法问题的规范理解》，北京大学出版社 2009 年版，第 156—157 页。

❷ 参见《中华人民共和国宪法》第 33 条："凡具有中华人民共和国国籍的人都是中华人民共和国公民。中华人民共和国公民在法律面前一律平等。国家尊重和保障人权。任何公民享有宪法和法律规定的权利，同时必须履行宪法和法律规定的义务。"

❸ 参见《中华人民共和国宪法》第 37 条："中华人民共和国公民的人身自由不受侵犯。任何公民，非经人民检察院批准或者决定或者人民法院决定，并由公安机关执行，不受逮捕。禁止非法拘禁和以其他方法非法剥夺或者限制公民的人身自由，禁止非法搜查公民的身体。"

权的相关规定。❶ 刑法中的被害人同意，并非单纯的逻辑推衍对错的问题，实质上表征了刑法对于公民个人自主意志和行为自由的态度。❷ 原本为刑法所禁止的法益侵害行为，因获得被害人的同意转而成为被害人合乎规范的法益处分行为，得到刑法的容许和尊重。如若将得同意的侵害行为视为不法，那么，刑法之于被害人不再是个人自由的守护者，而是破坏者。也就是说，被害人同意的行为实现了侵害行为与保障行为二者之间的逆向转变。由禁止转化为允许，由侵害转化为权利。给予被害人同意的合法效力，目的就在于保障被害人的合法自由。正所谓"法益保护以免于来自他人的侵害为目的，而不是对来自自我侵害的保护"。❸ 因为被害人同意是权利人对自己的侵害，非为来自外界的侵害，因而并不存在需要保护的法益，刑法也就没有介入的必要，阻却犯罪的成立。

从法学理论上而言，因本书持意思自治的主张，因而对于被害人同意的考察就应当优先遵从个人主观利益的观点。如果从客观利益衡量的观点出发，得同意的法益侵害结果与普通的法益侵害结果，客观上并无不同。客观上的法益侵害结果并不会因为被害人同意的存在而有所不同，因而应当舍弃客观利益衡量的方法，转而以其他视角进行考察，正如前述所言之个人主观利益的观点。❹ 被害人作出同意的原因是，依据被害人本人的视角，认为同

---

❶ 参见方军：《被害人同意：根据、定位与界限》，载《当代法学》2015 年第 5 期，第 41 页。

❷ 参见方军：《被害人同意：根据、定位与界限》，载《当代法学》2015 年第 5 期，第 53 页。

❸ ［德］克劳斯·罗克辛：《刑法的任务不是法益保护吗？》，樊文译，载陈兴良主编：《刑事法评论》（第 19 卷），北京大学出版社 2007 年版，第 154 页。

❹ 参见黄荣坚：《基础刑法学》（上），元照出版有限公司 2012 年版，第 324—325 页。

意法益侵害行为的实施可以为其带来更大利益，即便客观上被害人所获之利益十分微小，但只要符合被害人内心的评价体系和价值标准，法律就没有加以禁止的必要。纵使被害人同意的行为，依据客观的利益衡量标准，对于其本身而言是纯粹利损而毫无获利的，也仍然具备正当性的理由。❶ 这是基于对被害人自主选择的尊重，因为被害人的自主本身也是利益权衡的对象之一，被害人自主的实现就是最大的利益。再者，现代社会的价值体系是多元复杂的，究竟何种法益处分方式是正当而理性的，本就没有普适性的统一标准。如若一味地强调以客观的利益衡量标准来对被害人同意的效力加以判断，事实上就是将社会一般观念认可的价值标准强加在被害人身上。如此家长主义的立场，必然会严重有损于被害人自我决定权的行使，与保护被害人自治的初衷背道而驰。❷

（二）被害人同意与推定同意的比较

在刑法教义学中，推定同意的形象是较为模糊的，理论上一般都会将其置于被害人同意之后，❸ 或是作为被害人同意的组成部分来加以阐释。❹ 推定同意与被害人同意的法律效果一样，且满足的条件也与被害人同意一致。❺ 可见，推定同意与被害人同意在外

---

❶ 参见黄荣坚：《基础刑法学》（上），元照出版有限公司 2012 年版，第 326 页。

❷ 参见王钢：《被害人自治视阈下的同意有效性——兼论三角关系中的判断》，载《政法论丛》2019 年第 5 期，第 63 页。

❸ 参见［德］乌尔斯·金德霍伊泽尔：《刑法总论教科书》，蔡桂生译，北京大学出版社 2017 年版，第 195—200 页。

❹ 参见［日］山口厚：《刑法总论》，付立庆译，中国人民大学出版社 2018 年版，第 178—181 页；田宏杰：《刑法中的正当化行为》，中国检察出版社 2004 年版，第 397—413 页。

❺ 参见汉斯·海因里斯·耶赛克、托马斯·魏根特：《德国刑法教科书》（上），徐久生译，中国法制出版社 2017 年版，第 526 页。

观上存在诸多相似之处，二者都旨在于维护被害人的自主。基于此，有学者主张现实意思推定说，即是将推定同意视为处于被害人同意延长线上的产物，二者的主要区别仅在于是否存在被害人真实的同意，主张应当依据被害人同意的原理对推定同意加以适用。❶ 但这种观点未免有失偏颇，推定同意中并不存在真实的被害人意思，为何可以与被害人同意产生相同的法律后果？该学说的支持者始终未就此给出合理的解释，更多的是意味不明的模糊辩解。事实上，推定同意与被害人同意都是基于尊重被害人的自我决定权而作出，二者的最大区别在于，推定同意中事实上并不存在被害人的意志表达，甚至在其心理上也从未出现过，是一种规范结构上推测的被害人意愿，而被害人同意则是被害人现实表达的真正意愿。由此可见，被害人同意与推定同意，在最核心的是否得到被害人真实同意这一要素上存在本质差别，不可模棱两可地将二者混为一谈。

整体看来，被害人同意的成立要件，并无诸多法律限制。但凡权利人有权处分的个人法益，只要权利人愿意，随时可以作出具备法律效力的同意，鲜明地彰显了法律对于被害人自主决定权的尊重。但在推定同意的场合，因为并不存在被害人真实的同意，所以常伴随因情势紧急难以取得被害人现实同意的场景。因而才会有学者主张推定同意是被害人同意延长线上的产物，❷ 本质上就

❶ 参见黎宏：《被害人承诺问题研究》，载《法学研究》，2007 年第 1 期，第 101 页；[日] 山口厚：《刑法总论》，付立庆译，中国人民大学出版社 2018 年版，第 179 页；[日] 大塚仁：《刑法概说》（总论），冯军译，中国人民大学出版社 2003 年版，第 360 页。

❷ 参见黎宏：《被害人承诺问题研究》，载《法学研究》2007 年第 1 期，第 101 页；[日] 山口厚：《刑法总论》，付立庆译，中国人民大学出版社 2018 年版，第 179 页；[日] 大塚仁：《刑法概说》（总论），冯军译，中国人民大学出版社 2003 年版，第 360 页。

是认为推定同意能够协助被害人自主决定权的实现，确保在难以及时获得被害人同意的场合，仍然期望可以通过推定其真实意愿的行为，而尽可能地贯彻其自主意志，不让被害人的自主决定权因短暂的现实行使不能而被社会所攫取。因而要求推定同意的行为必须是依据被害人的偏好、价值取向或是行为人基于与被害人之间特别的亲密关系而得出。即便据此得出的结果可能与社会一般价值观念不符，甚至有损于被害人自身利益，也仍然无损推定同意行为的正当性，这种不同于客观利益衡量标准的评价体系也正好体现了对于被害人自我决定权的坚定保护。但是，这种主张过于理想化，且忽视了推定同意可能导致的弊端。

一方面，推定同意可能会背离尊重被害人自主的初衷。首先，被害人同意要求每一次的法益侵害行为都必须有单独的意思表示，表明先前作出的同意并不能取代当下的同意，同意涉及对法益的处分，被害人的主观意愿又是随机和不可测的，因而要求次次为之，即每一次的法益侵害行为都必须有被害人单独作出的同意。这从侧面表明被害人的同意随时可以作出，也随时可以撤回，法律赋予了被害人随时反悔的权利。但在推定同意中却恰好与此相反，推定同意的基础就是假设被害人的主观意愿是可预知和可推测的，一旦推定同意作出了，被害人就没有反悔的权利，只要推定同意的过程没有瑕疵，被害人就必然承担他人代己决定的所有后果。事实上，在假设被害人意愿的过程中，无论最终结果与被害人的主观意愿是否相符合，自从开始假设的那一刻起，被害人的自主决定权就已经不复存在，是对被害人选择自由的完全剥夺。❶ 这种结果恰好与推定同意所主张的保护个人自治的价值取向

---

❶ 参见林道：《推测同意的法理解析与建构》，台湾政治大学 2015 年硕士学位论文，第 171 页。

相违背，在推定同意中，被害人不仅要失去自主选择的机会，而且还要为他人的行为担责，即便是违背自己意愿的行为，也是对被害人自治的实质侵害。其次，推定同意的提出是基于对个人自主决定权绝对保护的理念，旨在于不仅要在被害人意愿可获得的场合保护其自主，即便在被害人意愿不可得的场合，也要想方设法地对其主观意愿加以揣测和贯彻，以实现对于被害人自主决定权全方位、无死角的保护。加之个人尊严又是个人自主决定权的上位概念，受现代自由主义思潮的影响，使得对于个人自主决定权的保护被拔高到了接近于神圣不可侵犯的地位。似乎对于个人自主决定权的保护就必须是坚决且全面的，容不得些许的撼动和变通，推定同意的提出和广泛适用就是最好的佐证。但是，这种过于绝对的保护理念，在无形之间反而可能会侵犯到个人自主决定权本身。因为在对个人自主决定权予以绝对保护的主张之下，个人自主决定权是不能排除的，必须毫无例外地一概保护，但这反而限制了自主决定权行使的无限可能，转而可能成为侵害个人自主决定权的危险因素之一。对于个人自主的过度保护，会导致社会成员都只关注自己的利益，漠视他人的事物，可能会无形中倡导一种极端自利主义的不良风尚，严重削弱社会凝聚力。如果人人都坚持个人权利是神圣不可侵犯的，就连共同参与社会生活的基本条件都不愿意提供，那个人自主在个人极其狭窄封闭的空间里又如何能够实现呢？作为社会共同体中的一员，还是应当有最基本的联系和帮助，❶ 如此才能够真正实现宣称的个人自主。人是生活于社会之中的群居动物，因而现代国家才会设置征收、征用、紧急避险等制度，都是在强调个人回归社会的一面，如此才

---

❶ 参见王祯：《刑法上紧急避险拒绝行为的权限求证与因素分析》，载《甘肃政法学院学报》2019 年第 4 期，第 137 页。

能够维持每一成员在社会生活中基本生存和发展所需的基本条件。如果社会成员既想享受公共福利，又不愿让渡部分个人权利来共筑公共福利，那公共福利必然无从谈起。由此可见，任何绝对性的保护理念都值得引起我们的警惕，正如公民权利一样，没有绝对的权利，也没有绝对的义务，再高尚的权利也必然是在法律限定的有限空间内相对享有，不可能是所向披靡、绝无例外的。

另一方面，推定同意可能会导致逻辑上的悖论。对于被害人主观意愿的假设，是推定同意最核心的要件，被害人个人的价值取向和兴趣偏好必然是假设的重要依据，强调的是对于被害人自主决定权的尊重和维护。此时，只要具备推测被害人真实意愿的可能性，就不可能依据社会普遍的一般价值观念去推定同意，即便推定同意的行为可能是侵犯被害人利益的自损行为，也仍然必须予以遵从，被害人的真实意愿始终处于绝对的优先地位。但是，这时就存在一个逻辑上的悖论，推定同意一方面主张被害人的自主决定权至关重要，却又允许他人侵入个人自治领域。这岂不是自相矛盾？因为推定同意并非被害人自主决定的结果，是他人介入被害人自治领域的结果，且具有正当性。为保护被害人自主而允许他人介入被害人自主领域的做法，事实上反而侵犯了被害人的自主。所谓自主，就是自由选择、不受任何干涉的权利。推定同意在剥夺他人自由选择的机会以后，反而宣称这是被害人应当会作出的决定，强势要求被害人在无法作出有效同意时，被动允许他人行使自己的自主决定权，即便他人不当行使，甚至有违自己的内心真意时，仍然会受到法律的保护，阻却违法。但是，推定同意存在的初衷原本就是为保护被害人的自主决定权，如果最核心的被害人自主决定权都可以由他人推测得出，那推定同意阻却违法性的正当化根据又何在？又如何谈得上是对被害人自主决定权的保障？个人的自主决定看似有规律可循，但也是主观而任意的。同样的事情，权利人在不同时间段得出的结论完全有可能截然不同，第三人很难准确推知。自主决定权的价值就在于权利人随时可以作出选择，也随时可以改变自己的决定。推定同意将被害人的自主决定权视为一种可预知、可推测的固式结论，剥夺了被害人自由选择的权利。假设被害人意愿这一侵入被害人自治领域的行为，既无法确保假设百分之百的准确，还徒增了假设错误的概率。对于这一危害可能，应当寻找何种根据予以正当化，还有待进一步探讨论证。

综上，推定同意与被害人同意之间存在实质差异，不可任意将它们混为一谈，二者都各自有其独立之处。因此，关于推定同意与被害人同意之间的地位关联还需再探讨，推定同意应然的法律形象也有待确认。

二、推定同意与假定同意

（一）假定同意的基础理论

假定同意理论源自民法领域，[1] 可以依据假定同意减轻或是排除医师因为说明瑕疵而可能产生的民事责任，尤其是在缺乏患者同意的特定医疗行为中，医师一般可以在事后提出如下反证：如果在事前对患者作出医疗风险的说明，患者也会作出同意，对此又谓之"合法的替代行为"（rechtsmäβiges Alternativverhalten）[2]。但是，对于有关假定同意的证明责任设有严格的条件，以避免有

---

[1] 参见古承宗：《刑法上的假设同意》，载《月旦法学教室》2019 年第 202 期，第 30 页。

[2] Nike Hengstenberg, Die hypothetische Einwilligung im Strafrecht, Springer, 2013, S. 7 ff.

损于患者的知情权。具而言之，医师在民事诉讼程序中负有举证的义务，需证明患者在接受正确的医疗说明以后，应当也会对医疗行为作出同意。观之假定同意的法治化进程，德国民事法院初始是将假定同意适用于因果关系的判断❶，直至 2013 年修法之时，德国立法者才将其明文规定于德国《民法典》第 630h 条第 2 项第 2 句，自此确立了假定同意在民法领域的法定化地位。❷

至于假定同意在刑法领域的发展，直至 2005 年后才出现在德国最高法院的判例中。刑法中假定同意的场合表明：如果如实向病人作出说明，病人应然会作出同意，据此，在医事手术中，说明瑕疵不会影响同意生效。除非事后可以证实说明瑕疵会影响病人的具体决定，此时，才可以据此否定同意生效。❸ 假定同意在刑事领域同样是发挥限缩医师医疗责任的功能，尤其是针对医疗行为的说明义务可能不当扩张的场合，基于此为医师设定一个适度的可罚范围。❹ 德国的实务界基本上将假定同意视为一个独立的违法性阻却事由。❺ 其原因在于，患者是在医师存有说明瑕疵的情况下而同意接受医疗行为，此时的同意原本应当是无效的，但特殊之处在于，若患者事前获悉准确的医疗说明，也应当会作出同意。❻ 在依据医师存有说明瑕疵而追究其刑事责任的案件中，可以

---

❶ ZJS 2011, 482.

❷ 参见古承宗：《刑法上的假设同意》，载《月旦法学教室》2019 年 8 月第 202 期，第 30 页。

❸ 参见［德］亨宁·罗泽瑙：《假设承诺：一个新的法律概念》，蔡桂生译，载《东方法学》2014 年第 4 期，第 144 页。

❹ Frank Saliger, Alternativen zur hypothetischen Einwilligung im Strafrecht, in: Festschrift für Werner Beulke zum 70. Geburtstag, C. F. Müller, 2015, S. 268 ff.

❺ BGH StV 2004, 377.; 对于此种定位的批判，参见 Frank Saliger, Alternativen zur hypothetischen Einwilligung im Strafrecht, in: Festschrift für Werner Beulke zum 70. Geburtstag, C. F. Müller, 2015, S. 266.

❻ BGH NStZ-RR 04, 16, 17.

追责的理由在于若患者接受准确的说明，应当不会作出同意这一场合，若考察发现存有患者会作出同意的当然可能性，则适用假定同意。较之于此，有论者在认可假定同意阻却违法性效果的基础上，借助义务违反关联原则主张假定同意具体是排除结果归责❶。也就是说，医师未得患者同意而实施的医疗行为始终是具有违法性的，需进一步判断危害后果客观上是否可以真正归责于前述违反说明义务的医疗行为。基于假定同意理论，因医疗行为所导致的伤害后果不可归责于医师，因而至多成立未遂的伤害。❷需要注意，推定同意是完全阻却行为违法性的事由，既不可能成立既遂也不可能成立未遂，但假定同意则是在违法性阶层阻断结果归责的事由，并不绝对排除未遂的成立。

关于假定同意存在的正当性，国内外刑法学界始终论争不断。有学者持积极主张的态度，认为假定同意较之于被害人真实的同意和推定同意，并未弱化权利人的自决权。❸具而言之，推定同意整体上是一个拟制的同意，与假定同意十分相似，其拟制程度甚至高于假定同意。推定同意表明，并非只有尊重自决权才可以免罚。在推定同意的场合，权利人并未真正行使自己的自决权。一般而言，病人并未就事故后的治疗行为作出任何表示。此时，行为人是综合各种因素来推定病人的可能意愿。推定同意蕴含了高度的父权主义，以及在难以获得现实同意时来自主治医师的看似代理同意的高度他决权，且此为被普遍认可的成立推定同意之前

---

❶ Lothar Kuhlen, Objektive Zurechnung bei Rechtfertigungsgründen, in: Festschrift für Claus Roxin zum 70. Geburtstag, De Gruyter, 2001, S. 331.

❷ Sandra Wisner, Die hypothetische Einwilligung im Medizienstrafrecht, Nomos, 2010, S. 123.

❸ 参见［德］亨宁·罗泽瑙:《假设承诺:一个新的法律概念》，蔡桂生译，载《东方法学》2014年第4期，第144页。

提条件。❶ 在推定同意的场合是不存在真实同意的，但即便事后证实有悖于患者真实意愿的，原则上也不会影响推定同意的有效性。至于假定同意的适用，则需满足不存在真实决策冲突的条件，据此，必须考虑被害人事后知悉真相时的想法和态度，这一点异于推定同意。较之于推定同意，假定同意往往并没有弱化权利人的自决权。❷ 那么，假定同意自然也就无法架空推定同意适用的前提条件。显然，假定同意并不必然导致专断医疗行为。❸ 与此同时，假定同意还能解构刑事责任与民事责任之间的差异，维护与促进法秩序的统一。❹

相对于前述积极主张假定同意正当性的观点，有学者则态度消极，认为假定同意本身存在诸多难以解决的硬伤，理应明确拒绝假定同意制度的适用，以避免造成更严重的危害后果。具而言之，其认为支持假定同意的论者大多是以排除结果不法归责为论点，将假定同意视为一个不法抵销模式，医师行为所导致的结果不法基于此被消除。若想证实假定同意的成立，对病人真实意志的拟制必不可少。但是，主观真意作为一个绝对的主观事实，原本就是取证过程中的重难点，何况假定同意中须当证实的还是病人原本就不存在的虚拟意志，自然更是难上加难。与此同时，还可能由此给病人留有违法犯罪的机会，以提供可以排除医师行为不法性的证词相要挟，索要财物或是实施其他不法行为。此外，

---

❶ BGHSt 16, 309, 312.

❷ Satzger/Schluckebier/Widmaier, StGB, 2. Aufl., Carl Heymanns, 2014, vor §§32 ff.

❸ 参见［德］亨宁·罗泽瑙：《假设承诺：一个新的法律概念》，蔡桂生译，载《东方法学》2014 年第 4 期，第 151—152 页。

❹ 参见周维明：《刑法中假定同意之评析》，载《环球法律评论》2016 年第 2 期，第 137 页。

假定同意理论在刑法教义学上也存有诸多难以自洽之处：一是假定同意无法在构成要件阶层加以判断，但同时又是一个独立的违法性阻却事由；二是假定同意有损于推定同意的补充性，且最终会对病人的自我决定权造成更严重的侵害；三是试图借助客观归责理论中，欠缺义务违反关联性或是合法替代行为理论，来阻却假定同意场合行为违法性的主张，并不能真正使得假定同意可以排除罪责。● 由此可见，假定同意在自身结构和合法性上都存有难以克服的弊病，因而，无论是在医疗刑法或是其他犯罪领域，都应当明确拒绝该理论。虽然部分国家的民事法典中已明确将假定同意理论明文列入，但即便刑法对这一部分行为加以处罚，也并不必然会违背法秩序统一原理。❷

综上，本书支持后一种反对假定同意正当性的主张，具体理由在下文对假定同意与推定同意的比较中将详细阐释。

（二）假定同意与推定同意的比较

1. 假定同意与推定同意形式上的异同

假定同意于 2005 年以后才正式出现在德国最高法院的判例中，是指在医事手术中，如果医生向患者履行了应尽的说明义务，病人同样会予以同意，那么医生说明上的瑕疵就不会使得医事手术丧失正当性。❸ 当然，若有事实证明如果医生谨慎尽到说明义务后，患者并不会予以同意，那么，医生依假定同意实施的医事手术就不能够阻却罪责。推定同意则是指客观上难以取得被害人的

● 参见 Thomas Rönnau：《医疗刑法中的假定同意——一个有意义的法制度？》，陈俊榕译，载《高大法学论义》2020 年第 15 卷第 2 期，第 227—228 页。

❷ 参见 Thomas Rönnau：《医疗刑法中的假定同意——一个有意义的法制度？》，陈俊榕译，载《高大法学论义》2020 年第 15 卷第 2 期，第 227—228 页。

❸ 参见［德］亨宁·罗泽瑙：《假设承诺：一个新的法律概念》，蔡桂生译，载《东方法学》2014 年第 4 期，第 144 页。

真实同意，但有合理理由可以信赖被害人在知悉事实真相后当然会作出同意，据此推测被害人意志而实施的行为，就是推定同意的行为。比较假定同意与推定同意二者，主要存有以下区别：一是能否获得现实同意的可能性不同。在假定同意的场合，完全具备获得现实同意的可能，但因为违反说明义务而使得同意无效；在推定同意的场合，则是只有在难以获得现实同意的情景下才可以推定同意，即客观上并无取得现实同意的一般可能性。二是成立的时间点不同。是否成立有效的假定同意，是以事后的现实情状作为判断资料；是否成立推定同意，则是一种事前判断，是以行为时的客观事实作为判断依据。在假定同意中进行事后判断的原因在于，客观上行为人是能够取得被害人的真实同意的，是行为人自己的错误导致没有取得被害人的真实同意，因而应将风险分配给行为人承担，进行事后判断。在推定同意中进行事前判断的原因则在于，是客观原因导致的行为人无法取得被害人的现实同意，加之推定同意的绝大多数场合都是为保护被害人的利益而行为，因而应将风险分配给被害人承担，进行事前判断。

　　当然，假定同意与推定同意之间也存有相似之处，具体如下。第一，推定同意和假定同意客观上都是行为人在代替被害人作出决定。第二，推定同意和假定同意中都并不存在被害人真实作出的同意，同为拟制的同意。在推定同意的场合，除了客观上确实难以取得被害人的同意之外，还需有足够的依据可以信赖被害人在事后当然会予以同意，且该依推定而实施的行为还不能触及被害人的重大法益。可见，在推定同意中同样蕴含了假定被害人会作出同意这一层表义，因而有学者据此主张推定同意是一种拟制的同意❶。拟制表明不是现实存在的,而是一种假设,推定同意和假定同意中的同意同为拟制同意的下属概念。因而,在一定程度上,推定同意可以视为广义的假定同意。❷ 如若在推定同意之外,再将(狭义的)假定同意作为独立的违法性阻却事由之一,也就表明在有条件取得被害人同意的场合,认可医方仍然可以依推定的意思来取代病人的具体选择,且无须担责。当然,我们不否认依推定意思而实施的行为存在契合于病人内心真意的情况,但并非任何时候都必然契合。依据普遍的认知,作为独立个体的病人具体会作出何种抉择往往是难以确定的,因而不可以依医方推定的意思来取代具体患者的内心真意。否则容易使得医患双方的沟通减少,增加滋生矛盾的机会,进而致使病人的基本权利容易受损。因此,将假定同意视为独立的违法性阻却事由的主张是危险的。❸

2. 假定同意有损推定同意的补充性功能

假定同意理论与现行的违法性原理并不契合,假定同意中并不存在将构成要件阶层的非价判断置于违法性阶层加以复核的情况,其也与病人真实的同意或是推定的同意完全无关。对病人内心意愿的假设,会被视为与病人真实的同意是等价的,但假定同意乃对他人行为之归责,与病人内心真意的自由实现并无关联。假定同意损害了推定同意的补充性功能,并最终侵害了病人的自决权。若坚持假定同意的正当性,医师就可以故意不履行原有的

---

❶ 参见车浩:《论推定的被害人同意》,载《法学评论》2010 年第 1 期,第 141 页。
❷ 参见蔡桂生:《医疗刑法中的假设被害人承诺》,载《法律科学(西北政法大学学报)》2017 年第 4 期,第 100 页。
❸ 参见蔡桂生:《医疗刑法中的假设被害人承诺》,载《法律科学(西北政法大学学报)》2017 年第 4 期,第 99—100 页。

说明义务，甚至在病人作出同意的准备阶段就进行欺骗，借助假定同意使自己免责。[1] 假定同意损毁了还原（roll back）病人福祉的依家长主义所定义的病人福祉（paternalistische fremddefinition）的路径，[2] 医师基于此会普遍认为自己有合法的权利来侵害病人的身体。[3] 由此可见，假定同意理论并不具备存在的价值，且反而会最终有损于权利人的自我决定权行使，并使得医师假借假定同意的幌子逃避自己原有的说明义务，甚至实施侵害病人身体的危害行为。若一味地坚持假定同意理论，势必得不偿失，甚至带来额外的危害后果。

因此，假定同意不得作为刑法上的违法性阻却事由，其不仅背离了被害人同意中最重要的个人自决原则，且架空了医疗说明之于病人自决的保障功能，因而假定同意是多余且无意义的。基于刑事政策的角度观之，在刑法之内限缩医师的说明义务或许可行，但并不能让假定同意任意架空现行的被害人同意与推定同意等违法性阻却事由。[4] 具体就假定同意与推定同意而言，二者同为被害人拟制意志中的两种理论，都可实现阻却行为罪责的结果，但二者设立的初衷却并不相同。假定同意设立的初衷在于制约医生刑事责任的成立，推定同意则旨在维护被害人自治权的行使，确保其内心真意最大限度的实现。显然，假定同意的初衷与被害人自治权保护之间是一对悖论，假定同意旨在于免除医生可得同

---

[1] Frank Saliger, Alternativen zur hypothetischen Einwilligung im Strafrecht, in: Festschrift für Werner Beulke zum 70. Geburtstag, C. F. Müller, 2015, S. 257, 264.

[2] Karsten Gaede, Limitiert akzessorisches Medizinstrafrecht statt hypothetischer Einwilligung, C. F. Müller, 2014, S. 3.

[3] 参见 Thomas Rönnau：《医疗刑法中的假定同意——一个有意义的法制度?》，陈俊榕译，载《高大法学论义》2020 年第 15 卷第 2 期，第 251—252 页。

[4] 参见古承宗：《刑法上的假设同意》，载《月旦法学教室》2019 年第 202 期，第 32 页。

意而未得同意之时实施医事行为的违法性，若坚持适用假定同意，等于认可和支持医生不履行说明义务而实施医事手术的行为，最终必然会使得被害人的自我决定权严重受损。相反，推定同意只有在确实难以获悉被害人真实意愿时才可适用，推定实施的行为必须是以被害人本人意愿作为判断根据，如此以便更周全地确保被害人自治权的实现。显然，假定同意的适用非但不能保护个人自治，反而会起到相反的作用。在被害人意愿论域内，尊重和保护个人自治是终极目标，假定同意作为其中的一员，俨然不具备独立存在的价值与意义。

虽然德国 2013 年生效的《病人权利法》，以及《民法典》第 630h 条第 2 项第 2 句都对假定同意予以了法律上的认可，但即便刑法对假定同意的情况予以处罚，也并不必然会违反法秩序的统一原理。因为德国民法中关于假定同意的法律条文仅涉及举证责任的问题，明文规定假定同意载有转换举证责任的功能，该规定之于刑法并无实质性影响，自然也就无碍于法秩序的统一。再者，刑法作为"最后手段法"，对于法益的保护是有选择性的，并非一般法所保护的法益刑法都要不予区分地一概纳入，相反，刑法只会选择较为重要的法益予以保护。如果试图基于维护法秩序的统一而直接将假定同意视为独立的违法性阻却事由，反而必然会违背罪疑惟轻的基本原则。● 因此，假定同意并不具存在的正当性和效益性，原本适用假定同意的场合，完全可以通过被害人同意、推定同意和其他罪责排除事由来覆盖和解决，因而不用担心因假定同意的消失而可能导致的规范漏洞。

---

❶ 参见古承宗：《刑法上的假设同意》，载《月旦法学教室》2019 年第 202 期，第 32 页。

三、推定同意与紧急避险

（一）紧急避险的基本要义

紧急避险在我国是法定的违法性阻却事由之一，刑法条文将紧急避险的规定紧紧置于正当防卫之后，二者在构成要件上不乏相似之处，最大的区别在于，正当防卫中是"正对不正"的思考逻辑，而紧急避险则是"正对正"的思考逻辑，基于紧急避险中牺牲的是正当利益，因而其适用条件和限度严于正当防卫，要求在迫不得已时才可实施避险行为，所保全的法益必须明显大于所牺牲的法益，否则就会构成避险过当，可能被追究刑事责任。此外，要求被避险人必须容忍自己法益的受损，无论是否愿意，无权对避险行为进行正当防卫，这彰显了明显的利益原则。

关于紧急避险背后的哲学原理，可以划分为两类不同主张：其一，否定紧急避险的合法性。以康德、费希特哲学和消极自由观为代表，都对紧急避险的权利属性予以否认，认为其没有被正当化的可能。❶ 但是，如果一概否定无辜第三人的容忍义务、排除紧急避险的合法性，不仅难以契合当下的刑法理论，且将可能导致无辜第三人可以对避险行为人进行正当防卫等让人难以接受的结果；其二，承认紧急避险的合法性。其中，以社会整体利益为导向的功利主义思想虽承认紧急避险的合法性，却可能不当扩张紧急避险的适用范围，严重忽视无辜第三人的自治，且社会整体利益本身的内涵也模糊不清。此外，还存在无辜第三人基于社会连带性而应承担连带义务的主张，简称为社会连带的互助义务，

---

❶ 参见王钢：《紧急避险中无辜第三人的容忍义务及其限度兼论紧急避险的正当化根据》，载《中外法学》2011 年第 3 期，第 609—613 页。

具体涵括罗尔斯的正义学说、哈贝马斯的商谈伦理学以及帕夫利克对黑格尔法哲学的诠释，都是基于自由主义的立场论证社会连带的互助义务，以此证实紧急避险的合法性。❶ 虽然论证方式各有不同，但都在一定程度上表明了对个人自治的尊重，且都主张严格限制在特定法益和合理限度内。

　　社会连带的互助义务主张将紧急避险视为社会保险契约，基于无知之幕的思考方式，在构建法秩序时，所有的参与者都在无知之幕后，无法预知自己未来将会遇到什么情况。在未来的危难情形中，自己可能是避险行为人也可能是被避险人，为了最大限度保护自己的利益，基于理性的自利思维，应然地形成一种社会互助的行为默契。❷ 理性人都会选择在他人重大利益遭遇危难时忍受自己较小利益的损失，以换取自己在面临重大利益的危难时刻，他人也愿意忍受自己较小利益的损失以保全自己的重大利益。与此同时，对紧急避险的适用规定了严格的限制条件，所保全的法益必须明显大于所牺牲的法益时紧急避险才是正当的，避免在紧急状况中避险行为人忽视无辜第三人的重大法益而实施实质侵害，基于此来形成社会成员之间社会连带的互助义务。根据公平原则，因为该规范是在无知之幕后面制定的，任何人都无法知晓自己在未来危难情形中所处的位置，因而对于所有的社会成员都是中立且符合程序正义的。❸ 社会连带的互助义务

---

❶ 参见王钢：《紧急避险中无辜第三人的容忍义务及其限度兼论紧急避险的正当化根据》，载《中外法学》2011 年第 3 期，第 609—625 页。

❷ 参见林道：《推测承诺的法理解析与建构》，台湾政治大学 2015 年硕士学位论文，第 93 页。

❸ Reinhard Merkel, Zaungäste? Über die Vernachlässigung philosophischer Argumente in der Strafrechtswissenschaft, in: Institut für Kriminalwiss. Frankfurt a. M. （Hrsg.）, vom unmöglichen Zustand des Strafrechts, Frankfurt a. M. 1995, S. 183 f.

俨然已经成为德国的通说观点，^❶ 在我国也得到了越来越多学者的支持。^❷

　　社会连带的互助义务是基于无辜第三人来论证紧急避险出罪事由的见解，罗尔斯的正义理论、哈贝马斯的商谈伦理学与帕夫利克对黑格尔法哲学的诠释等无不为该主张奠定了夯实的理论基础。^❸ 只有当无辜第三人基于社会连带的互助义务，须当容忍避险行为人对自身法益的侵害，以保护其他更重大法益之时，据此实施的避险行为才能够成为阻却违法性的出罪事由。将社会连带的互助义务作为紧急避险的正当化根据，既能够在尊重被害人自我决定权的基础上证成，为何侵害被害人法益的避险行为能够得以正当化，还能够据此证实为何禁止作为被避险人的无辜第三人对避险行为人进行正当防卫。^❹ 与此同时，该主张还能够从理论上对紧急避险合法化的成立范围提供合理的制约依据，即论证当避险行为保护法益并不明显优越于牺牲法益，或是导致与我国《刑法》第 20 条第 3 款所规定暴力犯罪相当的危害后果，则紧急避险不成立，被避险人可予以反抗。^❺

---

❶ Systematischer Kommentar zum Strafgesetzbuch, 9. Aufl. , Carl Heymanns, 2017, S. 1069.

❷ 参见王钢：《紧急避险中无辜第三人的容忍义务及其限度》，载《中外法学》2011 年第 3 期，第 609—625 页；蔡桂生：《避险行为对被避险人的法律效果》，载《法学评论》2017 年第 4 期，第 104—114 页；等等。

❸ 参见王钢：《紧急避险中无辜第三人的容忍义务及其限度兼论紧急避险的正当化根据》，载《中外法学》2011 年第 3 期，第 625 页。

❹ 参见王钢：《紧急避险中无辜第三人的容忍义务及其限度兼论紧急避险的正当化根据》，载《中外法学》2011 年第 3 期，第 625 页。

❺ 参见蔡桂生：《避险行为对被避险人的法律效果》，载《法学评论》2017 年第 4 期，第 104 页。

（二）紧急避险与推定同意的比较

1. 法益主体是否同一为紧急避险与推定同意之间不可逾越的鸿沟

紧急避险是与推定同意法律形象最为相似的理论，二者除了法益主体上的不同，其余要件几乎一致，且推定同意的结果在绝大多数场合都符合紧急避险中客观利益衡量的结果。那么，法益主体是否同一作为横亘在紧急避险与推定同意之间的一道鸿沟，是否必然不可逾越？

前文已经证实，在法益主体同一，情势紧急，且难以取得被害人同意的场合，若适用推定同意，并将推定同意视为被害人同意延长线上的产物，反而会侵害被害人的自我决定权，并不能实现保护被害人自治的初衷。那么，如果适用紧急避险的要件加以评价，是否还会有损于被害人自治呢？答案是肯定的。毫无疑问，在前述场合若坚持适用推定同意，必然会无端增加被害人承担因他人推定错误而可能造成的危险。若选择紧急避险的要件加以判断，依据客观利益衡量的标准去推定被害人的内心真意，客观上看似可以确保被害人的利益不会出现量上的减少，但实则严重侵犯了被害人的自治。每一个体都是独立且独特的，普遍多数人的选择并不能够代表每一个体的内心真意，为保护所谓客观的较大利益而牺牲个体的自治权益，明显得不偿失，且有悖于当代社会所倡导的自由主义之基本理念。只要个体的自治并不侵犯他人、社会或是国家的利益，在法律允许的处分范围内，理应予以最大限度的尊重，不得假借保护更大利益的之名行侵害个人自治之实。与此同时，社会成员是基于理性自利的思维而选择加入社会契约之中，表征了理性人对于自我决定权行使条件的高度保护意识，以及排斥第三方任意介入的态度。

因此，在法益主体同一的场合，因牺牲法益与拯救法益的主体同属一人，即便法益面临的危难情势紧急，仍然须优先尊重法益主体本人的真实意愿，即优先适用被害人同意这一违法阻却事由，客观利益权衡在此并不存在适用的余地。如若客观上确实难以获得法益主体的意愿，再依据特定关系或是相关事实来佐以推定法益主体的可能意愿。只有在被害人真实的意愿和推定的意愿都实在难以获悉时，才会退而选择适用客观利益权衡的标准。

2. 紧急避险与推定同意中蕴含的自治截然不同

学界通说观点认为，推定同意可以划分成为被害人利益推定同意和为他人（行为人或其他第三人）利益推定同意两种类型。并阐释在为被害人利益而推定同意的场合，若不及时推定同意，可能会造成难以挽回的损失，或是使得更重要的利益受损，情势紧急是最常见的表现形态，但并非必然要求；在为他人（行为人或其他第三人）利益而推定同意的场合，则往往情势都并不紧急。可见，推定同意与紧急避险之间的差异并不仅限于法益主体是否同一，对于情势是否紧急这一要件也存在不同要求。紧急避险中，情势紧急是必备的成立要件之一；而在推定同意的场合，情势紧急仅是典型的表现样态而已，并不必然要求具备。此外，在拯救法益的比较上，二者也存在显著差异。在紧急避险中，对于避险行为可以针对的法益范围通常存在严格限制，一般而言，不得针对被避险人的生命和重大身体健康实施避险行为。在符合法定条件的场合，避险行为人只能选择被避险人的低价法益，或是一些利损较为有限的法益进行避险。但是，在推定同意的场合，对此几乎没有任何严格制约，只要被害人的真实意愿难以获得，均有机会实施推定同意行为。由此观之，推定同意与紧急避险之间的相似性并不是表面上看起来那般接近。之所以常常将推定同意与紧急避险放在一起讨论，是因为在推定被害人可能的真实意愿之时，客观利益权衡准则往往也会一并辅以适用。被害人的自主决定权自然应当尊重，但客观利益的权衡也需要被加以考量，若不辅以适用后者，难以进行有意义的推定被害人真实意愿的行为。❶但是，本书并不主张在推定同意中全然采取客观利益权衡标准，因为倘若如此必然会在无形中扩大紧急避险的适用范围。在紧急避险的制度设计中，避险行为针对的是无辜第三人的合法利益，因而避险行为人的法益面临危难的要求虽不如正当防卫中那般严格，但情势紧急是必需要素之一，且通过客观利益权衡标准对避险行为的正当性予以了严格限制。但是，在推定同意的制度设计中，天然就没有情势紧急的必然要求，最倚重的要素就是难以获得被害人的真实意愿这一条件而已。❷

依据紧急避险的正当化根据，社会成员正是基于理性自利的思维而愿意承担社会连带的互助义务，忍受自己较小法益的损失而保全他人较大的法益。最终的结果从社会整体利益上观之确实有所增益，但利得者与利损者非为同一主体，避险行为人是完全的利得者，被避险人则是纯粹的利损者。社会成员明知自己可能是完全利益受损的避险行为被害人，又无法预知自己会在何时面临危难，甚至可能一辈子都不会陷入危难情形，即便如此，仍然愿意为了在未来可能的危难之际获得他人牺牲自我利益的帮助机会，坚持选择接受紧急避险这项社会契约。归根到底，紧急避险

---

❶ 参见林道：《推测承诺的法理解析与建构》，台湾政治大学 2015 年硕士学位论文，第 174—175 页。

❷ 参见林道：《推测承诺的法理解析与建构》，台湾政治大学 2015 年硕士学位论文，第 175 页。

制度的存在，本质上也是个人自治的结果。❶ 结论看似与推定同意中的个人自治不谋而合，但实质上相隔甚远，紧急避险中的自治是政治学意义上的自治，并不同于推定同意所蕴含的刑法中的个人自治，因而不能把二者一概而论。紧急避险虽也蕴含了个人自治的原理，但紧急避险中的被避险人作为被害人，却无法基于个人自治拒绝他人的避险行为。也就是说，紧急避险是无须考虑被害人意愿而实施的一种法定阻却违法性的行为。即便被避险人百般不愿，但只要符合法定的相关条件，就有义务承担法益损害结果。但在推定同意的场合，该制度的设计初衷却是为全面保护个人自治而存在，只要是符合被害人真实意愿的行为，即便严重背离客观利益权衡的标准，也仍然要予以尊重。由此可见，紧急避险中的自治主要是在制度设计之初存在，是社会人为确保自己未来重大利益受损时同样能够得以保护而同意加入该契约，但在紧急避险具体操作之时，却并不考虑被害人的真实意愿，只要符合法定条件，就可以实施，始终坚持贯彻的是客观利益权衡原则。但推定同意却不同，其不仅设立的初衷就旨在维护被害人自治，在具体实践中，也仍然坚持被害人意愿优先的行为准则，只有在被害人的真实意愿确实不可得之时，才辅以适用客观利益衡量原则。因此，紧急避险和推定同意中蕴含的自治理念是截然不同的，不可等量齐观。

3. 法益主体同一的场合一般不得适用紧急避险

在自由主义盛行的现代社会，并不强制要求人与人之间必须相互帮助，即便见死不救，也只是会受到道德和舆论上的柔性谴

---

❶ 参见林道：《推测承诺的法理解析与建构》，台湾政治大学 2015 年硕士学位论文，第 178 页。

责而已，刚性法律并不会介入。只有在法定的关系人之间，才可能因为不作为而受到刑事追责。当代社会之所以坚持不随意赋予他人义务的原则，就旨在于保护独立个人的自治空间，在个人自治空间内，个人自负其责，不受任意第三人的干扰和介入。本书将紧急避险的法理基础认定为社会连带的互助义务，其中就蕴含了对个人自治的尊重。具而言之，在紧急避险中，基于其背后所承载的社会连带的互助义务这一正当化事由，客观利益的衡量毫无疑问是发挥主要作用的判断依据。据此，要求紧急避险中所保护的法益须当明显大于所牺牲的法益，如果法益二者同等，就视为避险过当。❶ 但紧急避险并非全面排斥被害人自治，依据我国刑法理论，紧急避险中所保护的法益须当明显大于所牺牲的法益，如果法益二者同等，就视为避险过当。❷ 其中，关于"明显大于"的限度要求，就在一定程度上体现了对于被害人自治的尊重。紧急避险虽然在个人私权自治领域打开了一个缝隙，但同时也对入侵的条件和范围加以严格限制。

若是在推定同意中直接适用客观利益衡量的原则，看似更全面地保护法益，实则无形中损害了社会连带的底线。❸ 也就是说，如果将对被害人意愿的推定完全采取客观利益权衡的方式，势必会造成紧急避险的适用范围被不当扩大，虽可以主张被害人的真实意愿加以限制，但是在行为人推定错误的场合，推定同意的法律效果并不会因为被害人的不同意愿而有所改变。可见，此时被害人的真实意愿已经完全处于被架空的状态，不再被尊重和保护，

---

❶ 参见陈兴良：《教义刑法学》，中国人民大学出版社 2017 年版，第 393 页。
❷ 参见陈兴良：《教义刑法学》，中国人民大学出版社 2017 年版，第 393 页。
❸ 参见林道：《推测承诺的法理解析与建构》，台湾政治大学 2015 年硕士学位论文，第 176 页。

显然该结果严重背离了推定同意保护个人自治的初衷。因此，不得在推定同意的场合适用客观利益权衡的原则，若一味地坚持，既会不当扩大紧急避险的适用范围，还会逾越紧急避险设立之初所依据的社会契约范围。

综上所述所，在紧急避险的一般情况，牺牲法益和拯救法益的主体并不是同一的，因而可以适用客观利益权衡的判断标准。但在法益主体同一且情势紧急的场合，判断标准主要取决于被害人的真实意愿，客观利益衡量的标准所能够发挥的作用十分有限。如同被害人同意一般，是以被害人的主观意愿作为判断行为是否阻却犯罪成立的唯一标准，在无法及时得到被害人真实同意的特殊情况，才适用推定同意，以堵塞保护被害人自治的漏洞。唯有被害人的真实意愿和推定意愿都确实难以获知的情况下，才会退而选择客观利益权衡的标准。如此，才能真正实现对于个人自治的周全保护，最大限度地避免个体的主观意愿被普遍的多数意愿所侵犯。

第三节 推定同意的类型

学界对于推定同意的类型划分，存在多种主张，既有权利侵害型推定同意与事务管理型推定同意、为被害人利益型推定同意与为他人（行为人或第三人）利益型推定同意、紧急推定同意与非紧急推定同意等两分说观点，也有限于为被害人利益推定同意的一分说主张，同时还存在少数学者提倡的综合说。究竟哪一种分类更具合理性，下文将详细阐释论证。

一、学界关于推定同意类型的观点评析

关于推定同意的分类，本书持二分说的通说观点，即根据推定目的不同，将推定同意划分成为被害人利益型推定同意和为他人（行为人或第三人）利益型推定同意，针对这一分类将在"本书主张"部分详细阐释，现就其他三种类型的观点作介绍、评析。

其一，推定同意包括权利侵害型与事务管理型。[1] 其中，权利侵害型是指行为人为了权利人利益而实施的法益侵害行为，事务管理型则是行为人为了自己或是其他第三人利益而实施的法益侵害行为。[2] 在权利侵害型的推定同意中，权利人表面上看似并未获得任何优越性利益，但事实上却收获了感情的维系等长远利益；在事务管理型的推定同意中，正当化根据在于保护紧急状态下更具优越性的利益，客观上已经符合紧急避险或是无因管理的成立要件。[3] 其中，事务管理型推定同意具体包括以下两种情形[4]：一是非对称危险共同体与推定的同意，非对称危险共同体是指无法同时保全正面临危险的两个法益，当且仅当保全其中的一个法益时，[5] 依客观利益权衡的原理，只要保全法益大于牺牲法益，推定同意即可成立。二是对称危险共同体与推定的同意，对称危险共同体是指两个法益同时面临危险，保全任一法益都不可避免地以牺牲另一法益为代价，且无法同时保全正面临危难的两个法益。[6]

---

❶ 参见魏超：《论推定同意的正当化依据及范围——以"无知之幕"为切入点》，载《清华法学》2019 年第 2 期，第 195 页。

❷ ［日］曾根威彦：《刑法原论》，成文堂 2016 年版，第 274 页。

❸ ［日］松宫孝明：《刑法總論講義》，成文堂 2018 年版，第 131 页。

❶ 参见魏超：《论推定同意的正当化依据及范围——以"无知之幕"为切入点》，载《清华法学》2019 年第 2 期，第 205—206 页。

❺ Kindhäuser/Neumann/Paeffgen, StGB, 5. Aufl., Nomos, 2017, § 34 Rn. 76.

❻ Kindhäuser/Neumann/Paeffgen, StGB, 5. Aufl., Nomos, 2017, § 34 Rn. 78.

此中又可以具体划分为两种类型：一为身体法益与财产利益之间的冲突，基于重大身体法益的价值远甚于财产法益，因而为保护他人重大身体法益而损害财产法益的场合，推定同意成立；二为财产法益之间的冲突，针对纯财产利益❶之间的冲突，依据客观利益权衡的标准判断推定同意是否成立，只要保全法益大于牺牲法益，推定同意即可成立；至于纯财产利益与关涉人格权财物之间的冲突，则需以权利人的主观真意作为核心根据，原则上没有推定同意的适用空间，❷ 除非有确凿证据可以证实权利人会作出同意。如若行为人在明确知悉权利人反对的情况下仍然行为，推定的同意自然无效。❸

其二，依据推定的紧急情况不同，将推定同意划分为紧急推定同意和非紧急推定同意。❹ 其中，紧急推定同意是指情势紧急的场合，行为人出于救助被害人、第三人或是社会更大权益的目的，推定被害人会同意其实施某种法益损害行为。紧急推定同意的成立需要同时具备以下四个要件：情势紧急、存在被害人同意的极大可能性、出于救助目的以及行为所造成的损害具有社会相当性。❺ 非紧急推定同意是指根据行为人实施法益侵害行为时被害人的反应、行为人与被害人的关系、通常行为或是其他特殊情况，推定被害人会同意基于推测而实施的行为。该场合可以凭借的事

---

❶　纯财产利益之间的冲突是指发生冲突的财物无涉权利人的人格权。

❷　如果行为人对于法益主体十分了解或事关利益十分重大，足以对法益主体自己的决定权产生影响。

❸　参见魏超：《论推定同意的正当化依据及范围——以"无知之幕"为切入点》，载《清华法学》2019 年第 2 期，第 205—206 页。

❹　参见张少林、卜文：《推定同意的刑法意义探究——兼谈医疗手术行为中的紧急推定同意》，载《四川警察学院学报》2010 年第 2 期，第 8 页。

❺　参见张少林、卜文：《推定同意的刑法意义探究——兼谈医疗手术行为中的紧急推定同意》，载《四川警察学院学报》2010 年第 2 期，第 9—10 页。

实涵括如下三种：行为人与被害人之间存有亲密关系、行为人与被害人之间的通常行为，以及被害人的反应与特定情况。❶

其三，推定同意限于为被害人利益而推定这一种，因为只有该场合的推定同意才具备阻却犯罪成立的合理根据。国内学界普遍认为，推定同意的本质同于紧急避险，但在具体特征上有所区分。推定同意中，利得与利损都归于同一主体；至于紧急避险，利得与利损则分别归于不同主体。显然，我国刑法学界通说仅承认为被害人利益而推定同意的行为。❷ 推定同意的行为虽缺乏被害人的现实同意，但存在着被害人当然会作出同意的可能性，此时的推定同意才是有效的。❸ 我们绝大多数人都是有着正常情感和道德观念的普通人，损人利己自然令人不齿，但损己利人却也并非常态。推定被害人会为了行为人或是其他第三人的利益而甘愿自损，不否认现实中存在这般高尚举止，却非为普遍现象。但是，当被害人个人利益内部发生冲突时，损害被害人的此利益以保护彼利益，并认为如果被害人在场知情的，也当然会予以同意的逻辑才合情合理，如此才可能是具有刑法上正当性效力的推定同意。至于为行为人或是其他第三人利益，推定被害人自愿受损的场合，不否认同样存在阻却违法性的可能性，但这是紧急避险中所需解决的问题，无关于推定同意。❹ 为被害人利益的推定同意本质上就是事务管理型的推定同意，二者之间仅存有表述上的差异，并无

---

❶ 参见张少林、卜文：《推定同意的刑法意义探究——兼谈医疗手术行为中的紧急推定同意》，载《四川警察学院学报》2010 年第 2 期，第 10 页。

❷ 参见田国宝：《论基于推定同意的行为》，载《法律评论》2004 年第 3 期，第 134 页。

❸ 参见田宏杰：《刑法中的正当化行为》，中国检察出版社 2004 年版，第 401 页。

❹ 参见田宏杰：《刑法中的正当化行为》，中国检察出版社 2004 年版，第 401—402 页。

实质区别。我国对此是"定性＋定量"的刑法体系，推定同意之所以能够阻却犯罪成立，在于权利人为保护自己的重大利益，或是特定关系人的利益而自愿牺牲自己的较小利益，但我国刑法分则均存有罪量上的限制，基于人的自利天性，权利人通常是不会愿意牺牲自己较大法益以保全他人利益的，因而并无权利侵害型推定同意的存在空间。❶

除却前述常见的分类主张，我国台湾地区学者甘添贵教授认为，推定同意是以法官事后作出的盖然性判断为标准，归属于对事实的推定，当然应受制于经验与论理，推定同意的实例类型化后，涵括以下四种类型：本于特定关系者、基于同种行为者、保护优越利益者与因法益持有者之行为者。❷ 针对前述分类，有论者对于最后一种情形持保留态度，无论对于权利人作出同意的意思表示持意思表示说还是意思方向说，都无涉于推定同意的适用。❸ 事实上，前述主张只不过是对普遍分类加以细化罢了，并无创新性论点。

二、本书立场：二分说之提倡

二分说的观点，是依据推定目的不同，将推定同意划分成为被害人利益型推定同意和为他人（行为人或第三人）❹ 利益型推定

---

❶ 参见魏超：《论推定同意的正当化依据及范围——以"无知之幕"为切入点》，载《清华法学》2019 年第 2 期，第 206 页。

❷ 参见甘添贵：《刑法之重要理念》，瑞兴图书股份有限公司 1996 年版，第 72 页。

❸ 参见张原瑞：《同意与同意对于犯罪成立之研究》，台湾辅仁大学 2015 年硕士学位论文，第 66—67 页。

❹ 有学者主张此时"为他人利益的推定同意"的场合，也可以为公共利益。参见张少林、卜文：《推定同意的刑法意义探究——兼谈医疗手术行为中的紧急推定同意》，载《四川警察学院学报》2010 年第 2 期，第 9 页。

同意。● 其中，为被害人利益型推定同意，涵括财产性法益和人格性法益●，此时属于同一法益主体内部的两个法益发生冲突，行为人依据推定的同意选择保护其中更为优越的法益，是行为人综合当时的各种现实情状，推定被害人事后知晓事实真相会作出同意，但并不能排除被害人事后拒绝同意的情形存在，此时，行为人可以主张紧急避险来阻却行为的违法性。● 至于关涉为行为人或第三人利益型推定同意，依据日本学者内藤谦教授●的观点，具体又可以划分为两种：一是被害人受损法益十分轻微，或是虽不十分轻微，但情势紧急，行为人与被害人之间关系亲密，认为被害人若知晓事实当然会作出同意的场合；二是被害人受损法益并非十分轻微，情势也并不紧急，限定于被害人具有同意可能性的特殊场合。针对为保护行为人或是其他第三人利益而依推定同意实施侵害被害人权益行为的，若被害人事后知悉事实拒绝作出同意，则行为人的行为将不能够阻却违法性的成立。● 德国学界对此也是普遍持二分说的观点，只不过将之表述成为法益持有人之实质利益的推定同意与对法益持有人不具影响之干预的推定同意。● 为法益持有人之实质利益的场合，是指行为人虽未得到被害人的同意，

● 参见张少林、卜文：《推定同意的刑法意义探究——兼谈医疗手术行为中的紧急推定同意》，载《四川警察学院学报》2010年第2期，第8页；车浩：《论推定的被害人同意》，载《法学评论》2010年第1期，第143—144页；黎宏：《被害人承诺问题研究》，载《法学研究》2007年第1期，第103—104页；林书楷：《刑法总则》，五南图书出版股份有限公司2018年版，第176—178页；陈子平：《刑法总论》，元照出版有限公司2015年版，第289页；等等。
● 参见车浩：《论推定的被害人同意》，载《法学评论》2010年第1期，第143页。
● 参见黎宏：《被害人承诺问题研究》，载《法学研究》2007年第1期，第103页。
● [日]内藤谦：《刑法讲义总论》（中），有斐阁1991年版，第623页。
● 参见黎宏：《被害人承诺问题研究》，载《法学研究》2007年第1期，第103—104页。
● Urs Kindhäuser, Strafrecht Allgemeiner Teil, 1. Aufl., Nomos, 2005, §19 Rn. 1.

但是为被害人利益而行为，最常见于医事领域；对法益持有人不具影响之干预，是指行为人虽未得到被害人同意，但行为对于被害人法益并不具有明显侵害性，同意在该场合具有预见可能性。❶关于推定同意是否成立的判断，德国学者认为，在为被害人利益的场合，以被害人的意愿作为衡量准则；为行为人或是第三人利益的场合，推定被害人同意则限于为了维护相关法益主体的利益，或是与关系人之间存有特别理由。❷ 至于推定同意得以正当化的根据，为权利人利益而推定的，是基于为权利人利益原则；为其他人利益而推定的，则是本着利益缺乏原则。❸ 针对为被害人利益型推定同意，德国学者罗克辛（Roxin）教授又将其具体划分为以下三类：与物品有关的推定、与人格有关的推定以及对现时决定的推定。❹ 国内有论者进一步主张，"为其他人利益的推定"原则上仅限于"与物品有关的推定"，并不涉及关于人格和现时决定的推定。❺ 此外，意大利学者帕多瓦尼（Padovani）教授还主张将推定同意划分成为权利人利益的推定同意、为第三者利益的推定同意和为自己利益的推定同意，看似不同分类，但内容与前述两分说完全一致，只不过细分为三种类型而已，并无实质差异。

　　从本质上观之，无论是为被害人利益类型与为他人利益类型，

---

❶ Urs Kindhäuser, Strafrecht Allgemeiner Teil, 1. Aufl. , Nomos, 2005, §19 Rn. 10；许泽天：《刑总要论》，元照出版有限公司 2009 年版，第 144 页。

❷ 参见［德］汉斯·海因里斯·耶赛克、托马斯·魏根特：《德国刑法教科书》（上），徐久生译，中国法制出版社 2017 年版，第 524 页。

❸ 参见［德］约翰内斯·韦塞尔斯：《德国刑法总论》，李昌珂译，法律出版社 2008 年版，第 204—205 页。

❹ 参见［德］克劳斯·罗克辛：《德国刑法学总论（第 1 卷）——犯罪原理的基础构造》，王世洲译，法律出版社 2005 年版，第 537—539 页。

❺ 参见邵睿：《论依"推定的权利人同意"之行为》，西南政法大学 2015 年博士学位论文，第 31 页。

还是事务管理型与权利侵害型，虽在具体的操作细则上有所区分，但划分的实质标准都是相同的，只不过是不同国家或是学者存有表述上的差异而已。关于紧急推定同意与非紧急推定同意这一划分类型，提出该主张的论者原本就已经明确表明，推定同意具体包含为被害人利益的紧急推定同意、为他人利益的紧急推定同意以及非紧急推定同意三种。❶ 显然，与本书论之第一种和第二种的类型主张并无实质区别，都未跳脱为被害人或是为他人而推定同意的范畴，只不过是形式上的采纳了不同划分依据而已，并就具体场合是否情势紧急做了明确说明。但这种主张并无实际上的必要，因为在为被害人利益类型和为他人利益类型中，原本就已经涵括情势紧急或是非紧急的所有场合。至于单一主张为被害人利益的推定类型，则不当限缩了推定同意的成立范围，若坚持该主张，必然难以解决为他人利益而推定同意的问题，基于其显而易见的局限性，时至今日，已经罕有学者再持该观点。概而言之，关于推定同意分类的主张看似众说纷纭，但归根究底无非是为被害人利益而推定同意，或是为他人（行为人或是其他第三人）利益而推定同意，加之这一表述最能彰显推定同意不同类型之间的差异所在，因而为本书所支持。

---

❶ 参见张少林、卜文：《推定同意的刑法意义探究——兼谈医疗手术行为中的紧急推定同意》，载《四川警察学院学报》2010 年第 2 期，第 10 页。

第二章

推定同意的体系性定位与正当化根据

关于推定同意的体系性定位，不同于被害人同意存在阻却构成要件该当性还是阻却违法性的巨大争议，刑法学界基本上一致认可推定同意是违法阻却事由。但推定同意阻却违法性的教义学建构还有待深入探讨。至于推定同意的正当化根据，学界历来存在现实意思推定说、紧急避险说、被允许的风险说、无因管理说等诸多主张，至今尚未形成统一定论。推定同意的正当化根据究竟为何，还有待确认。

第一节 作为"违法阻却事由"的推定同意

推定同意在刑法理论中的体系定位，关乎对法益概念的理解、推定同意具体要件的构建等核心问题，因而有必要对此进行深入探讨。在阶层犯罪论的体系之下，能够排除犯罪的事由无外乎三类：阻却构成要件、阻却违法或阻却责任。推定同意事关能否为处罚提供根据，基于责任只是单纯地限制处罚，并不具有为处罚提供根据的独立性，❶ 因而关于推定同意的体系定位，事实上就是探讨其究竟阻却构成要件该当性还是阻却违法性的问题。其中，判断的核心就在于推定同意的场合是否侵害了刑法所保护的法益。更进一步论之，也就是探讨关于法益概念应当如何认定的问题。一般而言，持事实性法益概念的论者往往会将推定同意视为优越利益论下的违法阻却事由。持个人自治法益概念的论者则不同于此，即便赞同被害人的意愿属于法益的构成要件之一，进而认可推定同意基于个人自治阻却法益侵害的成立。但从教义学的角度观之，这种阻却法益侵害的效果究竟是在构成要件阶层还是违法性阶层最终实现，还有待确证。因此，下文将从构成要件该当性与违法性之间的关系着手，首先确认推定同意中是否存在法益侵害的事实，在此基础上，再探讨推定同意的体系定位问题。

一、推定同意该当构成要件

（一）教义学上的建构

一般认为，构成要件是针对具备刑事可罚性之行为的表述，而不是针对价值中立的行为。构成要件彰显的是立法者的主观价值，立法者将主观认为对社会具有负面影响的行为予以构成要件的表述。加之刑法的宗旨在于保护法益，进而推出法益是构成要件的实质核心。立法者是从共同的社会生活领域选择有利于保护

---

❶ ［日］井田良：《讲义刑法学·总论》，有斐阁2008年版，第156页。

较高价值法益的共同行为规则，通过构成要件予以明确，并要求国民共同遵守，以此达到保护法益的目的。也就是说，构成要件通过刑法规定了行为构成犯罪必须符合的违法类型。具而言之，"其根据抽象的、为使人可以获知而设置的禁止类别，描绘出原则上被禁止的行为方式，并且通过影响公众的法律认知以及部分地产生吓阻效果而具有一般预防的功能。"❶ 因此，符合构成要件的行为，原则上就已经具备法益侵害性和刑事可罚性。

依据个人自治说的观点，刑法保护法益的目的旨在于确保个人能够自由地生存和发展，保护法益仅是手段，而非目的。当权利人依据真实自由的意志同意他人对自己有权处分的法益实施侵害行为时，毋庸置疑，这是行为人行使自我决定权的表现。行为人的行为是得同意而实施的，非但没有对权利人造成任何损害，反而帮助权利人实现了自由意志。虽然客观上而言确实是侵害了权利人的法益，但这种侵害是符合权利人主观意愿的，并未构成刑法意义上的结果无价值。再者，行为人的行为是符合权利人意愿的，其主观上并不具备侵害权利人法益的故意，行为客观上也并未造成结果无价值的危险，因而同样不具备行为无价值。❷

刑法分则规定的构成要件行为，原则上就是实行行为。❸ 因此，关于构成要件该当性的判断，取决于是否存在实行行为。对于实行行为这一概念的认定，不能仅是形式上的，还必须从实质上加以考察。我国刑法学界通说一般将实行行为定义为"刑法分

---

❶ Claus Roxin, Strafrecht Allgemeiner Teil, Bd. I, 4. Aufl., C. H. Beck, 2006, §13 Rn. 20.

❷ 参见王钢：《被害人承诺的体系定位》，载《比较法研究》2019 年第 4 期，第 42 页。

❸ 之所以表述为"一般而言"，是因为我国刑法分则中的少数条文还规定了预备行为。

则中具体犯罪构成客观方面的行为"❶，当然，这仅是从形式上解答了何为实行行为。法益侵犯性是犯罪的本质特征，行为若要构成犯罪，必须导致法益受损，否则就不能谓之实行行为。此外，针对部分具有法益侵害性的行为，也并不必然构成犯罪，若其危险性很低，也不构成实行行为。❷可见，实行行为具有两个显性的特征：一是形式上符合构成要件的行为，并不必然构成实行行为，而必须是具有法益侵害紧迫性的行为才能够成立实行行为；二是与法益侵害结果之间具有某种联系或条件的行为也并不必然构成实行行为，而必须是类型性的法益侵害行为才能够成立实行行为。具体到被害人同意的场合，行为人的行为是对被害人主观意愿的遵循，原本就是被害人行使自我决定权的表现，当然自始就不可能对法益造成损害，因而也就不可能成为刑法中的实行行为。但推定同意的场合则不同于此，行为人在实施法益侵害行为之前，并未取得被害人真实有效的同意，仅是基于特定关系和相关事实推测被害人应当会作出同意。此时，难言是被害人行使自我决定权的表现，因为被害人对于该事实并无预料的可能性，遑论主观意愿上的同意。显然，行为人的行为客观上已经造成法益侵害的事实，具备了实行行为的属性，俨然是该当构成要件的实行行为。

（二）推定同意中存在法益侵害事实

同意是权利人自由行为的意思表示，因而依据权利人同意而行为的行为人，就不会侵害权利人的法益。当然，并不能据此反推在未得同意而行为之时，就必然侵害权利人的实质法益。因为在正当防卫、紧急避险等场合，都是未得权利人同意而实施了侵

---

❶ 张明楷：《刑法学》（上），法律出版社 2021 年版，第 188 页。

❷ 张明楷：《刑法学》（上），法律出版社 2021 年版，第 188 页。

害其个人利益的行为，客观上都看似侵害了权利人的利益，该当形式的犯罪构成要件，但最后基于法益性阙如或是法益衡量等原理，亦或是法律明文规定而阻却了违法性的成立。构成要件阶层是事实判断，违法性阶层则是价值判断，该当构成要件的行为未必具有违法性，但具有违法性的行为必然该当构成要件。推定同意作为未得现实同意而实施的行为，客观上确实对被害人的利益造成了侵害，但其是在可以合理信赖被害人在知悉真相后应当会作出同意的前提下实施的，因而能够使得自己的行为正当化。如此，也必然导致推定的意志与被害人真实意志相违背的风险存在，即便推定错误的，行为人也无须担责。显然，这是将推定错误的风险分配到了权利人身上，也是典型的对"自负其责"原理的突破。之所以存在推定错误的风险，原因在于此中权利人的意志是基于推测而得出，不同于被害人同意中基于权利人真实的意思表示而直接得出的权利人意志。也就是说，被害人同意是权利人真实意志的表示，得同意的行为是对权利人主观意愿的践行，自始就不存在法益侵害性。推定同意则不同于此，从形式上看，依推定同意实施的行为，是在未得被害人许可的情况下直接对他人法益加以处置，这种行为方式在构成要件阶层是符合法定犯罪类型的。在未查清被害人真实意志之前，客观上已经造成了法益受损的状态，虽然最后可能会证实依推定同意实施的行为是符合被害人内心真意的，但在此之前法益已经因未得真实的事前同意而受损，至于规范上的法益是否受损尚处于待定状态。再者，被害人事后知悉全部事实的，未必一定会作出同意。因此，基于依推测得出的意愿很有可能发生与被害人内心真意相违背的情况，此时就只能依据相关要件来认定推定得出的同意具有阻却违法性的正当性，例外地使得法益侵害行为不具备刑事违法性。具而言之，在被害人同意的场合，若行为人的行为违背被害人的意愿，必然不能发挥阻却构成要件该当性的效果；但在推定同意的场合，即便行为人实施的行为与被害人的意愿相违背，仍然能够依据法律所拟制的意志而阻却行为的违法性。因此，按照推定同意的内在逻辑与适用准则，行为人的行为自始就没有阻却侵害被害人利益之构成要件的该当性。人们是根据案件情况，而非被害人的真实意思表示去推测被害人的利益不会受到侵害。❶所以，推定同意从行为之始就因不存在被害人的真实同意，而已然造成法益损害的事实。但是，这种损害后来会基于一种依特定标准而拟制的意志得以正当化，即便事后证实被害人的真实意志并非如此。

那么，法律上应当依据何种标准去判断被害人的意志就尤为重要，因为标准一旦成立，并被行为人有效遵循，则推定准确或错误的后果都将由被害人承担。但需要注意的是，为何行为人有权对他人私领域的事务代为管理？仅是为被害人利益就成立吗？这些疑问将会在推定同意的正当化根据与成立要件中找到答案。

二、推定同意阻却违法性的结构

纵观国内外刑法学界关于推定同意体系地位的研究，与被害人同意体系地位的显著争议不同，学界基本上一致认为推定同意是违法阻却事由，或称为正当化事由。❷综览各类学说著述，在德国罗克辛（Roxin）、金德霍伊泽尔（Kindhäuser）等著名学者的刑法学教材中，都是明确将推定同意置于违法性阶层予以讨论，旗帜鲜明地将之视为正当化事由。仅有少数论者主张推定同意是阻

---

❶ 参见［德］克劳斯·罗克辛：《德国刑法学总论（第 1 卷）——犯罪原理的基础构造》，王世洲译，法律出版社 2005 年版，第 195 页。

❷ 参见车浩：《论推定的被害人同意》，载《法学评论》2010 年第 1 期，第 141 页。

却构成要件该当性的事由，依据在于推定实施的行为并没有实质上损害刑法所保护的法益。具而言之，既没有妨碍被害人的自我实现与自由发展，也缺乏需要刑法保护的法益。因此，该论者认为刑法不能介入推定同意的场合，自然也就阻却了构成要件的该当性。❶

关于推定同意的法律形象，在刑法学中与之最为接近且常常被置于一起讨论的，就是被害人同意与紧急避险。学界往往将推定同意的法律形象视为介于被害人同意与紧急避险之间，但同时又保持了不同于两者的独立性。在刑法教义学中，推定同意不似被害人同意那般被普遍视为一种独立的超法规违法阻却事由，也不像紧急避险一样被各个国家普遍规定为法定的违法阻却事由。被害人同意与紧急避险在教义学上的形象和定位都是较为独立和清晰的，但推定同意的法律形象却相对模糊，学界一般将其置于被害人同意之后，作为被害人同意的组成部分或是下属概念来加以阐释。但推定同意与被害人同意之间并不能够完全等同，尤其在关于是否存在被害人真实意思表达这一点上是无法共通的。与此同时，推定同意在表现形式与正当化根据上又与紧急避险之间存在极高的相似性。因此，毋宁将推定同意视为被害人同意与紧急避险中间的出罪事由。❷ 在外观表现上，推定同意与二者都各有相似之处；在正当化根据上，推定同意也主要是以二者作为参照，从中汲取并形成自己独立的正当化根据。纵使推定同意与被害人同意和紧急避险之间百般相似，但在很多核心要素上，推定同意仍然保持了自己的相对独立。

---

❶ 参见邵睿：《论依"推定的权利人同意"之行为》，西南政法大学 2015 年博士学位论文，第 122—127 页。

❷ 参见车浩：《论推定的被害人同意》，载《法学评论》2010 年第 1 期，第 140 页。

推定同意与被害人同意之间，最为相似之处就在于二者都是基于被害人的"意志"而实施的行为，但只不过被害人同意是基于被害人真实的意志，推定同意则是基于一种拟定的被害人意志。前一种意志来自被害人本身的表达，是一种事实上的存在，是权利人直接行使自我决定权的表现；后一种意志则来自行为人的推测，是其对于权利人主观意志的拟制，是一种规范的结构。因此，被害人同意自始就能够阻却构成要件的该当性，推定同意则需要到实质违法性的审查阶段才能够发挥阻却行为违法性的功能。如对于陷入昏迷状态的重症患者，在未得同意的情况下进行手术，因被害人并未亲自放弃利益，医生依推定同意而实施的手术行为，自然是该当构成要件的，因而只能在违法性阶段判断是否存在排除违法性的正当事由。

尽管推定同意与被害人同意在体系定位上存在本质差异，但在尊重被害人自由意志这一点上则是完全相同的，都旨在维护被害人的自我决定权。只不过被害人同意是真实表达出来的意志，推定同意则是对被害人可能具有的主观意愿之推测。德国学者梅茨格尔（Mezger）是第一个将推定同意视为违法性阻却事由的学者，其将推定的同意视为对被害人意志的解释，但该观点将推定同意与被害人同意之间的关联拉得过于紧密。因为能够被解释的意志，必然是实际客观存在，且能够为行为人所认知的，但在推定同意的场合，恰好就是因为不存在客观上的被害人意志，自然也就无法被行为人所认知，也即是说，此处并不存在可以被解释的意志。在绝大多数的推定同意案件中，被害人对于发生的事件是处于完全未预料到的状态，因而是否同意的意志在权利人的心理上是不曾存在过的，遑论具有解释的空间。德国学者梅茨格尔（Mezger）也表示，当行为人推定的同意比法官对同意的推定在逻

辑上更加准确时，推定的同意就可以视为是准确的。❶ 总而言之，
推定同意与被害人同意除却在正当化根据、"同意"错误的后果以
及是否存在被害人真实意思表示上的不同之外，在其他地方都存
在十分紧密的关联，如二者都要求被害人具有同意的能力、行为
都是针对被害人有权处分的个人法益等。

　　另一个与推定同意法律形象十分近似的正当化根据就是紧急
避险，但推定同意能否正当化不在于是否符合客观利益权衡的标
准，而是取决于权利人的假定意志，此点与紧急避险明显不同。
在推定同意的场合，要求存在权利人当然会作出同意的合理信赖，
即如果权利人在场并知悉全部的事实真相时，应当会予以同意。
因此，在推定同意中起到绝对作用的既不是多数人的普遍选择，
也并非为谋求权利人的最大福祉，而是权利人本来追求的是什么，
这并不必然是理性的，也可以是非理性的。而客观利益的权衡，
则是普遍理性的表现，不具有独立性，只能发挥辅助查明个人主
观意愿的作用。

　　例如，当行为人因为水管破裂，为了关闭水闸而闯入邻居的
屋内，这种行为自然是理性的，也符合房屋所有人的客观利益。
行为人是基于对权利人主观意愿的推测和假定，并据此实施了法
益侵害行为。相反，若行为人从其他地方得知，房屋所有人在任
何时候都不希望行为人出现在自己的房屋内，那么行为人闯入屋
内的行为就不再是基于推定的同意。如果在众多案件中法益受到
侵害的权利人的假定意志，都符合客观利益权衡结果的，那么，
在这个范围内的推定同意就与紧急避险十分相似了。在该水管破
裂案中，当无法知悉房屋所有人的态度之时，一般普遍会相信权

---

❶　参见［德］克劳斯·罗克辛：《德国刑法学总论（第1卷）——犯罪原理的基础
　　构造》，王世洲译，法律出版社2005年版，第532页。

利人是客观理性的，在水势蔓延至可能会危及整个房屋的财产安全时，权利人理应会许可他人进入屋内关闭水闸。正是基于类似于这种将推定同意视为在危难情形下正当化表现形式的适用，使得不少学者对推定同意产生了误解。德国学者韦尔策尔（Welzel）正是由此而提出了一种"超法规紧急状态的基础（Unterfall）"，将推定同意视为超法规的紧急避险，也就是说，推定同意的场合法益主体是同一的，利损者和获利者均为同一个主体，原本属于被害人私密的个人自治领域，不能由他人任意代为推断，但在被害人自身难以及时予以处置的紧急状态，则应由被害人意愿之外的客观利益权衡这一标准来代为决定，因而此时的状况就会无限接近于紧急避险的场合。❶ 但是，该观点显然将目的和手段的主次关系理解有误，权利人的假定意志不是为限制紧急避险的正当化服务的，相反，客观利益的权衡反而是辅助查明假定意志的手段。❷ 德国学者施米德霍泽伊（Schmidhäuser）的观点则更加极端，认为关于推定同意是否成立的判断，完全根据客观利益权衡的标准即可，具体案件中推测得出的权利人意志是不重要的。❸ 但是，针对被害人本人才有权处分的个人法益，原本就只有被害人真实的意愿才能够使得法益侵害行为正当化，为何当被害人不在场时，其就不能自主处分自己的个人法益了？反而要交由第三人以多数人的普遍观点来处置。这让人难以接受，且严重背离了推定同意创制之初尊重个人自我决定权的初衷。

---

❶ Hans Welzel, Das Deutsche Strafrecht——eine systematische Darstellung, De Gruyter, 1969, § 14 V.

❷ ［德］克劳斯·罗克辛：《德国刑法学总论（第 1 卷）——犯罪原理的基础构造》，王世洲译，法律出版社 2005 年版，第 533 页。

❸ ［德］克劳斯·罗克辛：《德国刑法学总论（第 1 卷）——犯罪原理的基础构造》，王世洲译，法律出版社 2005 年版，第 533 页。

此外，还有学者取用了民法中的无因管理这一概念，将紧急避险与被害人同意的观点合并适用于推定同意中，要求一个行为如果想要通过推定同意来阻却违法性的成立，必须同时符合客观利益的权衡与被害人的假定意志二者。❶ 较之于前述单一选择符合被害人假定意愿或是客观利益权衡的标准，无因管理这一学说要求只有同时具备前述两个要件时，才能够有效阻却行为违法性的成立。因为要同时兼顾个人意愿与客观利益，因而可以有效排除以法律家长主义对待被害人的可能。但是，该学说也面临挑战。为何只有符合客观利益权衡标准的被害人意愿才值得保护？而符合被害人意愿，但不符合客观利益权衡的行为，为何反而不予认可？最终会导致这样一种奇怪的结果：越不符合客观利益权衡的被害人意愿，成立有效推定同意的可能性越低，由此使得只有符合客观利益权衡的被害人意愿，才有阻却行为违法性的可能。诚然，现实的社会生活中，与客观利益权衡相违背的个人意愿存在的可能性确实是很低的，但这是基于结果的倒推观察，且关于推定同意的判断，应当是立足于假定的被害人意愿，而不是通过结合所谓的客观利益权衡的标准为之，这是本末倒置的错误方法。

因此，如果权利人在场的情况，毋庸置疑，自然由其本人自主决定是否同意针对自身法益的侵害行为，因为只有权利人才是自己法益的主人。相对应地，当权利人不在场的，同样是针对权利人个人法益的侵害行为，推定同意自然也要立足于权利人的立场去推定是否同意，而不是兀自抛开权利人的假定意志，打着"为权利人谋求真正福祉"的旗号进行独立推断。如果只是单纯考

---

❶ ［德］克劳斯·罗克辛：《德国刑法学总论（第 1 卷）——犯罪原理的基础构造》，王世洲译，法律出版社 2005 年版，第 533 页。

虑客观利益，很有可能从一开始就将被害人可能会作出同意的情形错误地排除在外，如被害人与行为人之间存在特别亲密关系或是基于其他休戚相关利益的考量等。在德国学者看来，推定同意不是随意发展而来的，是以对同意本身的尊重为核心而建构，依据宪法保障行为自由发展引申出来的，即由《德国基本法》第2条第1款的保护对象推导得出。[1] 在过去，并不是基于行动自由，或是出于对自我决定权的尊重来追溯推定同意的正当化根据，反而是类比适用民法中的无因管理，要求推定同意的成立必须同时符合客观利益与假定意志两个要件，但这最终必然不可避免地沦为客观利益权衡这一个标准，因而在刑法中是不可行的。民法中无因管理这一正当化事由之所以能够设置更严格的标准，是因为其关涉管理费用的补偿等要求。因此，刑法中推定的被害人同意只能是一种局限于刑法内的违法性排除事由。[2]

第二节　推定同意正当化根据学说观点评析

推定同意作为被害人同意与紧急避险的中间类型，是超法规违法阻却事由的一种。可以阻却违法性的理论根源无外乎两种：一是个人自主，主张个人主观的意愿；二是法益保护，注重客观利益的权衡。前者的典型代表是被害人同意，后者则以紧急避险最为显著。但推定同意的特别之处在于，其并不存在被害人的真

---

[1] 参见［德］克劳斯·罗克辛：《德国刑法学总论（第1卷）——犯罪原理的基础构造》，王世洲译，法律出版社2005年版，第534页。

[2] 参见［德］克劳斯·罗克辛：《德国刑法学总论（第1卷）——犯罪原理的基础构造》，王世洲译，法律出版社2005年版，第534页。

实意愿，也并非是依据客观利益权衡的标准得出的结论，但仍然能够发挥阻却违法性的效力，甚至即便事后被害人知晓真相拒绝同意的，依然可以排除行为的违法性。由此可见，推定同意正当化的根据值得我们探讨。关于推定同意的正当化根据，看似纷繁复杂，但无不是围绕尊重被害人自主和客观利益权衡二者展开。具而言之，关于推定同意的行为可以阻却违法性的主张，学界存在众多主张，至今尚未形成一致意见。本书认同"被允许的风险说"，在下文"推定同意正当化根据"部分将会详细阐释，现先介绍并评析其他学说主张。

一、现实意思推定说

现实意思推定说，又称为被害人同意延伸说、法益衡量说或优越利益说❶。因为推定同意与被害人同意的法律效果一样，须当满足的有效性要件也是一致的。推定同意除了没有获得被害人的现实同意，其他要件与被害人同意存在诸多相似之处，❷并且都旨在维护被害人的自主。在刑法教义学中，推定同意的形象是较为模糊的，理论上一般都会将其置于被害人同意之后，或是作为被害人同意的组成部分加以阐释。❸因而有学者主张推定同意是被害人同意延长线上的产物，是否存在被害人真实的同意是二者的主要区别，其余要件几乎完全一致，推定同意的适用应当依据被害

---

❶　参见［日］松宫孝明：《刑法总论讲义》，钱叶六译，中国人民大学出版社 2013 年版，第 97 页。

❷　参见林亚刚：《刑法学教义》（总论），北京大学出版社 2017 年版，第 304 页。

❸　参见［日］山口厚：《刑法总论》，付立庆译，中国人民大学出版社 2018 年版，第 178—181 页；田宏杰：《刑法中的正当化行为》，中国检察出版社 2004 年版，第 397—413 页；等等。

人同意的原理展开。[1] 我国澳门地区的《刑法典》直接在第 38 条将此明文载入。[2] 具体又划分为两种主张：一是强调被害人的个人真意，在现实同意的延长线上予以考察，要求推定同意时必须存在和被害人主观真意相一致的假想事实；二是重视对事态客观、合理的考察，当难以获知被害人真意时，认为只要从社会一般人角度出发认为被害人会予以同意即可。[3]

但这种观点未免有失偏颇，推定同意中并不存在真实的被害人意思，为何可以与被害人同意产生相同的法律后果？该学说的支持者始终未就此给出合理的解释，更多的是意味不明的模糊辩解，最多也只是倚赖"有可能同意"或是"合理的推测"等理由加以搪塞。推定同意的场合，具体判断只能由他人基于自己的立场对行为时的情况加以推测，但同意原本就是被害人自己的事情，有无只能由其本身自主决定，若由他人代为决定的话，难免存在将他人意思强加于被害人身上的嫌疑。再者，推定同意与被害人的现实同意毕竟是两种不同的行为，在并不存在现实同意的情况下，以现实同意正当化的根据作为推定同意的根据，显然并不妥当。[4] 此外，倘若十分重视被害人的内心真意，那么，如果被害人事后对于行为人代为推定实施的行为予以否认的，应当如何处理？

---

[1] 参见［日］山口厚：《刑法总论》，付立庆译，中国人民大学出版社 2018 年版，第 179 页；［日］大塚仁：《刑法概说》（总论），冯军译，中国人民大学出版社 2003 年版，第 360 页；［日］大谷实：《刑法讲义总论》，成文堂 2012 年版，第 258 页；田宏杰：《刑法中的正当化行为》，中国检察出版社 2004 年版，第 403—408 页；陈子平：《刑法总论》，元照出版有限公司 2015 年版，第 289 页。

[2] 参见赵国强：《澳门刑法概说（犯罪通论）》，社会科学文献出版社 2012 年版，第 273 页。

[3] 参见［日］大塚仁：《刑法概说》（总论），冯军译，中国人民大学出版社 2003 年版，第 360 页。

[4] 参见黎宏：《被害人承诺问题研究》，载《法学研究》2007 年第 1 期，第 101 页。

如若始终坚持选择被害人的真实意愿优先，便会推导出依推定同意实施的行为具有违法性的结论，由此会产生一个奇怪的现象：按照推定被害人同意的逻辑，行为在事发当时是合法的，事后却因被害人的否定而违法，同时还会使得是否允许第三人进行正当防卫这一问题显得捉摸不定。❶ 一旦认可被害人事后的意愿可以追溯至行为当时，就意味着行为时推定的被害人同意，完全被行为后真实的被害人同意所推翻，如此一来，行为人还敢在事发当时甘愿冒着事后随时可能被追究刑事责任的风险去救助他人法益吗？基于社会成员理性、自利的本能，想必是不合理的，也是不可能的。

申言之，在现实意思推定说的观点主导之下，还可能导致一种逻辑上的悖论。依据现实意思推定说，推定同意同于被害人同意，旨在维护被害人的内心真意，确保其自我决定权的实现。但事实上可能会事与愿违，反而徒增违背被害人意愿的风险。因为对被害人意愿的推定可能得出的结果只有两种，符合或是违背被害人的意愿。依据现实意思推定说的主张，即便违背了被害人真实意愿，只要推定同意的行为是在符合客观合理的推测以后实施的，仍然可以阻却违法性，被害人无须担责，一切后果由被害人自己承受。但是，这般论证逻辑是否反而有悖于被害人的自主决定呢？不断强调权利主体真实意愿的重要性，在难以获悉其真实意愿时，还仍然要求需以亲密关系或是相关事实加以佐证，但是在行为人的错误推测明明已经有违被害人的内心真实意愿，且造成事实性法益侵害时，法律却予以正当评价。这种主张不但没有保护被害人自主，反而打开了任意推测的大门，在被害人意愿不

---

❶ 参见王俊：《允许风险的解释论意义》，载《苏州大学学报（法学版）》2018 年第 4 期，第 34 页。

可得时，行为人就可以侵入被害人的自治领域，剥夺其自由选择的权利，前后逻辑明显自相矛盾。虽然被害人同意与推定同意都主张被害人自治的优先性，但并不能因为保护价值的同一，就将推定同意视为被害人同意延长线上的产物。针对保护价值同一的两个理论类型，反而应当持谨慎对待的态度，分别予以讨论和论证，以全面确保被害人自治的最大化实现。

再者，依据现实意思推定说的观点，推定被害人是否同意的判断核心非为客观利益的权衡，而是对被害人如果在事发当场将会如何选择的主观可能性之推测。显然，推定同意作为违法性阻却事由的宗旨在于对被害人自主决定权的尊重与维护。例如，通常情况下一般人都想要活下去，因而对于因突发状况而被送到医院的患者，医生都会竭力抢救。但根据现实意思推定说的逻辑，对于一个屡次自杀而被送到医院的患者，由之推导而出的结论应为：既然患者屡次自杀，其主观上应当并不希望医生对其施以救助，因而医生可以不予救治。"然而事实上，不管是基于什么清楚的或隐藏的理由，如此的结论似乎不会被接受。"❶ 救死扶伤是医生的天职，即便是在患者屡次自杀而被屡次送医的情境下，医生也应当竭力救治。这事实上也是为患者保留自主选择的机会，待患者清醒之后，由患者自主选择。任何时候医生都应当予以积极救治，除非患者当场明确表达拒绝救治的真实自主意愿。也就是说，此时医生的积极救治行为并非是对患者自主决定权的侵犯，相反，是为患者今后积极行使自主决定权预留了可能性。

因此，鉴于被害人同意与推定同意在最核心的，是否得到被害人同意这一要素上存在本质差别，因而不能模棱两可地将而二

---

❶ 参见黄荣坚：《基础刑法学》（上），元照出版有限公司 2012 年版，第 331 页。

者混为一谈。推定同意与被害人同意都是基于尊重被害人的自我决定权而作出，二者的最大区别在于推定同意中事实上并不存在被害人的意志表达，甚至在其心理上也从未出现过，是一种规范结构上推测的被害人意愿。被害人同意旨在保护权利人的自治权利，将推定同意视为被害人同意延长线上的理论，事实上也是为实现对于个人自治的周全保护。但该主张忽略了对被害人意愿的任何推测都存有错误的可能，对与被害人密切相关的利益，由第三人来代为决定。被害人因此失去了选择的权利，反而彻底剥夺了被害人的自我决定权。即便他人推定错误的，行为后果也是由并未作出决定的被害人自己承担。由此可见，现实意思推定说的主张难以实现保护被害人自主的初衷，反而增加了推定错误的额外风险。同时，在该学说主导之下的实践操作中，很容易导向客观利益衡量的结果。因为通常情况下行为人不会轻易推定被害人放弃高价法益，除非是有十分充分的证据足以证实，或是原本就存在被害人默示的意思表示。此时其实完全可以依据被害人同意阻却违法，并不存在推定同意适用的空间。❶普遍情形都是行为人放弃被害人的低价法益以拯救其高价法益，事实上又回归到了紧急避险或是法益保护说的判断模式，并未独立实现对于被害人自治的保护。综上所述，现实意思推定说既不能独立发挥保护被害人自主的作用，甚至反而会徒增推定错误的风险，因而不能将推定同意视为被害人同意延长线上的产物。

二、紧急避险说

紧急避险说，主张推定同意只能在紧急避险的要件中加以

---

❶　参见林道：《推测承诺的法理解析与建构》，台湾政治大学 2015 年硕士学位论文，第 30—31 页。

评价，❶ 并将推定同意视为主体利益归属一致的阻却违法性的紧急避险的特殊情形。❷ 德国学者韦尔策尔（Welzel）将推定同意视为一种超法规的紧急避险："为了被害人的利益所做的积极行为，而不是由于被害人对于自身法益的放弃，才是基本的正当化理由。对于推定性同意的限制，应该仅用于防止他人进行过分热心的、不适当的干涉和介入。"❸ 在推定同意中，在被害人的主观意愿难以现实获得，行为人通过推测也难以假设的场合，就会选择客观利益衡量的评价标准。此时，被害人的自治已经不再处于优先位阶，如同紧急避险的场合一般，不考虑被害人的真实意愿。刑法在此表达了优先保护法益的鲜明立场，因而可以将推定同意视为紧急避险的特殊情形，置于紧急避险的要件中加以判断。有论者主张紧急避险可以涵括法益主体同一的类型，因而依据紧急避险的要件对存在为拯救被害人利益而推定同意的场合进行判断具备正当性。在为拯救被害人利益而推定同意的场合，因情势紧急，又不存在及时获知被害人真实意愿的可能性，依据紧急避险的要件选择实施的行为，相对于原本在推定同意要件下实施的行为而言，至少可以确保被害人有所利得，不会处于完全利损的状态；较之于以被害人同意加以判断的主张，也不会过多侵犯被害人的自我决定权。❶ 再者，关于推定同意的类型划分，虽然看起来标准不一、名称各异，但无外乎为被害人利益而推定同意以及为行为

---

❶ ［日］前田雅英：《最新重要判例 250 刑法》，弘文堂 2011 年版，第 67 页；［日］川端博：《刑法基本判例解说》，立花书房 2012 年版，第 67 页。

❷ 参见赵国强：《澳门刑法概说》（犯罪通论），社会科学文献出版社 2012 年，第 275 页。

❸ Hans Welzel, Das Deutsche Strafrecht——eine systematische Darstellung, De Gruyter, 1969, §14 V.

❶ 参见林道：《推测承诺的法理解析与建构》，台湾政治大学 2015 年硕士学位论文，第 176—183 页。

人或是第三人利益而推定同意两种类型。推定同意的行为，多是为被害人的利益而实施，但在行为人与被害人存在特别亲密关系，能够高度确信被害人会予以同意时，也可以允许行为人为自己或是第三人的利益而实施推定同意的行为。❶ 基于行为人为他人或是为自己而实施推定同意行为的场合是十分罕见的，毋宁说其更类似于刑法中的紧急避险行为，依据紧急避险的要件完全就可以实现正当评价，是对"紧急时无法律"的演绎，无关于推定同意。❷ 至于在为被害人利益而推定同意的场合，情势紧急是应然的伴随形态，甚至可以说是可以推定同意的必备前提和基础，❸ 在特定情况下，若坚持等待被害人自己作出法益处分，反而会使得侵害扩大或是减损被害人的选择可能，因而不得不对被害人可能的真实意愿，依紧急避险中客观利益权衡的标准进行推测，以及时保全权利人的重大法益，避免更大损害的发生。总而言之，推定同意的行为，只能在紧急避险的要件中加以判断。❹ 可以看出，紧急避险理论试图通过法定的违法阻却事由对推定同意的成立范围加以限制，这是值得肯定的。但是，紧急避险的主张仍然存在难以自洽之处：其一，紧急避险并不能涵括法益主体同一的情形。在紧急避险理论中，其本身的构造就决定了利得主体和利损主体是不

---

❶ 参见［日］大塚仁：《刑法概说》（总论），冯军译，中国人民大学出版社 2003 年版，第 360 页。

❷ 参见田国宝：《论基于推定同意的行为》，载《法学评论》2004 年第 3 期，第 135 页。

❸ 参见车浩：《论推定的被害人同意》，载《法学评论》2010 年第 1 期，第 145 页；田国宝：《论基于推定同意的行为》，载《法学评论》2004 年第 3 期，第 137 页；王政勋：《正当行为论》，法律出版社 2000 年版，第 469 页；［日］前田雅英：《刑法总论讲义》，曾文科译，北京大学出版社 2018 年版，第 219 页；［日］山口厚：《刑法总论》，付立庆译，中国人民大学出版社 2018 年版，第 181 页；等等。

❹ 参见［日］前田雅英：《刑法总论讲义》，曾文科译，北京大学出版社 2018 年版，第 219 页。

同的，虽有我国台湾地区论者试图通过连带的社会义务理论证实紧急避险可以涵括法益主体同一的情形，❶ 但说服力有限，并未真正解决紧急避险构造上问题。且其所持论据之间难以自洽，紧急避险中所蕴含的政治哲学上的自治与刑法所保护的自治并不一致，二者存在本质上的区别，不可混为一谈。基于论证前提和论据上的错误，结论自然也就缺乏采信的必要。其二，违背了尊重被害人自治的宗旨。紧急避险说是以客观利益权衡作为重要的判断依据，事实上就是以被社会普遍认可和遵循的多数人的意愿来推测被害人的主观意愿，并不关注被害人内心的真实想法，主张推定同意的行为只要符合普遍多数人的选择就是正当的，即便行为人明知可能会与被害人内心真意相矛盾，也并不能阻却行为的违法性，这与推定同意尊重被害人自我决定权的初衷背道而驰。也就是说，客观利益权衡仅是辅助查明被害人主观意愿的补充手段，❷ 若将推定同意视作紧急避险的下属概念，必然会颠倒主次❸。如果权利人在事发当场的，毫无疑问，必然遵循其真实意愿决定是否同意；如果权利人事发之时不在场的，当然也应当立足于法益主体的立场去推测其内心可能的真意，而不是罔顾法益主体的假定意志，为谋求所谓客观上的最大福利而径行依据普遍多数人的价值观加以判断。如果仅是进行客观利益的衡量，则很有可能在判断之初就会错误地将被害人原本会作出同意的情形排除掉，如基于特定亲密关系或是其他密切关联利益的考量使得被害人可能会

---

❶ 参见林道：《推测承诺的法理解析与建构》，台湾政治大学 2015 年硕士学位论文，第 176—183 页。

❷ 参见［德］克劳斯·罗克辛：《德国刑法学总论（第 1 卷）——犯罪原理的基础构造》，王世洲译，法律出版社 2005 年版，第 533 页。

❸ 参见车浩：《论推定的被害人同意》，载《法学评论》2010 年第 1 期，第 143 页。

作出同意的场合。❶ 显然，如若在推定同意中适用紧急避险的逻辑，将会造成过于忽视被害人个人真实意愿的不利后果，严重背离其尊重个人自治的初衷。其三，紧急避险不能涵括推定同意中情势并不紧急的场合。推定同意普遍被大致划分成为被害人利益而推定同意和为行为人、第三人利益而推定同意两种类型，在为被害人利益的场合通常伴随情势紧急的状态，如为拯救陷入昏迷的生命垂危病人而实施的医疗行为；但在为行为人、第三人利益的场合，情势通常是较为缓和的，如捡拾外出旅游的人家院子里掉到地上快要烂掉的果子的行为。但在紧急避险的场合，情势紧急是避险行为成立的必备要件之一，虽不如正当防卫般要求严格，但法益确实正在面临或将要面临实际的危险。若是法益面临的危险并不紧急或是受损不重大、不明显的场合，并不存在适用紧急避险的可能。其四，紧急避险不能成为尊严死的正当化依据。❷ 紧急避险的核心原理在于，为保全较大利益而牺牲较小利益，若以紧急避险作为尊严死的违法阻却事由，须当证明存在比生命法益更为重大的法益，但这几乎是不能证成的。生命是至高无上的，不可进行量或质的比较，生命是人之为人的前提和物质基础。若将紧急避险视为推定同意的正当化事由，那么在尊严死中势必涉及生命法益与人性尊严之间的衡量问题，但这恰好违背了"生命不可衡量"的基本准则，因而是不可行的。

三、无因管理说

无因管理说，也称为事务管理说，认为推定同意阻却违法性

---

❶ 参见车浩：《论推定的被害人同意》，载《法学评论》2010 年第 1 期，第 143 页。

❷ 参见魏超：《论推定同意的正当化依据及范围——以"无知之幕"为切入点》，载《清华法学》2019 年第 2 期，第 197—198 页。

的法理依据就是民法中的无因管理，虽然不存在被害人的真实同意，但在为被害人利益或是依推定的同意而实施的法益侵害行为，民法中关于事务管理的规定可以为其提供正当化根据。[1] 意大利学者帕多瓦尼（Padovani）教授也主张推定同意与无因管理一样，在未获得他人同意的情况下，为保护他人利益而实施行为的方面是相似的，因而应当将为被害人利益而实施的推定同意视为无因管理行为，正当化的法律依据是意大利《刑法典》第51条第1款规定的依法行使权利或者履行义务的行为阻却违法性。[2] 意大利学者提出如此主张的原因在于，意大利《刑法典》明确规定，行使权利或履行义务的行为可以阻却违法性的成立，而无因管理正是为他人谋取利益而行使权利的一种行为，可以正当化。据此推之，我国《民法典》第121条规定的无因管理行为也是行使权利的行为之一，因而无因管理在我国的法律体系中同样可以成为推定同意的正当化依据。[3] 但是，无因管理说仍然存在以下难以解决的弊病：其一，民法上的无因管理与刑法中的推定同意存在本质上的差异，且规范目的不同。前者旨在解决无因管理人与权利人之间，基于无因管理行为所产生的损失赔偿或管理费用偿付的问题。后者旨在通过确认行为的性质，进而解决管理人刑事责任的问题。可见，如若试图以民法中无因管理的费用补偿为据，证实刑法中推定同意行为的正当性，是不能成立的。因为补偿管理人管理费

---

[1] 参见［韩］金日秀、徐辅鹤：《韩国刑法总论》，郑军男译，武汉大学出版社2008年版，第313页；林东茂：《刑法综览》，一品文化出版社2015年版，第130页。

[2] 参见［意］杜里奥·帕多瓦尼：《意大利刑法学原理》（注评版），陈忠林译评，中国人民大学出版社2004年版，第141页。

[3] 参见魏超：《论推定同意的正当化依据及范围——以"无知之幕"为切入点》，载《清华法学》2019年第2期，第198页。

用的行为，并不能否认管理人对他人法益造成损害的既定事实。其二，无因管理缺乏明确的规定来指引行为人的行为适法。德国学者耶赛克（Jescheck）教授认为，依据德国《民法典》第 677 条的规定，无因管理行为中的管理人"应根据本人的利益并考虑其实际的或可推定的意思管理事务"，但此中并未就侵害他人法益的前提条件作出明确规定。也就是说，并未明确说明在满足什么条件的情况下，行为人能够依据自己的主观推测来实施处分权利人个人利益的行为，然而，作为刑法中正当化事由的根据，必须是有明确的前提条件来加以判断和决定的。❶ 其三，无因管理行为给他人造成损害的，在民法上构成非合法行为，虽不必然构成犯罪，但并不能完全排除构罪的可能性。依据意大利《民法典》第 2030 条和德国《民法典》第 678 条的规定观之，管理人在管理事务过程中，因自己的过错给权利人造成损失的，即便是过失（意大利要求过失，德国要求故意及重大过失），也应当承担相应的侵权责任，此时的行为在民法中是非合法的。举重以明轻，过失都可以追责，故意造成损害的行为，更不可能是民法中的适法行为。我国《民法典》中虽未明确就无因管理行为规定相应的侵权责任，但是在第 120 条概括性规定侵犯他人民事权益的行为，应承担侵权责任。由此推之，无因管理行为若使他人民事权益受损的，行为人自然也应承担相应的侵权责任。同时也表明，无因管理行为若侵犯了他人的民事权益，在民法中就是不合法的行为，虽不能据此直接认定为刑法中的犯罪，但也不能绝对排除构罪可能，可见

---

❶ 参见［德］汉斯·海因里斯·耶赛克、托马斯·魏根特：《德国刑法教科书》（上），徐久生译，中国法制出版社 2017 年版，第 525 页。

关于无因管理在刑法中类推适用的主张总归是不合理的。[1]

四、社会相当性说

社会相当性说，被视为实质的违法性说，认为行为人对于推定同意的判断，需要建立在对事态的足够了解和对事理的客观判断基础上，被害人的意思不是判断的重点，核心在于行为人推定同意的行为具有社会相当性，能够被国家或是社会的道德规范所容许，如此才能阻却行为的违法性。[2] 目的说本质上与社会相当性说是一样的，都主张推定同意的行为手段必须适当且符合共同生活目的。因此将二者共同视为社会相当性说领域，在此一并论述。基于推定同意而实施的法益侵害行为，强调对于整体事态严谨考察并作出客观、合理的判断，[3] 推定同意的内容应具有社会相当性，超出社会相当性限度的行为不能正当化。例如，行为人是以侵入住宅的主观故意进入他人住宅，主观上并无推定他人意愿的想法，无意间发现住宅内的水管破裂了正在喷水，主动采取一定措施防止自来水的继续喷溅，但该行为并不能阻却其侵入住宅行为的违法性。[4] 前述示例表明，未经权利人许可擅自进入他人住宅的行为，并不符合国家或是社会的道德规范，缺乏社会相当性，因而是违法的。即使期间实施了适法行为，也不能使该行为正当化。但是，社会相当性面临以下质疑：其一，社会相当性说是依据推定同意行为的手段是否符合道德规范来判断能否阻却违法，至于被害人可能的真实意愿并不关心。显然，这并不符合推定同

---

[1] Hans-Heinrich Jescheck/Thomas Weigend, Lehrbuch des Strafrechts, 5. Aufl., Duncker & Humblot, 1996, S. 388.

[2] 参见黄翰义：《刑法总则新论》，元照出版有限公司 2010 年版，第 182 页。

[3] 参见陈子平：《刑法总论》，中国人民大学出版社 2009 年版，第 202 页。

[4] [日] 木村龟二：《刑法总论》（增补版），有斐阁 1984 年版，第 288 页。

意设立的初衷，即便关于推定同意的正当化事由存在诸多争议，但对于保护个人自主这一论点基本上是一致认可的。其二，"社会相当性"这一概念本身就是一个十分模糊和宽泛的概念，需要进一步地加以解释和明确，通常只能适用于概括性的一般正当化事由场合，用于推定同意，就会显得大而不当，且有悖于现代刑法理念所要求的可预测性和明确性，❶ 甚至可能导致肆意裁判的恶果，动摇刑法稳定性的根基，减损罪刑法定原则的实施效益。其三，"社会相当性"与"善良风俗"等概念类似，都蕴含了道德内涵，如若坚持据此对公民的自治权利加以约束，难以避免走向泛道德主义，使得法律成为道德的奴隶，被迫服务和依附于道德，造成有法不依、司法活动道德化、法律信赖感沦丧等危害后果❷。其四，社会相当性这一概念本身的体系定位就不明确，学界存在构成要件该当性阻却说、违法阻却事由说、违法阻却与构成要件的规整原理说与构成要件的解释原理说等理论主张，❸ 众说纷纭，尚未形成统一定论。就连社会相当性理论的首创者威尔泽尔（Welzel）教授本人对其体系定位的问题都前后摇摆，因而该理论始终被诟病，无论是内容上还是体系地位上都存在不明确的弊端。那么，试图以一个本身并不明确的理论去解决推定同意的正当化问题，必然是不如人意且难以实现的。

五、综合说

关于推定同意的正当化依据，除前述各种单一论点的主张之

---

❶　参见车浩：《论推定的被害人同意》，载《法学评论》2010 年第 1 期，第 145 页。

❷　参见张德强：《泛道德主义、非道德化与法律文化》，载《法律科学》1995 年第 6 期，第 28—31 页。

❸　参见于改之：《社会相当性理论的体系地位及其在我国的适用》，载《比较法研究》2007 年第 5 期，第 23—28 页。

外，还存在其他综合学说，也称为独立的违法性阻却事由说。该说认为，推定同意与被害人同意之间存在关联的可能性，是位于被害人同意与紧急避险中间的理论学说，被害人的可能意愿是其判断的主要依据，客观利益的衡量是辅助判断的手段，推定同意是具有独立结构的超法规违法性阻却事由的一种。❶ 还有一些论者认为，单一理论的主张不足以支撑论者推定同意的正当化，因而结合多种学说来加以阐释。如直接主张推定同意是同时兼具被害人同意与紧急避险两方面要素的法律制度。❷ 而德国学者耶赛克（Jescheck）教授则认为，推定同意正当化的效力是三种观点的综合：一是依据被害人的意愿进行利益衡量；二是被害人知晓事实后，需客观推定如何按照预想的意思决定；三是必须考虑到被允许的风险理论，对被害人意愿进行认真探讨的义务正是来自于该思想。❸ 显而易见，第一个观点主要适用于为被害人利益的场合，第二个观点主要针对为行为人利益或是其他第三人利益而为的推定同意行为，至于第三个观点所言之被允许的风险理论，因为推定同意中并不存在被害人真实的同意，因而无论在适用的任何一种场合中，均面临推定错误这一被法律例外容许的风险，据此也要求对于现实情势加以认真考察和对待。德国学者韦塞尔斯（Wessels）认为，推定同意的正当化依据应当同时涵括权利人个人利益和利益缺乏两种理论。具而言之，在为权利人利益而推定的场合，取决于权利人个人的价值取向和利益偏好，客观利益权衡

---

❶ 参见［韩］李在祥：《韩国刑法总论》，［韩］韩相敦译，中国人民大学出版社 2005 年版，第 242 页。

❷ 参见黎宏：《被害人承诺问题研究》，载《法学研究》2007 年第 1 期，第 102 页。

❸ 参见［德］汉斯·海因里斯·耶赛克·托马斯·魏根特：《德国刑法教科书》（上），徐久生译，中国法制出版社 2017 年版，第 524—525 页。

仅是辅助性标准；至于为他人利益而推定的场合，则依据利益缺乏原则来加以判断。[1] 再如我国台湾地区的学者陈子平教授认为，推定同意行为的正当化依据，应当结合两个方面加以判断：一是法益衡量说、优越利益说的立场，将推定同意视为被害人同意延长线上的理论，以保护被害人的自主意愿为重点；二是社会相当性说、目的说的立场，重视对于整体事态谨慎而全面的考察，推定同意的行为应当符合社会相当性的要求。[2] 我国台湾地区的学者陈培峰同样主张关于推定同意正当化的法理依据，采用单一论点是难以得出的，应综合考量无因管理和轻微利益保护两项原则才能够实现，前者是指行为人的行为需是出于保护被害人个人利益的目的，后者是指行为人的行为对于被害人个人利益没有侵害性或是侵害十分轻微。[3] 综合说是为克服前述各种学说的不足，在综合被害人同意延伸说、被允许的风险说、社会相当性说和无因管理说等各种学说的基础上而提出的一种折中理论，但由于所综合的各种学说本就存在原生缺陷，综合说在吸收其合理性的同时，自然也不可避免地接收了全部的缺陷。综合说看似独立的违法性阻却事由，但事实上并未跳脱前述单一理论的涵射范围，只不过是将多种理论综合在一起叠加论证罢了，与前述其他观点并无本质区别，也无甚实质意义上的创新。具体的适用理由与弊端在前面已经作了较为充分的论证，故不再赘述。

---

[1]　参见［德］约翰内斯·韦塞尔斯：《德国刑法总论》，李昌珂译，法律出版社2008年版，第205—206页。

[2]　参见陈子平：《刑法总论》，中国人民大学出版社2009年版，第202页。

[3]　参见陈培峰：《刑法体系精义——犯罪论》，台湾康德文化出版社1998年版，第390页。

第三节 推定同意正当化根据："被允许的 风险说"之提倡

前述各个关于推定同意的正当化根据之主张均存在难以协调的弊端，相对而言，"被允许的风险说"更具合理性。当然，不可否认，"被允许的风险说"也有其弊端所在，但整体上是可以自洽和疏通的，因而为本书所支持。

一、"被允许的风险说"之基本原理

被允许的风险，是指随着科学技术的进步，侵害法益的危险活动在社会生活中不可避免地会增多，基于其对社会的有用性，在一定范围内容许法益侵害结果的发生。[1] 被允许的风险的合法性在学界基本上是被一致认可的，是被普遍承认的排除刑事责任的标准。[2] 通常意义上，被允许的风险是一种可以排除犯罪类型，并据此排除对客观行为构成进行归责的要素。具而言之，被容许的风险是指行为人的注意能力在一定范围内的减降，并不具有规范上的可谴责性。[3] 也就是说，风险性行为一般是为法律所容许的，不涉及具体的利益权衡问题。"但是，在例外的情况下，也存在着正当化的根据，在这种正当化根据中，根据对相互冲突的观点进

---

[1] 参见张明楷：《被允许的危险的法理》，载《中国社会科学》2012 年第 11 期，第 112—115 页。

[2] 参见［德］乌尔斯·金德霍伊泽尔：《容许的风险与注意义务违反性：论刑法上过失责任的构造》，陈毅坚译，载《刑事法评论》2018 年第 2 期，第 236 页。

[3] 参见陈璇：《刑法归责原理的规范化展开》，法律出版社 2019 年版，第 85 页。

行的具体权衡，将允许一种与风险有关的犯罪类型得以实现。"❶
具体到推定同意的场合，依据被允许的风险说，认为推定同意的
正当化根据并非是客观利益的权衡，而是被害人被假定的意志，
只要在行为时可以高度盖然性地推定，如果被害人在场知悉全部
事实真相，基于被害人自身的立场，也会同意行为人所实施的行
为。❷ 即便事后证实与被害人的真实意愿相违背的，该行为也同样
能够排除违法性的成立。❸ 在被允许的风险说这一理论之下，推定
得出的同意仅是对被害人知晓事实后会作出同意的一种事前的盖
然性推测，具有一定误判的可能性，因而需要根据被允许的风险
原理予以出罪，该风险在法律上例外地被容许。❹ 也就是说，"在
推定的同意中，允许根据一种单纯的假想同意（die gemutmaβte
Einwilligung）和冒着使真实的意志与法益损害相对抗的危险，去
侵犯其他人的法益。"❺ 此时所允许的风险不同于一般的风险，仅
针对推定同意可能有悖于被害人真实意愿这一特定风险。即便如
此，在推定同意的过程中也仍然要就所有相关的可能性影响因素

---

❶ ［德］克劳斯·罗克辛：《德国刑法学总论（第 1 卷）——犯罪原理的基础构
　造》，王世洲译，法律出版社 2005 年版，第 530 页。
❷ 参见陈尔彦：《德国刑法总论的当代图景与变迁》，载《苏州大学学报（法学
　版）》2020 年第 4 期，第 120 页。
❸ 参见［德］汉斯·海因里斯·耶赛克、托马斯·魏根特：《德国刑法教科书》
　（上），徐久生译，中国法制出版社 2017 年版，第 525 页；王皇玉：《德国医疗刑
　法论述概说》，载台湾刑事法学会主编：《过失医疗与刑事责任》，台湾刑事法学
　会 2009 年版，第 22 页；［日］佐伯仁志：《刑法总论的思之道·乐之道》，于佳
　佳译，中国政法大学出版社 2017 年版，第 190 页；［日］松原芳博：《刑法总论
　重要问题》，王昭武译，中国政法大学出版社 2014 年版，第 112 页。
❹ 参见王俊：《治疗行为正当化根据的解释论重构》，载《苏州大学学报（哲学社
　会科学版）》2018 年第 4 期，第 85—88 页；［韩］金日秀、徐辅鹤：《韩国刑法
　总论》，郑军男译，武汉大学出版社 2008 年版，第 313 页。
❺ ［德］克劳斯·罗克辛：《德国刑法学总论（第 1 卷）——犯罪原理的基础构
　造》，王世洲译，法律出版社 2005 年版，第 530 页。

进行全面的综合判断。依据被允许的风险说，必然得出以下两点结论：其一，推定同意是对被害人同意的补充。如果已经存有被害人同意或是能够及时获得被害人同意的，就不存在推定同意的适用空间。相对应地，不允许能够询问权利人却不询问，也不允许假借推定同意之名来行侵害权利人自主决定权之实。其二，推定同意的适用规则同于被害人同意。因此，推定同意的有效权限仅限于被害人有权处分的法益范围内。❶

被允许的风险的法理是价值判断的一种，当社会利益和个人利益发生冲突时，其在一定范围内选择保护社会利益这一更为优越的利益。在推定同意中的适用，事实上就是彰显保护优越利益的态度。推定同意阻却违法的原因同于被害人同意，都是被允许风险理论之下的利益权衡，只不过此中所推测的被害人可能的真实意愿是最为重要的参照准则，客观利益的衡量仅是辅助发现被害人真实意愿的手段。❷ 纵然在实际操作过程中，个人内心的真意很难为外界的第三人所准确探知，但理论上还是要坚持依据已知被害人的价值取向和利益偏好，作为推定其是否会作出同意的核心标准。在推定同意中，大致上会出现两种情形：其一，个人价值取向符合一般普遍认知，基本上等同于客观利益权衡的思考，此时对于被害人可能意愿的推测是最为简单的，直接依据客观利益权衡的结果得出即可。其二，个人价值取向异于一般普遍认知，如理论界经常讨论的耶和华信徒拒绝输血案或是关于自杀病人的医疗救助问题。此时，我们作为客观的第三人是否可以替代不理性的被害人作出一个理性的决定，然后谓之推定得出的同意？于

---

❶ 参见江溯主编：《德国判例刑法》（总则），北京大学出版社 2021 年版，第 165—166 页。

❷ 参见黄荣坚：《基础刑法学》（上），元照出版有限公司 2012 年版，第 333 页。

此，最后得出的答案很大概率上是肯定的，最终结论几何，取决于被害人主观意愿偏离客观价值的具体程度。[1] 答案不是绝对的，对于拒绝输血的耶和华病人，因其在意识清醒的时候明确表达了拒绝输血的意愿，因而在其昏迷后为尊重其主观意愿，不得依据客观利益衡量对其输血，医生不予施救的行为是具有正当化依据的。至于为寻求自杀而跳楼的病患，虽其之前存在结束生命的意愿，但不代表此刻或是今后仍然想要结束生命，因而医生不得以其自杀为由拒绝手术，即便患者醒来表明不应当对其施以救助的，医生的手术行为仍然能够正当化，因为其保留了被害人再次自主选择的机会。

在德国刑法中，推定同意最常被运用于医疗领域，尤其在权利人丧失同意能力的场合，例如，昏迷、中风、心脏病发作、意外受伤而无法言语，或是手术过程中发现存在变更或是扩张手术范围的紧急必要性等情状。基于稍有延迟必将会给患者的生命安全或是身体健康造成重大危害的现实，医生有立即采取手术措施的必要，但患者又无法及时作出同意，也就是说，客观上无法取得患者的同意。此时，医生就应当根据患者此前表露过的信息或是行为举止去推定其主观意愿，例如，患者事前预立的医嘱、医疗意愿书，或是问诊过程中患者曾向医生表达过的意愿、顾虑等。[2]

二、"被允许的风险说"之质疑与回应

针对被允许的危险说，学界存有如下质疑：其一，在德国刑法学界，推定同意被普遍视为独立的违法阻却事由之一。[3] 但是，

---

[1]　参见黄荣坚：《基础刑法学》（上），元照出版有限公司2012年版，第334页。
[2]　参见王皇玉：《刑法总则》，新学林出版股份有限公司2019年版，第313页。
[3]　参见［德］克劳斯·罗克辛：《德国刑法学总论》（第1卷），王世洲译，法律出版社2005年版，第532页。

在违法性阶层适用被允许的风险这一理论并非毫无疑义。关于违法性的判断不同于对构成要件的判断，基本上都是遵循事后判断的原则，基于事后查明的所有事实加以判断，否则利益衡量就是不全面的，对于行为是否合法难以作出准确判断。● 将允许的风险理论用来证成推定同意的合法性，事实上就是认可存在尊重被害人意愿的事前盖然性的独立违法阻却事由，也就是在事前进行违法性的判断，但这是不妥当的做法。❷ "换言之，如果以事前的可能性判断为标准进行违法性的判断，必然导致违法性的判断丧失客观标准"。❸ 其二，被允许的风险之法理，仅是价值判断的一种，不同主体因价值偏好的不同会作出不同取舍。在面对相同的风险时，有人侧重其危险性，有人侧重其有用性，侧重点不同，作出的取舍自然也就不同。如果动辄假借"被允许的风险"之名帮助行为人逃避罪责，这将是十分危险的观点和做法。● 其三，动辄使用"被允许的风险"理论为某种造成实质法益损害的行为出罪，容易导致对法益保护的不利减损。❺ 具而言之，如若坚持被允许的风险理论，可能会使得原本难以正当化的法益侵害结果因为行为是被允许的风险，最后被正当化了。❻ 其四，推定同意的补充性决

● 参见王俊：《允许风险的解释论意义》，载《苏州大学学报（法学版）》2018 年第 4 期，第 36 页。

❷ 参见 ［日］山口厚：《刑法总论》，付立庆译，中国人民大学出版社 2018 年版，第 180 页。

❸ 张明楷：《论被允许的危险的法理》，载《中国社会科学》2012 年第 11 期，第 131 页。

● 参见张明楷：《论被允许的危险的法理》，载《中国社会科学》2012 年第 11 期，第 114—115 页。

❺ 参见张明楷：《论被允许的危险的法理》，载《中国社会科学》2012 年第 11 期，第 122—128 页。

❻ 参见黎宏：《被害人承诺问题研究》，载《法学研究》2007 年第 1 期，第 101—102 页。

定了仅当难以获得权利人真实意愿之时，推定同意才能够成立。❶
如果事后权利人拒绝同意的，推定同意将不能阻却违法性。❷

　　本书认为前述质疑均不能够有效成立，原因如下：其一，不可否认，对被害人意志采取行为时的事前判断标准，确实相当困难，但这个问题在被日本学者普遍认可的"法益衡量说"中同样存在。根据"法益衡量说"的主张，如果行为人的推定错误客观上确实不可避免，则应当先肯定行为的违法性，再从有责性阶层为其寻找出罪依据。但是，"什么样的错误使得行为人不具避免可能性"这一问题的解决同样涉及"行为时的判断"，还需要采取事前的可能性判断标准，仍然应当考虑与行为人在此情形下相当的一般理性人的标准。显然，适用"行为时的判断"这一事前标准是不可避免的，推定同意采纳其他正当化根据的学说仍然会面临同样的问题。其二，前述质疑认为被允许的风险是一种价值判断，面对同样的风险，有的人重视危险性，有的人重视有用性，由此可能造成滥用"被允许的风险"之危害后果。事实上恰好相反，这一点恰好证实了对推定同意采取"行为时"这一事前判断标准的合理性。因为当人们重视某个行为的危险性时，往往会提前采取预防措施，"抽象危险犯"就是由此产生。而关于"抽象危险"的判断，一般都是适用"行为时"的判断标准。如果人们更加倾向于有用性，此时，"被允许的风险"将派上用场。在推定同意的场合，如果行为人较之于一般主体具有更强的推定能力，这并不总是能够使其可以根据"被允许的风险"法理而逃避罪责，有时

---

❶　参见［德］克劳斯·罗克辛：《德国刑法学总论》（第 1 卷），王世洲译，法律出版社 2005 年版，第 534 页。

❷　参见张明楷：《论被允许的危险的法理》，载《中国社会科学》2012 年第 11 期，第 130—131 页。

反而会给行为人招致较之于一般主体更为严苛的义务。例如，甲的家里意外发生火灾，时间有限，路人乙只来得及抢救名贵的山水画或是破旧的台灯中的一件物品，乙最终选择保全名贵的山水画。原因在于，乙是基于一般理性人的视角（乙对甲的认识决定了他只能这样考虑）认为名贵的山水画自然比破旧的台灯更重要，因而构成紧急救助行为。事实上，甲对于破旧的台灯有着异常浓厚的情感，这是甲的前妻给其留下的唯一纪念物。任何时候发生任何意外，甲都会毫不犹豫地选择保全台灯，并多次对自己的好友丙表达该观点。因此，如果甲的好友丙面临同样的情况，丙就不能擅作主张抢救名贵的山水画，但凡时间上允许其进行理性的思考，丙都应当选择抢救破旧的台灯。当然，这一切都取决于"行为时"对客观情势的认识与判断。其三，依据"被允许的风险"法理为某一具体造成实质法益损害的行为出罪，并不必然会导致法益保护的不利减损。因为对于公民利益的保护，刑法并不是唯一手段，这是由刑法作为法益保护的最后一道防线所决定的。例如，甲与乙为同居密友，甲经常于乙外出且难以取得联系时擅自从其屋内取钱使用。此时，乙最需要的是将钱追回，而不是大费周章地将甲送进监狱。在这一场合依据"被允许的风险"法理为甲出罪，并不妨碍权利人乙追回自己的财物。即便乙基于报复心理就是希望将甲送进监狱，但根据结果无价值论的观点，也未必能够如愿。因为大多数结果无价值论者对于这种行为虽然会认定为不法行为，但仍然会在责任阶层为其出罪。由此可见，这种做法既不能为权利人追回财物提供任何便利，也不能确保权利人报复心理的实现，亦不能有效避免行为人或是其他人在类似情况下不再进行类似推定，因而并不必要，难以构成对"被允许的风险"之有效质疑。其四，诚然，推定同意确实是对被害人同意的补充，当且仅当在不可能获得被害人现实同意的场合，推定同意才存在适用的空间。但是，这种主张仅是阐明了推定同意成立的前提条件之一，据此并不足以推导出若事后发现推定同意违背被害人真实意愿的，将不能阻却行为违法性的结论。原因在于，此处指涉的"不可能获得权利人的现实同意"之判断肯定是"行为时"的事前判断，不可能是事后的评价，因而如果在行为时就可以知悉权利人真实意志的，就不存在适用推定同意的前提条件，具体缘由在前文已有详细阐释。因此，在事后评价时才出现的权利人之真实意志并不足以推翻推行为阻却违法性的结论。

综上所述，本书所论及之推定同意正当化的法理依据，虽存在诸多学术主张，但彼此之间并非决然对立，相反，各个学说主张之间存在千丝万缕的关系，有些甚至是彼此包容的交叉关联。总体观之，被允许的风险说相对更具合理性，虽然该学说同样有其缺陷之处，但也都可以找到对应的解决方案，因而是为本书所主张。简而言之，推定同意的正当化根据在于对权利人主观意愿的假定，行为时可以具有高度盖然性地推定，如果权利人在场并知悉全部事实真相的，应当会同意行为人依推定同意而实施的行为。即便事后证实行为人的行为有悖于权利人的真实意志，也不能够否定行为阻却违法性的结论。

第三章
推定同意的成立要件

现代刑法以个人自我实现作为宗旨，并不要求自我决定权的行使必须理性而自利，符合一定条件时，应当允许权利人自愿侵害自己的法益，基于这种自由意志的许可而实施的侵犯他人法益的行为，不能作为犯罪处理。法益保护并非将利益隔绝到真空状态，也并非确保法益的绝对完整性，相反，保护法益的根本目的旨在于确保个人自由生存与发展的实现。❶ 因此，在危及个人自由生存与发展的利益面临紧迫危难之际，才会允许他人基于"拟定的意志"实施法益侵害行为，并阻却违法性的成立。一般而言，对于个人法益的处分只能由权利人本人为之，但是当权利人本人无法及时作出决定，且重大个人法益面临紧迫危难之时，是可以容忍他人侵入个人领域，以保全支撑实现个人自由与发展的重大法益。但是，事无绝对，绝对的自由就是不自由。

❶ 参见马卫军：《被害人自我答责研究》，中国社会科学出版社2018年版，第47页。

"所以自由既不存在于无规定性中，也不存在于规定性中，自由同时是它们两者。"❶"当我们听说，自由就是指可以为所欲为，我们只能把这种看法认为完全缺乏思想教养，它对于什么是绝对自由的意志、法、伦理，等等，毫无所知。"❷ 从这个意义上讲，并非被害人所有同意他人侵害法益的行为都是自我答责性的，具体到推定同意的场合，行为人依推定同意而实施的法益侵害行为，若想阻却违法性的成立，自然也要具备相应条件。较之于权利人直接行使自我决定权的被害人同意，推定同意是他人代为行使被害人自我决定权的结果，因而自然需要设置更严格的成立条件，以避免他人过多地侵入被害人自治领域。再者，在行为人直接受领被害人意思的情况下，尚存在不低的误解可能性，对被害人内心真意的推定准确率自然只会更低。由此观之，推定同意正当性的实现确实存有相当难度。推定同意本身的特殊性决定了实现正当性要件的特殊性，因而使得推定同意的成立要件必然不同于存在被害人真实意志的同意，有必要对这一特殊场合的成立要件加以研究，为司法实践提供一定的参考意见。

第一节　行为人的主观要件

推定同意的成立，要求行为人主观目的正当合理，即只有当行为人主观上是为确保被害人自主决定权的实现之时，才可谓之

---

❶　［德］黑格尔：《黑格尔著作集：法哲学原理》（第 7 卷），邓安庆译，人民出版社 2016 年版，第 46 页。

❷　［德］黑格尔：《黑格尔著作集：法哲学原理》（第 7 卷），邓安庆译，人民出版社 2016 年版，第 55 页。

正当合理。同时，还要求行为人主观上具有推定同意的认识，具而言之，要求行为人应当认识到法益侵害行为是基于推定同意而实施的，且对于相关客观要件具有相当的了解。

一、行为人主观目的正当合理

推定同意的场合，并不存在被害人真实的同意，被害人在主观上对此甚至都不曾有过任何意识。行为人是基于被害人拟制的"同意"而实施的行为，这是一种规范意义上的存在，而非事实上的存在。此处拟制同意的主体是行为人，并非权利人本身，因而自然要求其主观目的具备正当合理性。如此，方可有效维护被害人的合法权益。不能给行为人留有侵犯他人法益的可乘之机。那么，行为人怎样的主观目的可以谓之正当合理？实际上考察的就是行为人赖以行为的拟制同意是依据什么标准推定得出的。

关于拟制同意的判断，究竟是以客观合理的角度加以判断（客观说），还是依据被害人主观的价值取向与利益偏好为准则（主观说），亦或是具体问题具体判断的综合评价（综合说），学界对此争议不断。客观说主张应以理性第三人的意志作为判断标准，而非被害人自己的个人价值取向与主观需求，[1] 需要以客观利益权衡作为评价标准，只有为保护被害人较大利益而牺牲其较小利益的行为才能够阻却行为的违法性[2]，成立有效的推定同意。相反，主观说则主张推定同意时应当基于被害人的立场考虑问题，假定被害人在场将会如何选择。[3] 也就是说，依推定同意实施的行为是

---

[1] 参见王政勋：《正当行为论》，法律出版社 2000 年版，第 470 页。
[2] 参见田宏杰：《刑法中的正当化行为》，中国检察出版社 2004 年版，第 408 页；刘艳红主编：《刑法学》（上），北京大学出版社 2016 年版，第 227 页。
[3] 参见车浩：《论推定的被害人同意》，载《法学评论》2010 年第 1 期，第 145 页。

否能够阻却违法性的成立，关键在于是否符合被害人的内心真意，❶ 并不以符合普遍多数人的客观理性原则作为根据。而少数论者所持的综合说则主张，推定同意的成立并无统一适用的判断标准，需要根据不同的场合具体情况具体分析，分别适用不同的评价准则。❷ 那么，在推定同意的场合，究竟采取哪一种学说来判断行为人主观目的的正当合理性是准确的呢？

事实上就是讨论推定同意作为违法阻却事由，究竟是保护个人自主还是客观利益的问题。个人自主就是个别主观的利益视角，客观利益就是多数主观的利益视角。核心争议就在于，哪一种视角应当具有优先性，或是不可侵犯性。再往前推进一步，事实上也就是确认法律家长主义能否作为正当的自由原则？其中的决定性要素就在于，有关自主与利益的拉扯中，谁能够具备优先性。该问题可从有关法律家长主义的探讨中得出答案。

法律家长主义认为，自我伤害的行为会减损权利人的利益，国家居于家长的站位，出于利好人民的目的，应当对这类自我伤害行为予以干涉，增进人民福祉。最常见的表现是，通过立法强制要求人民佩戴安全帽驾驶机动车、禁止吸毒、禁止酒驾、毒驾，等等。这一类法律规范，具有促进被规范人利益的外观，符合普遍多数的利益衡量准则。总的来说，法律家长主义在自由原则的适用上，并不如伤害原则的接受度高。自由原则其实就是指限制自由的立法原则，其中蕴含的原理就是对人民福祉保护越多，个人自主受到的限制越大。在有关法律家长主义的类型划分中，最

---

❶ 参见张明楷：《被允许的危险的法理》，载《中国社会科学》2012 年第 11 期，第 131 页。

❷ 参见张少林、卜文：《推定同意的刑法意义探究——兼谈医疗手术行为中的紧急推定同意》，载《四川警察学院学报》2010 年第 2 期，第 11 页。

普遍选择的是刚性法律家长主义与柔性法律家长主义这一分类。刚性法律家长主义认为，个人利益优先于个人自主，旨在促进个人福祉，对于个人自主并不关注，也不会列入国家干预行为的考量之中；柔性法律家长主义则主张个人自主优先于个人利益，国家干预行为只有在维护个人自主之时才具备正当性，例如，对于醉酒的机动车驾驶人，可以对其采取保护性约束措施，将其带至公安机关交通管理部门设置的醒酒约束场所内约束至酒醒，或是在公安机关交通管理部门全程控制下送医院醒酒。再如，个人的自伤行为，刚性法律家长主义是竭力避免的态度，柔性法律家长主义则并不在意，仅关注当事人在行为时的状态。显然，刚性法律家长主义关注的是客观结果，柔性法律家长主义则注重行为本身。

因着对自由主义的理解不同，关于法律家长主义，学界对其接受程度也不相同，整体上可以划分为支持法律家长主义和反对法律家长主义两个阵营。在支持法律家长主义的阵营中，最具代表性的观点就是效益主义、社群主义和完善主义。虽论证方式各不相同，但核心理念可以简述如下：在价值可估量的情形下，利益判断的准则就在于社会利益的最大化，这也是判断行为善恶的核心要素。在利益与自主的两端，支持法律家长主义的天平是倾向于利益这一端的，其主张人生最大的目标旨在于追求善，自主仅是实现目标的手段之一，真正重要的在于让人民过上美好生活，追求美好的价值，实现社群的善。相反，反对法律家长主义则偏向自主优先，对于自由主义，则秉持相对消极的态度。其主张个人自主的优越性，认为每一个独立的个体都有独立思考的能力，都应当被尊重。价值是多元且不可估量的，没有任何一种价值可以凌驾于其他价值之上，每个人都具有追求自己偏好价值的权利，生活方式的选择应当也是多元的。自由的可贵之处不在于其可以带领人类通往美好的康庄大道，而在于选择的主观能动性，或许部分选择并不合乎客观理性，但这丝毫不碍于自由选择的价值。自由不代表完美，自由代表的是自主，象征个人对于自我领域享有绝对主权，❶ 个人自负其责，自由彰显了善的价值，即便自由带来的后果未必是善的，也正因为没有任何一种可以绝对称为完美的生活选择，选择的重要性才由此得以彰显。

从前述关于法律家长主义的探讨中，显而易见，个别主观的利益视角更具优越性，在自主与利益的博弈中，自主应当是居于绝对优先地位。我们并不否定利益追求的重要性，但如若认为利益的实现优先于自主的维护，无疑就是将他人意志置于上位，并陷入积极自由这种最为可怕的结局。因为价值存在的多元性，就会使得利益追求变得多元且互相排斥，只要确立利益的不可共量，就会发现法律家长主义企图维护个人利益的说法是站不住脚的。确实，国家干预行为的适时介入可以避免部分危害结果的发生，但介入的干预行为是完全不尊重个人自主决定的，无论是对利益还是对同意能力的判断，事实上都是对个人自主决定权的剥夺与否定。其中，刚性法律家长主义是对个人决定的否定，柔性法律家长主义则是更极端的对个人自主决定能力的否定，因而在选择适用时必须十分谨慎。

显而易见，法律家长主义是以少数意志的价值来规范多数大众，不仅剥夺了大众自主学习的机会，也将大众视为不具主体性的工具，无论法律和政策的出发点如何良善，法律家长主义的干预都不能够具备正当性，尤其刚性法律家长主义，完全无视个人

---

❶ 参见郑玉双：《自我损害行为的惩罚——基于法律家长主义的辩护与实践》，载《法制与社会发展》2016 年第 3 期，第 182 页。

自主，纯粹以他人的价值为依归。相反，柔性家长主义则具有实现的可能，其干预行为是为确保行为人的自愿性，可以考虑作为协助伤害原则的自由限制原则。❶ 由此也确立了自由与利益二者之间，自主的绝对优先性，进而发现多元价值不可共量，最终导出法律家长主义的不可行。

因此，个别主观的利益视角原则上优先于多数主观的利益视角。在确立个别主观具有绝对的优越性之后，对于推定同意相关要件的探讨大有裨益。通过对法律家长主义的讨论，确认了对于自伤行为的禁止并不具备正当性，保护利益的想法并不可行，如果在权利人意志清醒且具备表达能力之时，国家和他人都不得以保护利益为由干涉权利人的自主决定。这也在一定程度上限制了推定同意的适用空间。原因在于，既然意志清醒时的干预都不具备正当性，那么，当权利人无法表达意愿之时，除了维护权利人自主决定的可能，其余的干预必将不具备正当性。至于结合自主保护与利益保护的综合说，也并不具备正当性。具而言之，当个别主观与多数主观保持一致时，自然不会存有争议，综合说也能够顺利适用。但是，当个别主观不同于多数主观时，在综合说当中必然不会因为个别主观而放弃多数主观，那么个别主观势必得不到尊重和保护，只有当个别主观屈服于多数主观以后，综合说才能够得以适用。由此可以发现，综合说的适用将会不可避免地滑向客观利益的保护一端，个别主观必将会被侵害与排斥。所以，综合说并不具备正当性和可行性。

因此，得出以下结论：在权利人无法及时表达内心真意的场合，行为人作为代为推定同意的主体，主观上必须是为维护被害

---

❶ 参见林道：《推测承诺的法理解析与建构》，台湾政治大学 2015 年硕士学位论文，第 159 页。

人自主决定的实现，才是正当合理的。无论权利人的自主决定是
否符合客观利益的权衡，只要是可以得知或推知的，都应具有保
护的优先性。若行为人纯粹是出于维护客观利益的主观目的，完
全置权利人可能的主观意愿于不顾，那么，将不能阻却行为的违
法性。

二、行为人具有推定同意的认识

关于行为人有无必要认识到被害人的同意，这与同意是否需
要表现于外相互关联，因为不表现于外部的同意，自然也就不可
能被认识到。"这个问题在理论上是主观正当化要素要否的问
题"，[1] 对此存在认识必要说和认识不要说两种对立观点：一是认
识必要说，由主张意思表示说的人所持有，是从行为无价值论出
发认为主观正当化要素是必要的，主张行为人只有认识到被害人
同意的存在，才可以证实并不具备侵害法益的罪过，使得法益侵
害行为能够正当化，阻却犯罪的成立；[2] 二是认识不要说，由主张
意思方向说的人所持支持，是从结果无价值论出发认为主观正当
化要素是不必要的，认为因被害人同意行为人的法益侵害行为，
客观上并未造成法益损害的事实，故不必要求行为人认识到被害
人存在同意。[3] 认识必要说和认识不要说在具体案件的处理结果上
存有差异，主要体现于对同意是否存在产生认识错误的场合。在
行为人实施犯罪时并未意识到存在被害人的同意，依据认识必要
说的观点，行为人构成既遂，但依据认识不要说的观点，该行为

---

[1] ［日］佐伯仁志：《刑法总论的思之道·乐之道》，于佳佳译，中国政法大学出版
社 2017 年版，第 176 页。

[2] 参见王政勋：《正当行为论》，法律出版社 2000 年版，第 463 页；田宏杰：《刑法
中的正当化行为》，中国检察出版社 2004 年版，第 392 页。

[3] 参见张明楷：《刑法学》（上），法律出版社 2021 年版，第 300 页。

要么构成不能犯，不予处罚，最多认定为未遂。以盗窃罪为例，行为人在盗窃时并不知晓存在被害人同意，依据认识必要说的观点，行为人成立盗窃既遂。但依据认识不要说，则排除既遂，具体存在两种处理方式：一是如果主张盗窃未遂的主观违法要素是故意，则行为人没有意识到被害人同意的行为本身就具有侵害财产权的一般危险，因而构成盗窃罪未遂；二是如果主张盗窃未遂的处罚根据在于违背被害人意愿侵犯其财产权的行为造成了具体危险，即使行为人并未认识到被害人的同意，但事实上并不存在违背被害人意愿的侵害法益的具体危险，因而构成不能犯，不予处罚。❶

"作为现代刑法的一项基本原则，主客观相一致原则不仅适用于行为犯罪性质的认定，而且也应当适用于基于被害人承诺行为的正当性的判断。"❷ 身处法治社会的当下，每一个体都不得任意侵犯他人合法权益，得被害人同意而实施的法益侵害行为之所以能够阻却犯罪的成立，原因在于，这是被害人行使自主决定权的表现，法律对此表示尊重。而明知自己的行为是侵害法益的行为人，之所以能够阻却主观罪过的成立，是因为行为人认识到自己实施的法益侵害行为是得到被害人许可和承认的，是对被害人基于自由意志行使自主决定权的遵循与践行。正是基于此，才使得被害人在主观上不具备可追责与可谴责性，进而能够具备刑法上的正当性，使得基于被害人同意而实施的法益侵害行为能够阻却犯罪的成立。至于事实上存在被害人的同意，但行为人对此却毫无认知的场合，事实上被害人的同意对于行为人而言有等于无。此时，行为人对于自己行为的性质和造成的法益损害结果所持的

---

❶ 参见黎宏：《被害人承诺问题研究》，载《法学研究》2007 年第 1 期，第 91 页。
❷ 田宏杰：《刑法中的正当化行为》，中国检察出版社 2004 年版，第 392 页。

主观罪过，较之于客观上并不存在被害人真实同意的场合并无二致，同样具备非难和遣责的必要。❶ 在这种应受遣责的主观心态下实施的法益侵害行为，实在难言正当。申言之，对于被害人同意的认识是得同意行为的主观正当要件。简而言之，要求行为人必须认识到被害人的同意，否则就不得阻却犯罪成立。此外，如果客观上并不存在被害人的同意，但行为人误认为存在的，属容许构成要件错误的问题；相反，如果客观上存在被害人的同意，但行为人却并未认识到的，则属反面容许构成要件错误的问题。❷

同理，推定同意的生效，不仅要求存在被害人如果知悉全部事实将会作出同意的当然可能性，还要求行为人主观上存在推定同意的认识。也就是说，要求行为人必须基于正当目的实施推定同意的行为，并认识到法益侵害行为是以推定同意为基础的，且了解相关客观要件，包括危难面临的紧急情势、被害人意愿的不可得、有合理理由信赖被害人事后会作出同意等，法益侵害行为的动机自然也应当是基于推定的同意。原因在于，行为人是否具有救济被害人利益之主观意愿的判断，以行为人认识到被害人当然会作出同样选择为前提，如此才可更进一步推定行为人并无侵犯被害人权益的主观恶意。❸ 如果行为人明知被害人根本就不会同意他的法益侵害行为，那么就不可能依据推定的同意阻却行为的违法性，即便被害人客观上是同意的。❹ 正如被害人同意的场合，要求行为人必须认识到同意的存在一样。如果行为人并未认识到

---

❶　田宏杰：《刑法中的正当化行为》，中国检察出版社 2004 年版，第 392 页。

❷　参见黄郁珊：《被害人许可对于犯罪成立之影响——以承诺与同意他人的危害为中心》，台湾成功大学 2013 年硕士论文，第 69 页。

❸　田宏杰：《刑法中的正当化行为》，中国检察出版社 2004 年版，第 412 页。

❹　[德] 冈特·施特拉腾韦特、洛塔尔·库伦：《刑法总论 I——犯罪论》，杨萌译，法律出版社 2006 年版，第 156 页。

被害人对其法益损害行为的许可，其事实上是在一种应受谴责的主观心理状态下实施的法益侵害行为，法律不可能将这种性质的违法行为正当化。● 再者，认识不要说是采取"评价时判断"的观点，即事后判断；而认识必要说则是"行为时判断"的观点，即事前判断。如前所述，在推定同意中，即便事后被害人拒绝同意的，同样能够阻却行为的违法性，由此可见，推定的同意应当是在行为时进行的事前判断。● 因此，本书自然应当持"行为时判断"的认识必要说。如果行为人行为时并不存在推定同意的认识，即便事后获得被害人追认的，也不能成立有效的推定同意。换言之，依据事前判断的方法，要求行为人在推定被害人的意志时，必须认识到这是对被害人行为时内心真意的一种拟制，并非出于希望行为人事后基于某种特殊原因而选择容忍的动机。● 此外，如果行为人明知被害人不可能同意自己的法益侵害行为，仍然执意实施的，即便该行为符合客观利益衡量的标准，也并不能阻却行为的违法性。例如，甲的小腿不幸患有恶性肿瘤，就当前的治疗水平而言，截肢是唯一有效的医疗选择。医生向甲尽到了合理说明的义务，但甲宁愿残废也不同意截肢。即便医生及甲的家属都一致认为甲的决定是非理性的，但医生也不能为了甲的身体健康，擅自实施手术。此时，因存在权利人甲的真实同意，并无推定同意的适用空间，因而医生未获同意的手术行为并不能主张成立推定同意而出罪。

● 涂欣筠：《论刑法中的推定承诺》，载《中国石油大学学报（社会科学版）》2014年第3期，第42页。

● ［日］高桥则夫：《刑法总论》，李世阳译，中国政法大学出版社2020年版，第295页。

● 邵睿：《论依推定的权利人同意之行为》，西南政法大学2015年博士学位论文，第193页。

需要注意的是，对于前文所述内容有两点需要进一步加以明确：其一，要求行为人主观上应当存在对于推定同意的认识，并非强迫行为人对于被害人的内心真意完美复刻，不容许任何差池。仅限于要求行为人基于事发之时的所有客观事实和与被害人的日常交往来推定，被害人如果在场是否会作出同意。假若行为人毫无任何事实凭证，甚至主观上都不曾对此产生过认识，仅凭自己的内心所欲来认定存在推定同意的成立条件，并据此实施法益侵害行为，若事后证实行为有悖于被害人意志的，将不能阻却违法性的成立，构成过失的犯罪行为。其二，前文论及不仅要求行为人具有推定同意的认识，且主观目的必须正当。那么，何为正当目的？对此，学界存在两种对立主张：一是认为正当目的必须是为保护被害人自己的优越利益，如果行为人是为保护被害人的重大法益而牺牲其较小法益，那么就可以成立正当目的；二是认为正当目的不仅适用于保护被害人的利益，同样适用于保护行为人和其他第三人的利益。前文在论述推定同意的类型中，已经明确提出坚持两分说的观点，即为被害人利益或是为行为人和其他第三人利益而推定同意的行为具有正当性。若将推定同意限于为被害人利益的场合，将会不当压缩推定同意的适用范围，也会对社会人之间友爱互助精神造成冲击，得不偿失。综上所述，推定同意的成立要求行为人具有推定同意的认识且主观目的正当合理，二者共同构成推定同意成立所需的行为人主观要件。

第二节　难以获得被害人的真实同意

关于"难以获得被害人的真实同意"的认定，因情势紧急而无法获得被害人的真实同意是最常见的，但这并不能涵盖所有情形。在非情势紧急的场合，也存在因难以获得被害人真实同意而成立推定同意的可能，例如，为行为人利益而推定同意的，或是消极安乐死的场合亦是如此。

一、难以获得被害人真实同意的基本解读

关于同意的表达方式，存在意思表示说与意思方向说。意思表示说是指同意必须以一定的行为或是语言表露于外，相应地，行为人须当认识到同意的存在，同意才能够生效。❶ 其中，关于同意的表达方式主要是默示和明示两种，❷ 一般要求以某种可为外界所感知的明确方式表达出来，❸ 或是至少要从具体行为中可推知同意的存在。❹ 只有在特殊情况下，才可以默示表达（限制的意思表示说）。❺ 意思方向说则是指同意只要真实地存在于被害人的内心即可，不要求必须以某种可为人感知的方式表现于外，相应地，也不要求行为人必须认识到同意的存在。❻ 因为同意是为他人创设权利，同时为自己增设义务的行为，从本质上来讲就是对自己许

❶ 参见［日］大塚仁：《刑法概说》（总论），冯军译，中国人民大学出版社 2003 年版，第 358 页；王充：《被害人承诺三题》，载《河南社会科学》2010 年第 6 期，第 86 页；林山田：《刑法通论》（上），北京大学出版社 2012 年版，第 240 页；等等。

❷ 参见刘守芬、陈新旺：《被害人承诺研究》，载《法学论坛》2003 年第 5 期，第 17 页。

❸ 参见谭兆强、贾楠：《当事人同意的效力问题研究》，载《法律适用》2012 年第 4 期，第 47 页。

❹ 参见林山田：《刑法通论》（上），北京大学出版社 2012 年版，第 240 页。

❺ 参见黄京平、杜强：《被害人承诺成立要件的比较问题分析》，载《河南省政法管理干部学院学报》2003 年第 2 期，第 85 页。

❻ 参见［日］大谷实：《刑法讲义总论》，黎宏译，中国人民大学出版社 2008 年版，第 238—239 页。

诺权益的放弃，当然需要表达行使。当一个人选择容许这种行为时，另一个人就没有罪责。决定行为人的行为是否被允许的关键诚然在于同意者的内心意愿，但主观意愿本身并不足以认定为同意，意志上的默许若不能为他人所感知，那么就不能产生法律上的效力。因此，应当把同意的本质理解为一种需要通过某种外在行为表达出来的状态。简而言之，同意应当以某种可为外界所感知的方式表达出来，无论暗示还是明示，只要能为外界所感知或推知即可。

前文已经多次论证被害人同意是与推定同意最为相近的概念之一，二者之间最显著的差异就在于是否存在被害人的真实同意。在推定同意中，事实上并不存在被害人或明示或暗示的同意表示，因为此时并不存在被害人的真实同意，被害人甚至主观上对此都毫无意识，自然也就谈不上存在什么样的意思表达的问题。例如，因车祸失去意识又亟须手术的患者，属于欠缺表达能力的主体，因缺乏表达同意的可能性，故而进入推定同意的适用领域。基于对个人自我决定权的尊重，推定同意较之于被害人同意而言具有辅助性和补充性的特征，只有不可能取得现实的同意时，才允许适用推定的同意。❶ "不可能"并不代表被害人的拒绝，反而是指因客观上存在某种无法克服的障碍而使得无法适时取得被害人的真实同意。❷ 也就是说，但凡有可能通过各种方式知悉被害人的主观真意，就禁止推定被害人同意。❸

在推定同意的场合，因为并不存在被害人的真实意志，因而

---

❶ 参见黎宏：《被害人承诺问题研究》，载《法学研究》，2007 年第 1 期，第 102 页。

❷ ［韩］金日秀、徐辅鹤：《韩国刑法总论》，郑军男译，武汉大学出版社 2008 年版，第 315 页。

❸ 参见张明楷：《刑法学》（上），法律出版社 2021 年版，第 301 页。

难以避免推定错误的风险。在权利人并未明确表达其内心真意之时，存在于其内心深处的真意究竟为何，没有任何人可以完全确认，无论是采取尊重被害人自主决定的主观说，还是采取保护更大利益的客观说，都不能完全排除推定错误的风险存在。若想完全避免推定错误的风险，只能采取如下方式：行为人的行为，必须在等待得到权利人真实准确的意思表达之后，依其同意或是拒绝的意思再决定是否行为。也就是说，为了彻底排除依推定同意实施行为的错误风险，应当完全禁止单纯基于推定的同意而为的行为。因为在诸多场合，推定同意较之于权利人而言，损害是大于利益的。❶ 但是，客观事实上不能适时获得被害人同意的情形是普遍存在的，比如我国著名的"肖志军拒签案"❷ 就是典型的难以获得孕妇的真实同意，因为其丈夫拒绝签署手术同意书，最终造成孕妇和胎儿一尸两命的恶劣后果。因此，为了适应现实社会生活的需求，发挥人类互助友爱的理性追求，推定同意的存在自有其必要性与合理性。❸ 再者，在部分场合，放弃一个及时的、可以保全重大法益的行为，其所造成的法益侵害后果将会远甚于推定错误的风险。因此，理应肯定推定同意的适用，但应当限定于因存在无法克服（或是只有采取极端不正常的手段才能克服）的客观障碍（如陷入昏迷、不在现场等），难以适时获得被害人的现实同意之场合。❹ 例如，针对一个陷入昏迷又无法联系到其家属的患者，如果等到其恢复意识之后，取得患者本人现实同意再行手术

---

❶ Baumann/Weber/Mitsch, Strafrecht Allgemeiner Teil, 11. Aufl., Gieseking, 2003, § 17 Rn. 116.

❷ 参见（2010）二中民终字 05230 号民事判决书。

❸ 参见甘添贵：《刑法之重要理念》，瑞兴图书股份有限公司 1996 年版，第 83 页。

❹ 参见［德］乌尔斯·金德霍伊泽尔：《刑法总论教科书》，蔡桂生译，北京大学出版社 2017 年版，第 196 页。

也不会有碍其恢复健康的，就不得主张推定同意的适用。

关于"难以获得被害人现实的同意"之认定，最普遍的情形就是在情势紧急的场合，但这并非绝对的。在部分情势并不紧急的场合，仍然存在构成推定同意的空间，下文将详细阐释并论证。

二、情势紧急情况下无法获得被害人真实同意

最典型的是情势紧急的场合，如果危险已经逼近，不能等待让权利人自己进行处分，因为一旦延迟侵害，反而会造成更大损害后果或是减损权利人选择可能性。也就是说，行为人的行为倘若不当即介入，可能造成的危害后果将会大于推定错误的风险或是减少解决问题的可能选项，因此，应当认可推定同意的适用。[1] 此时，法律认可行为人基于推定同意实施行为的正当性，既合乎情理，又是实现法秩序法益保护目的的题中之义。[2]

因此，可以推导出以下结论：在权利人法益陷入情势紧急的危难之际，行为人的行为虽然存在推定错误的风险，但是，在该特定的情况下已来不及等待权利人自己作出同意，客观事实上也难以取得权利人的现实同意，若不及时行为必然会给权利人带来重大法益损害或是减损日后选择的可能性，此时，行为人依推定同意实施的行为在根本上占据了优势地位，所以，推定同意的适用存在必要。即便权利人知悉事实真相后拒绝同意的，也并不影响推定同意阻却违法性的效力。如果行为人在行为时存在获得被害人意愿的客观可能，不积极获取就擅作主张的，这是非法侵入

---

❶ 参见蔡墩铭：《论刑法上之承诺》，载《台大法学论义》1993 年第 22 卷第 2 期，第 115 页。

❷ 参见田宏杰：《刑法中的正当化行为》，中国检察出版社 2004 年版，第 410 页。

他人自治领域的行为，不得假借推定同意正当化。[1] 例如，一个因车祸而陷入无意识状态的患者，倘若等待患者恢复意识，可自己作出真实的同意之时，将会对患者的身体健康甚至是生命造成难以挽回的危害，在此情势紧急的场合，医生为了拯救患者的生命或是重大身体健康，实施了必要的手术行为。基于医生并不存在取得患者现实同意的可能，患者的重大法益又面临紧迫危险，因而医生实施的紧急手术行为可以通过推定同意而阻却违法性的成立。此时，如果可以合理信赖患者意识清醒或是其代理人在场，也会同意手术的，那么，手术行为不但没有违背患者的自主意志，反而是对患者自主意志的维护，且保护了其重大法益，理应受到法律的认可，并在刑法上得以正当化。[2]

再以肖志军案[3]为例，患者李丽云及其腹中胎儿正面临重大的生命危险，但其已经陷入无意识状态，丧失了及时作出同意的能力，其唯一在场的法定代理人肖志军因为愚昧无知、古怪倔强的性格又拒绝签字，事实上该场合完全符合推定同意适用的情势紧急之要件，医院作为适格的行为主体，完全可以径行依据推定同意而立即实施手术行为，以挽救患者及其腹中胎儿的性命，避免悲剧的发生。因此，在遇到需要紧急救治的情况，如病人休克、大出血或是意识模糊的，手术的权利应当掌握在医生手中，应当赋予医生依推定的同意而实施手术的权利，患者家属或其他有权同意主体的意见仅能作为参考意见，或是作为辅助查明患者真实意志的手段，医生经专业诊断作出需要立即手术决定的，只需告知患者家属或其他有权同意主体即可，美国的医院就是这种

---

[1]　参见郑泽善：《刑法总论争议问题研究》，北京大学出版社 2013 年版，第 83 页。
[2]　参见田宏杰：《刑法中的正当化行为》，中国检察出版社 2004 年版，第 410 页。
[3]　参见（2010）二中民终字 05230 号民事判决书。

做法。❶

　　相反，如果患者的伤势并不十分紧急，待到其恢复意识，自行作出同意决定之时再为手术行为，也不会对其生命或是身体健康造成损害的，这就表明手术行为并不具备情势紧急的要件，此时，如果医生未得患者同意就擅自实施手术行为，将不能阻却行为违法性的成立。以德国《联邦最高法院刑事判例集》第35卷第246页收录的案例为例，医生认为患者如果再次怀孕，将会面临生命危险，出于保护患者利益的善意，在进行剖腹产手术的过程中，未经患者同意就擅自顺带完成了绝育手术。在这一场合，患者面临生命危险的情势并不紧急，且未来还存在其他手段可以避免患者再次怀孕，医生完全存在咨询患者意见以获取患者同意的现实机会和可能，且患者是否愿意接受这种威胁生命的危险，是患者个人自治领域的事务，应当由患者本人自主决定，他人不得剥夺或代替。因此，医生实施的绝育手术并不能通过推定同意而得以正当化。❷ 具而言之，在情势并不紧急的场合，即便医生认为对患者实施绝育手术是符合医学常识与患者根本利益的，甚至是帮助患者避免陷入生命危险境地的唯一方法，但也应当待患者恢复正常意识后咨询其意见，再作进一步打算。在这个意义上，是不能对患者的真实意志进行推定的。如果医生有能力获得患者真实同意而消极不作为的，那么，此时擅自手术的行为就是对患者自主决定权的侵害，自然就不存在成立推定同意的任何空间。一般情况，情势紧急程度越高，行为人获得权利人"同意"的可能性就

----

❶ 参见《美国医生：遇紧急情况手术决定权在医生》，载 http://news.sina.com.cn/s/2007-11-25/022512963422s.shtml，最后访问于 2022 年 3 月 9 日。

❷ 参见［德］克劳斯·罗克辛：《德国刑法学总论（第 1 卷）——犯罪原理的基础构造》，王世洲译，法律出版社 2005 年版，第 537—539 页。

越大。当然，这一规律并非绝对，因为获得"同意"的可能性还和行为所涉事项包含的利益价值大小紧密相关。若二者之间呈现出一种"负相关"关系，行为所涉事项包含的权利人利益价值越大，获得"同意"的可能性就小。❶

三、非情势紧急情况下难以获得被害人真实同意

关于情势紧急的要件，虽为推定同意适用的普遍情形，但并不代表全部，在个别特殊场合也不必做此要求。首先，由于不能完全排除存在行为人为自己或是第三人利益而推定同意的情形，此时，法益面临的危难情势往往并不紧急。当被害人受损法益并不十分轻微，❷ 且行为人的行为并不存在紧迫性的场合，可以依据特定亲密关系的存在或是惯例行为而推定权利人会作出同意。❸ 如擅自骑走朋友的电动车，或是擅自挪用出差在外室友的现金。但是，对于推定同意在该场合的适用存在严格限制，对于前一种情形要求是此前经常存在以该种方式借用朋友电动车的惯习，否则不能成立推定同意；后一种情形则要求同住一屋的两人素日关系很好，平时就有互借现金的习惯，否则，也难以成立有效的推定同意。其次，推定同意被普遍适用的医疗领域也并不都必然要求情势紧急。例如，在倘若如实向患者说明病情及治疗效果，反而会增加患者的心理负担，使之产生拒绝配合治疗的消极态度，进

---

❶ 参见邵睿：《论依推定的权利人同意之行为》，西南政法大学 2015 年博士学位论文，第 192 页。

❷ 如果侵害被害人的法益发生在十分轻微的场合，基于我国现有的"定性＋定量"的刑法体系，就没有必要纳入刑事领域。参见魏超：《论推定同意的正当化依据及范围——以"无知之幕"为切入点》，载《清华法学》2019 年第 2 期，第 206 页。

❸ 参见车浩：《论推定的被害人同意》，载《法学评论》2010 年第 1 期，第145 页。

而导致病情恶化后果的场合，即便客观上存在获得患者现实同意的条件，情势亦并不紧急，也仍然存在推定同意的适用空间。在这一场合，在综合评价确定治疗行为具有合理性与适当性的前提条件下，可以适用如果患者知悉全部事实，将会同意治疗的推定同意法理来阻却医疗行为的违法性。❶

此外，在针对终末期病人实施消极安乐死的场合，情势往往并不紧急，消极安乐死的实施并不具备紧迫性，消极安乐死立即实施还是延后实施都不会给患者本人带来实质上的更大损害，至多不过是使得患者的痛苦时限有所延长而已。再观之世界各国关于消极安乐死的现行立法，也都并未要求消极安乐死的实施须当具备情势紧急这一客观要件。以韩国关于消极安乐死的法律规定为例，在其 2016 年通过的《维持生命医疗决定法》中，规定针对处于临终过程中的患者，医生可以通过患者的真实同意或是推定同意来履行中断延命医疗等决定。关于"临终过程"的认定，要求必须符合以下条件：患者的死亡是不可逆转的，不再具备康复可能性，已经进入濒临死亡的状态。❷ 当无法确认患者的主观意愿且患者处于无法表达自己意愿的医学状态时，可以由患者家属来代为推定同意中断维持生命医疗等决定。❸ 纵观此中关于推定同意适用的所有条件，都是关于患者病情的严重程度以及有权推定主体的限定等方面的要求，无一涉及"情势紧急"这一客观要件。再以我国台湾地区 2000 年公布的《安宁缓和医疗条例》为例，其中，第 7 条规定，根据患者的真实同意或是推定同意可以不施行心

---

❶ 参见黎宏：《被害人承诺问题研究》，载《法学研究》，2007 年第 1 期，第 103 页。

❷ 参见韩国《维持生命医疗决定法》第 2 条第 1 项。

❸ 参见韩国《维持生命医疗决定法》第 18 条。

肺复苏术或是维生医疗。具而言之，当末期病人无法表达意愿时，由其近亲属代为表达；若无近亲属的，则基于病人最大利益原则出具医嘱代之，但都不得违背病人事先明确表达的意愿。根据《安宁缓和医疗条例》的规定，仅有末期病人有权选择放弃维生医疗，❶ 并在第 3 条将末期病人严格限定为"罹患严重伤病，经医师诊断认为不可治愈，且有医学上之证据，近期内病程进行至死亡已不可避免者。"显然，此种维生医疗适用的条件也并无"情势紧急"的要求，只要患者病情的严重程度达到法定要求，即便本人已经丧失同意能力，也可由患者预立的意愿书或是近亲属出具的同意书来推定患者同意放弃维生医疗。至 2016 年，我国台湾地区对此又进一步立法，制定《病人自主权利法》以厘清患者自主决定权的意义与范畴，并在第 10 条规定，患者可以事先书面选任医疗委托代理人，当其陷入昏迷或是丧失同意能力之时，代理患者表达医疗意愿，其有权代理选择维持生命医疗等各个医疗相关方面的内容。这也是关于推定同意在维生医疗中的具体适用，同样亦无"情势紧急"要件的要求。再观之德日等大陆法系国家的刑事司法判例中关于消极安乐死的适用，整体上都是侧重于患者主观意愿的确认、临终状态的判断等方面的成立要件，对于"情势紧急"这一客观要件基本上并不关注。归根究底，在消极安乐死的实践中，客观情势并不紧急，更多是基于对生命尊严的维护与对末期患者自主决定权的尊重而容许消极安乐死行为。在医疗的临终末期，如果患者具备同意能力的，就依据患者的真实同意为消极安乐死出罪；如果患者处于无同意能力的状态，则依据推定同意来阻却消极安乐死的违法符合性。

---

❶ 参见我国台湾地区《安宁缓和医疗条例》第 4 条。

综上所述，客观上无法取得患者的真实同意是推定同意的成立要件之一，最典型的表现就是情势紧急的场合，但这不是绝对的，在部分情势并不紧急的场合，只要确实无法适时取得患者的真实同意，也可以认可推定同意的成立。具体情况需要具体分析，不能一以概之。

第三节　存在被害人作出同意的当然可能性

关于推定同意中"当然可能性"的判断，是指可以合理信赖如果被害人在场并知悉全部事实真相的，应当会作出同样选择。因此，如果被害人事前具有相当的认识能力与判断能力的，就以被害人的推定意愿为准；如果被害人的权利是由法定代理人代为行使的，就以法定代理人的推定意愿为准。[1] 关于后者，需要判断如果法定代理人在场并知悉全部实情，是否会作出同意。此外，在具体判断是否存在被害人作出同意的当然可能性时，通常会要求行为人尽到客观审查的义务，但这不是必备要素，在部分特殊场合，即便行为人并未尽到客观审查的义务，同样能够阻却行为违法性的成立。

一、对于"当然可能性"的判断原则上应以主观说为主导

针对被害人实施的法益侵害行为之所以能够阻却违法性的成

---

[1] 参见［德］克劳斯·罗克辛：《德国刑法学总论（第 1 卷）——犯罪原理的基础构造》，王世洲译，法律出版社 2005 年版，第 532 页；［德］汉斯·海因里斯·耶赛克、托马斯·魏根特：《德国刑法教科书》（上），徐久生，中国法制出版社 2017 年版，第 526 页。

立，成为刑法中的正当行为，关键之处就在于行为当时情势紧急，不存在获知被害人意愿的现实可能性，但存在被害人会作出同意的当然可能性。❶ 所谓当然可能性，是指若被害人在场并知悉全部事实真相的，应当会作出相同选择。所以，当行为人在对被害人的主观意愿进行推定时，应当以行为时所能够知悉的全部影响因素进行合理的事前判断。那么，应当依据怎样的标准才能够合理推定存在被害人会作出同意的当然可能性呢？就此存在主观说与客观说两种主张，其中，客观说是以理性第三人的意志作为判断标准，重视客观利益的权衡，并不注重被害人的主观意愿，但凡是为保全被害人的重大利益而牺牲较小利益的行为就能够正当化；主观说则是以行为人的主观意愿作为判断标准，将推定同意视为被害人同意的衍生物，旨在尊重被害人的自我决定权，即便该决定是非理性的，同样应当予以遵循。基于推定同意是以保护被害人的自我决定权为宗旨，是对被害人同意的补充适用和辅助实现。因此，合理正当的推定同意自然应以遵从被害人的主观真意为核心，尊重被害人的利益偏好和价值取向，无论是否符合普通多数人的一般理性选择。我们只需要考察"两个非常简单的命题：其一，每个人都是自己利益的最佳法官；其二，没有人会赞成自认为对自己有害的事情"。❷ 无论对推定同意如何认定与探讨，都不能与尊重被害人自主决定权这一宗旨相违背，否则就丧失了其较之于被害人同意的补充性与辅助性机能，因而在推定同意的场合必然应当以主观说作为主导准则。也就是说，只有按照被害人的意愿行事的，才可能谓之推定的同意。当然，要想准确认定被害

---

❶ 参见田宏杰：《刑法中的正当化行为》，中国检察出版社2004年版，第411页。

❷ ［英］吉米·边沁：《立法理论——刑法典原理》，孙力等译，中国人民公安大学出版社1993年版，第23页。

人的主观意志，并非易事。首先需要考虑的是，如果被害人置身于事发当场，有能力作出意思表示时，将会如何选择。通常情况下的被害人普遍都是理性自利的个体，只要被害人事前没有特别的表示，行为人对此也不存在特殊认知的，一般都认为被害人会理性、正常地作出同样的选择。如果明确知悉被人对此并不理性，存有自己独特的价值偏好，明显与行为人的选择相左的，那么，行为人就不能以推定同意阻却违法性的成立。[1] 如果行为人在行为时有足够的理由可以合理信赖被害人当然会作出同意，那么，即便被害人事后明确拒绝同意，并据此认定行为人推定错误的，也并不必然会追究行为人的违法责任，只要行为人事前尽到了审慎的考察和思考，即便事后证实有悖于被害人的真实意志，也不会影响推定同意的成立。进一步言之，如果属于行为人当时所处位置难以知悉的事实真相，同样不会对推定同意的效力产生影响。[2]

　　整体以观之，被害人作出同意的当然可能性与基于被害人立场的主观判断标准之间是互为因果的关系，具而言之，推定同意必须是以被害人的主观意愿作为判断标准，如此才能够谓之具有被害人作出同意的当然可能性，相对应地，如果可以合理信赖被害人知悉事实真相将会作出同意，那推定同意必然是以被害人的主观意愿作为判断标准得出。当然，凡事都有例外，不存在绝对适用的理论。基于被害人立场的主观说是一般原则，但并非绝对适用，在极少数场合存在例外。因为现实生活千姿百态，没法绝对避免客观上难以取得被害人的真实同意，现有事实又确实难以

---

[1]　参见［德］冈特·施特拉腾韦特、洛塔尔·库伦：《刑法总论 I——犯罪论》，杨萌译，法律出版社 2006 年版，第 156 页。

[2]　参见［德］乌尔斯·金德霍伊泽尔：《刑法总论教科书》，蔡桂生译，北京大学出版社 2017 年版，第 198 页。

推定得知被害人可能的内心意愿，且情势紧急。在这一罕见场合，应当容许依据客观利益的衡量来推定得出被害人的意志，因为这是符合一般理性的被害人在同类型案件中会作出的选择，至少在最终结果上可以确保被害人不会有所利损。一般社会人都是理性自利的，通常情况下都会选择牺牲较小利益以保全重大利益，这也正是客观利益权衡的理论基础所在。在事发当场的所有现实证据确实难以推定出被害人可能意愿的，就只能依据一般理性人意愿选择保护优势法益，如此才能够最大限度保护被害人的个人法益免受不法侵犯，事实上也是保全了被害人将来得以继续行使自我决定权的物质基础和载体。当然，此时并不能完全排除被害人存在反常意愿，纵使事后证实保护优势利益的行为有悖于被害人的内心真意，仍然难以否定行为阻却违法性的效果。显然，关于"当然可能性"这一要件的判断，遵循被害人的主观意愿是原则，客观利益权衡是例外。但凡被害人的主观意愿可得知、可推知，就一律应当优先适用，只有在确实难以获知、推知的例外场合，才例外容许遵循客观利益的权衡。例如，外出旅游的邻居性格异于常人，曾多次在公开场所表达如下观点：无论自己家发生多大的火灾，不管出于什么原因，都不会同意他人进入其住宅。因此，只要火灾不存在危及邻近建筑和他人人身财产安全的危险，就应当尊重被害人的主观意愿，旁观火灾的发生，即便在理性一般人看来理应进入被害人家中灭火。之所以如此，是因为事先已经明了邻居不同于常人的主观选择，足以信赖外出的邻居将会拒绝他人进入其住宅灭火。如果行为人事先并不知晓邻居任何时候都不希望他人进入住宅的特殊意志，依据事发当时的所有线索也不可能推知的，那么，行为人自主闯入邻居家中的灭火行为仍然能够依据推定同意得以正当化，即便事后邻居十分抗拒和反对。

二、审慎审查义务仅为判断"当然可能性"的重要因素
之一

要知道，对他人主观意愿的推定不可避免地带有失败的风险，因而要求行为人只有在基于被害人的立场对所有情况进行认真核实与审慎思虑之后，才允许侵入他人的自治领域。如果行为人没有履行审慎审查的义务，且其法益侵害行为有悖于被害人真实意愿的，那么依推定实施的行为就是违法的；如果行为人虽未尽到审慎审查的义务，但其所作所为是符合被害人内心真意的，那么依推定实施的行为仍然能够阻却违法性的成立，因为被害人的自主决定权得到了实现；如果行为人已经尽到了是审慎审查的义务，即便被害人事后拒绝同意的，仍然能够阻却行为的违法性。

需要注意的是，在依事实推定是否存在被害人会作出同意的当然可能性时，虽要求行为人尽到审慎审查的义务，但并不必将此视为推定同意的前提或成立要件，因为审慎审查义务基本上已经完全融入关于推定同意判断标准的全过程。"一个偶然的且在事后才能被认识的情况，对此没有任何影响。"❶ 再者，与其让审慎审查义务发挥否定主观的正当化要素的功能，更应该让其发挥如下功能：当行为人对推定同意的前提事实发生认识错误时，只要尽到了审慎审查义务，即便缺乏正当化的客观条件，同样能够阻却行为的违法性。显然，并无必要将审慎审查义务视为推定同意得以正当化的原则性前提条件，只要在解决有关推定同意中的事实性错误时，将其视为需要特别考量的因素即可。据此，如果在能够有效成立推定同意的场合，即便行为人是在并未尽到审慎审

❶ ［德］冈特·施特拉腾韦特、洛塔尔·库伦：《刑法总论 I——犯罪论》，杨萌译，法律出版社 2006 年版，第 156 页。

查义务的情况下实施了法益侵害行为，只要客观上存在能够认定推定同意成立的其他要件，该行为就能够得以正当化。简而言之，审慎审查义务并不能决定推定同意是否成立，只能辅助解决事实性错误问题。具而言之，如果事实上并不具备推定同意的条件，但行为人误以为具备的，将成立假想的推定同意。此时，如果行为人尽到了审慎审查义务，将不论及错误问题，仍然能够整体上阻却行为违法性的成立；如果并未尽到审慎审查义务，那么将会就这一事实性的前提错误进行探讨和追究，行为人最终要么承担过失责任，要么成立不能犯未遂。❶ 当然，并非所有未尽审慎义务的推定同意都能够阻却故意和刑事追责。例如，一个人在责打他人小孩时，不假思索且毫无根据地相信孩子父母会支持他的做法，此时，行为人并非对于成立推定同意的前提事实存在认识错误，因为其主观上就不曾想象过该情况，事实上，行为人是将推定同意这一正当化根据直接扩张至现实的案件事实中，在这一场合，行为人并非是在进行侵犯，而是一种应当追责的禁止性错误，该错误不可阻却故意伤的刑事责任。❷ 同理，结合前述案例，如果医生在未经询问患者意愿的情况下，就认定患者必然会同意保全身体健康的截肢手术，这就是一种禁止性错误，而不是容许的构成要件错误。要想成立一个排除故意的错误，须当行为人在责打他人小孩时，依据事实可以合理推定孩子的父母会对此予以同意。如果行为人是基于记忆上的错觉，认为孩子父母在外出时已经如往常一样明确作出同意的意思表示，那么，最多成立过失的身体

---

❶ 参见［韩］金日秀、徐辅鹤：《韩国刑法总论》，郑军男译，武汉大学出版社2008年版，第317—318页。

❷ 参见［德］克劳斯·罗克辛：《德国刑法学总论（第1卷）——犯罪原理的基础构造》，王世洲译，法律出版社2005年版，第540页。

伤害。❶ 同理，在前述截肢案中，如果医生错误认为已经来不及或是客观上难以取得患者的同意，也至多构成过失的身体伤害。

综上，行为人在行为时对所有知悉的事实进行客观理性的审查，能够肯定地预料到如果被害人在场也会作出同意的意思表示，且这个行为是以被害人的主观意愿作为判断标准，或是并未明显触动被害人值得保护的利益，❷ 那么，就可以认为存在被害人作出同意的当然可能性。

第四节　限于被害人有权处分的个人法益

推定同意除却不存在被害人的真实意愿，其余要件都与被害人同意保持一致。因而依推定同意而实施的法益侵害行为，自然也只能限于被害人有权处分的个人法益范围内。关于被害人有权处分的个人法益，本书将其划分为财产权和人格权两种，针对不同类型的个人法益，推定同意的权限应当有所区分，不可一概而论。

一、推定同意针对法益的个人性

推定同意是对被害人同意的补充适用，因而只有当客观上难以获得被害人的真实同意之时，推定同意才能成立。显然，推定同意与被害人同意之间除是否存在被害人真实同意这一本质差异

---

❶ 参见［德］克劳斯·罗克辛：《德国刑法学总论（第 1 卷）——犯罪原理的基础构造》，王世洲译，法律出版社 2005 年版，第 541 页。

❷ 参见［德］乌尔斯·金德霍伊泽尔：《刑法总论教科书》，蔡桂生译，北京大学出版社 2017 年版，第 196 页。

之外，其他要件基本上都是相契合的。据此可知，推定同意所能处分的事项，同样应以被害人同意有权处分的事项为限。在刑法中，权利人能够自主决定是否同意的事项，仅限于有权处分的个人法益。同意作为阻却构成要件该当性的事由，彰显了法秩序对于个人自我决定权的尊重，也体现了法律保障个人自由和宽容人性弱点的人文关怀。❶ 但是，权利人的同意权限并非毫无边界，须受到刑法的约束。"由于一个人的自我伤害行为也可能涉及其他人的利益，因此基于自我决定权的基本意义，亦即自我决定权仅能决定属于自我的利益，所以对于自我决定的行为，必须兼顾不应侵害他人利益的原则。"❷ 原因在于，人的天性是自利的，对于不属于自己的利益很难会有来自内心的真诚关心，对此作出的同意自然就不足以确保不会侵害他人的自主选择。因此，作为适格同意内容的利益，必须是完全归属于被害人的利益，也就是说，被害人必须是该利益的唯一权益主体。例如，住在小区里的权利人可以同意行为人拿走自己家里的贵重财物，但如果同意行为人放火烧毁自己的房屋，将不能阻却危害公共安全罪的不法，因为行为人放火烧毁房屋的行为并不可能仅是危及权利人一人的房屋和安全，而是整个小区的人身和财产安全，权利人是无权同意和处分的。进一步言之，个人对于国家法益或是社会法益的同意是无效的，即便是对于以个人法益为主的同时也关涉国家法益或是社会法益的同意，同样无法阻却违法符合性。❸ 因为国家法益与社会法益都是公法益，是所有人利益的集合，任何个人均无权同意与

---

❶ 参见郑泽善：《刑法总论争议问题研究》，北京大学出版社 2013 年版，第 83 页。

❷ 黄荣坚：《基础刑法学》（上），元照出版有限公司 2012 年版，第 329 页。

❸ 参见［日］川端博：《刑法总论二十五讲》，余振华译，中国政法大学出版社 2003 年版，第 211 页。

处分。"放弃公益就违反自然"已经是各国刑法理论的共识。❶ 在德国，"针对公共利益攻击的个人同意不可能有效，因为个人的处分权与上述利益并不相关。"❷ 在日本，"对纯粹的国家法益和社会法益的承诺当然是无意义的。"❸ 意大利《刑法典》第50条规定，"经有权处分人的同意，侵害权利或使权利陷于危险的人不受处罚"。❹ 表明国家允许个人享有自主决定的权利，但权利人的同意只能针对其有权处分的权利，无权涉及公共利益。在我国，学界通说也普遍认为权利人的同意仅限于个人有权处分的法益。也就是说，对于国家利益、公共利益或是他人利益的承诺都是无效的，只有承诺对于自己利益的侵害，才具备阻却违法性的可能。❺ 因此，同意有权处分的法益范围仅限于专属于被害人个人有权处分的法益，对于此外其他任何利益的同意处分都是无效的，都不能获得刑法上的正当化效力。

那么，问题就在于在公益和私益发生竞合的情况下，被害人的同意究竟效力几何？是仍然能够阻却构成要件的该当性，还是减轻行为的可罚性，亦即虽构成犯罪，但可以减免刑罚，还是对于法益侵害行为性质的认定和处理不产生任何刑法效果，有待探讨。对此，德国、日本刑法理论普遍认为，但凡法益中涉及国家法益与社会法益，即便该法益是以个人法益为主，被害人的同意原则上都是无效的。但是，鉴于法益侵害行为是在得同意后实施

---

❶ 参见郑泽善：《刑法总论争议问题研究》，北京大学出版社2013年版，第84页。

❷ ［德］汉斯·海因里斯·耶赛克、托马斯·魏根特：《德国刑法教科书》（上），徐久生译，中国法制出版社2017年版，第516页。

❸ ［日］立石二六：《刑法总论27讲》，日本成文堂2004年版，第71页。

❹ 参见［意］杜里奥·帕多瓦尼：《意大利刑法学原理》（注评版），陈忠林译评，中国人民大学出版社2004年版，第138页。

❺ 参见张明楷：《刑法学》（上），法律出版社2021年版，第297页。

的，可以酌定减轻处罚。相对应地，如果所涉法益是以社会法益为主、个人法益为辅，那么，被害人的同意很可能会影响到对于犯罪性质的认定。❶ 同样地，意大利学者也主张个人无权同意集体性质的财产利益，包括公共秩序、公共安全或公共信用有关联的财产等，原因在于这一类财产不存在具体享有所有权的主体。通常而言，对于行政、司法机关的利益等公共利益，同样适用前述规则。以诬告陷害罪为例，因诬告行为涉及追诉犯罪相关的公共利益，因而该罪的成立与是否存在被诬告者的同意无关，依据意大利《刑法典》第 369 条的规定，自己诬告自己的行为同样构成犯罪。如果公共利益通过同意、授权或是签订合同等方式成为可以处分的对象，那么，得同意使用公共财物等实际处分公共利益的行为，就会符合意大利《刑法典》第 51 条第 1 款的规定，成为可以排除可罚性的合法行使权利和履行义务的行为。❷ 韩国刑法学界秉持同样的观点，普遍认为针对国家法益、社会法益等超越个人法益的普遍法益，是在个人处分权之外的法益，因而不属于被害人可以同意的法益范围。例如，夫妇一方即便同意另一方的通奸行为（第 241 条第 1 项），但并不能够阻却构成要件的该当性，仅是对追诉条件的限制有所影响而已。但是，在个人法益与普遍法益发生竞合的构成要件中，被害人同意则可以阻却构成要件的该当性。因而，在这种情况，只有同时侵害两个法益之时，才能成立本罪。例如，在对外国元首的暴行（第 107 条）、对外国使节

---

❶ 例如，在获得房屋主人同意的情况下，对现住建筑物放火的，不成立日本《刑法》第 109 条规定的现住建筑物放火罪，仅成立非现住建筑物放火罪。参见［日］大塚仁：《刑法概说》（总论），冯军译，中国人民大学出版社 2003 年版，第 356—357 页。

❷ 参见［意］杜里奥·帕多瓦尼：《意大利刑法学原理》（注评版），陈忠林译评，中国人民大学出版社 2004 年版，第 140 页。

的暴行（第 108 条）的犯罪行为中，如果存在被害人的有效同意，就能够阻却构成要件的该当性。❶

本书认为，如果个人法益与国家法益、社会法益发生竞合，也就是说，当同意针对的构成要件同时包含了可自由支配的法益和不可支配的法益，同意的概念取决于哪一种法益占据优势地位，是需要优先保护的法益。❷ 如果占据优势地位的是可自由支配的法益，那么权利人的同意就能够阻却犯罪的成立；相反，如果是不可支配的法益占据优势地位，则权利人的同意将不能阻却犯罪的成立。❸ 但需要注意的是，针对后者，毕竟只是侵犯了构成要件中的部分法益，因而在不法程度上较之于没有同意的场合有所减轻，责任程度也应相应减轻。至于如何选择和确定占据优势地位的法益，可以采用刑事政策的观点加以解释。针对一个既保护可自由支配的 A 法益和不可支配的 B 法益的构成要件，在不同的国家，可能有的侧重保护 A 法益，有的则侧重保护 B 法益。侧重保护的形式主要体现在将该罪名设置在刑法典的哪一章节、哪一类法益之下。那么，一个得同意的行为将会出现两种结果：在侧重保护 A 法益的场合，由于 A 法益是可自由支配的法益，则权利人对于 A 法益的同意就可以阻却犯罪的成立，即便 B 法益是个人法益之外的国家法益或是公共法益，否之则反。❹

---

❶ 参见［韩］金日秀、徐辅鹤：《韩国刑法总论》，郑军男译，武汉大学出版社 2008 年版，第 248 页。

❷ 也就是"优势法益说"的观点。论者认为，这种"优势法益说"的思想应是受到作为排除违法性事由的"法益权衡说"的启发。参见车浩：《复数法益下的被害人同意》，载《中国刑事法杂志》2008 年第 5 期，第 36 页。

❸ 参见车浩：《复数法益下的被害人同意》，载《中国刑事法杂志》2008 年第 5 期，第 36 页。

❹ 参见车浩：《复数法益下的被害人同意》，载《中国刑事法杂志》2008 年第 5 期，第 36 页。

二、不同个人法益的类型化处理

对于现实中一般能够得到同意的情况应当进行类型化处理，在类型化程度高的场合，应当认可推定同意阻却违法性的必要性。如果是现实中就不可能得到同意的情况，就不可以成立推定同意，此即为补充性原则。[1] 关于同意法益的合法性要件，一般认为，只要是出于被害人的真实自由意志，且不为刑事法律明确禁止即可，并不要求必须是出于正当目的或是有利于社会。[2] 至于可以作为适格同意内容的法益，仅限于被害人有权处分的个人法益，具体可以划分为财产权和人格权两类。但是，并非所有个人法益种类都可以通过同意阻却违法性的成立。针对不同的法益种类，同意的权限应当有所区分，不可一概而论。原因在于，推定同意是建立在被害人同意的基础之上，是对被害人同意的补充与辅助。因此，推定同意的法益范围与权限自然应当与被害人同意保持一致，在具体的条件设定上还应该严格于被害人同意，下文将详细分类并探讨。

（一）财产权

财产权是对世权，又称绝对权，"即具有对世排他力的权利"。[3] 财产权基本上是可以承诺的权利，认可度较高。[4] 与财产权

---

[1] 参见［日］佐伯仁志：《刑法总论的思之道·乐之道》，于佳佳译，中国政法大学出版社 2017 年版，第 192—193 页。

[2] 参见黄京平、杜强：《被害人承诺成立要件的比较问题分析》，载《河南省政法管理干部学院学报》2003 年第 2 期，第 86 页。

[3] 王涌：《财产权谱系、财产权法定主义与民法典〈财产法总则〉》，载《政法论坛》2016 年第 1 期，第 103—104 页。

[4] 参见刘德法、范再峰：《论被害人承诺成立要件》，载《中国刑事法杂志》2015 年第 4 期，第 44 页。

有关的推定，一般适用以下准则：行为人在客观利益权衡中旨在维护权利人更具优势地位的利益，那么，就可以推定同意作为正当化根据，行为人知悉权利人持相反意见的情况除外。❶ 为准确认定推定同意中被害人对于财产权的处分权限，本部分首先探讨被害人对于不同类型财产权的处分权限，然后再就被害人有权处分的个人财产权依其本身性质和承载价值的不同进行详尽分析。

1. 被害人对于不同的财产权类型享有不同的处分权限。毫无疑问，处理财产的方式必须是合乎法秩序规范的，与此同时，承诺人对于公共财产和公共利益是无权承诺与处分的。❷ 也就是说，对于与公共秩序、公共安全或公共信用有关的具有集体性质的财产，不属个人有权同意的财产范围，原因在于这类财产中并不存在具体的所有人。❸ 否则，就有可能构成犯罪。如果同一财产上有复数所有权人，表明超过一人享有该财产法益的处分权限，若要予以处分，应当取得全体所有权人的同意，如此才可以阻却违法性的成立。如果行为人的法益侵害行为仅获得所有权人中一人或是数人的同意，此时，为了尊重剩余主体的自我决定权，并不能认为行为人的行为具备阻却违法性的当然可能性，因为作出同意的部分主体虽对财产法益享有处分权限，但并不享有全部的处分权限。针对前述共有财产，可以更进一步推导出如下适用准则：若是共有关系中的财产权，按份共有且共有财产可分的，主体有

❶ 参见［德］克劳斯·罗克辛：《德国刑法学总论（第 1 卷）——犯罪原理的基础构造》，王世洲译，法律出版社 2005 年版，第 537 页。
❷ 参见肖敏：《被害人承诺基本问题探析》，载《政法学刊》2007 年第 3 期，第 17 页；黄京平、杜强：《被害人承诺成立要件的比较问题分析》，载《河南省政法管理干部学院学报》2003 年第 2 期，第 82 页；等等。
❸ 参见［意］杜里奥·帕多瓦尼：《意大利刑法学原理》（注评版），陈忠林译评，中国人民大学出版社 2004 年版，第 139—140 页。

权同意处分个人所有的部分；共有财产不可分的按份共有，或是共同共有，未经其他共有人同意，主体无权同意处分共有财产。❶被害人对于自己财物的自由处置无可置疑，但在行为人代为推定同意侵害财产法益的场合，则有所限制。因此，对与财产权有关的推定同意应当适用以下规则：一般情况采用客观的利益权衡标准，如果据此能够证实权利人具有优势地位的利益时，可以适用推定同意来阻却犯罪成立，但行为人事先明确知悉权利人存在不同意愿的情况除外。❷

2. 在被害人有权处分的财产利益内部，依据是否关涉被害人的人格权，推定同意的标准各不相同。其一，对于纯财产利益之间的冲突，即发生冲突的财产权之间与被害人人格权无关。例如，外出旅游的邻居房屋发生火灾，毁坏邻居的防盗门进屋灭火。德国学者罗克辛（Roxin）教授认为，只要保护了权利人"明显更具有优势地位的利益"，就能以推定同意作为正当化根据。❸ 在这一场合，除财产利益外并不涉及任何其他利益的衡量，只要事前并不知悉权利人对此存在特殊意愿的，遵循客观利益权衡的一般原则即可；其二，涉人格权的财产与纯财产利益之间的冲突。如外出旅游的邻居房屋发生火灾，行为人破门而入之后发现因火势过大，针对珍贵的古代山水画和稍显廉价的台灯二者，只来得及抢救其中之一。事实上，台灯虽然价格低廉，但却是邻居的女友所赠，在邻居心中有着不可替代的价值。对于此类案件，原则上应

---

❶ 参见谭兆强、贾楠：《当事人同意的效力问题研究》，载《法律适用》2012 年第 4 期，第 46 页。

❷ 参见［德］克劳斯·罗克辛：《德国刑法学总论（第 1 卷）——犯罪原理的基础构造》，王世洲译，北法律出版社 2005 年版，第 537 页。

❸ 参见［德］克劳斯·罗克辛：《德国刑法学总论（第 1 卷）——犯罪原理的基础构造》，王世洲译，法律出版社 2005 年版，第 537 页。

当取决于权利人的主观意愿。在本案中，台灯是与人格权相关的财产，因而必须坚持以被害人的自主决定权作为衡量根据。因此，有关涉及人格权的财产决定，完全不同于纯财产利益之间的判断，原则上是不允许依据推定同意侵犯与人格权有关的财产，除非有确凿的理由足以信赖权利人会同意这种侵犯。❶ 例如，行为人对于权利人十分了解，或是关涉利益极其重大，足以改变权利人的自主意愿。回归到本案，如果行为人基于客观利益的权衡选择拯救昂贵的古代山水画，那么，推定同意能否成立就要取决于行为人对于邻居的内心真意是否知情。如果行为人明知台灯对于邻居具有不可替代的意义，仍然执意选择抢救山水画，推定同意就不能够成立；如果行为人对于邻居内心的真实想法毫不知情，在事发当时经过审慎的考察与思考，为保护邻居的更大财产利益而选择拯救昂贵的古代山水画，那么，行为人的行为就能够依推定同意阻却违法性的成立。因此，在涉人格权的财产与纯财产利益之间发生冲突之时，如果行为人知悉被害人对于某种财产具有特殊的评价标准时，推定同意就应当遵循被害人的主观意愿，这也是适用的基本原则；如果行为人对于被害人的特殊评价标准确实毫不知情，只要尽到了审慎审查义务，遵循客观利益权衡的标准保护了更大的法益，推定同意同样能够有效成立。

（二）人格权

人格权，是指人之为人所享有的权利，❷ 一般包括生命权、身体权、健康权、荣誉权、隐私权，等等。

---

❶ 参见魏超：《论推定同意的正当化依据及范围——以"无知之幕"为切入点》，载《清华法学》2019 年第 2 期，第 206 页。

❷ 参见郭明瑞：《人格、身份与人格权、人身权之关系——兼论人身权的发展》，载《法学论坛》2014 年第 1 期，第 5 页。

1. 生命权。生命为人之最高利益，[1] 生命权则为法律保护的最高利益，[2] 亦乃国家宪制存在的前提[3]。因而对于生命权的承诺，现代国家是持绝对限制态度的，生命是行使一切权利的前提条件与物质基础，生命有且仅有一次，一旦放弃造成的危害后果将是毁灭性的，且不可逆转。无论是同意还是推定同意，存在的根源都在于尊重和保护个人的自我决定权，而自我决定权的行使又是以生命的存在为物质载体，如果连主体都不存在了，自我决定权自然也就无从谈起。从道德主义（社会相当性说）的立场观之，得同意杀人的行为当然是违法的；从功利主义（优越利益说）的立场观之，生命是个人行使自我决定权的基础，是远高于被害人同意的利益（自我决定权）的重大法益，即便是得同意的杀人行为，但生命仍然还是受到刑法保护。[4] 因此，权利人无权处分自己的生命，如意大利《刑法典》第 579 条处罚经被害人同意的杀人行为，[5] 韩国《刑法典》第 252 条第 1 项处罚得承诺的杀人行为、第 269 条第 2 项和第 270 条第 1 项处罚得承诺的堕胎行为[6]，德国刑法第 216 条第 1 款、日本刑法第 202 条否认对于生命权的同意之

---

[1] 参见张红：《民法典之生命权、身体权与健康权立法论》，载《上海政法学院学报（法治论丛）》2020 年第 2 期，第 70 页。

[2] 参见王利明主编：《中国民法典草案建议稿及说明》，中国法制出版社 2004 年版，第 45 页。

[3] 参见陈璇：《紧急权体系建构与基本原理》，北京大学出版社 2021 年版，第 191 页。

[4] 参见［日］曾根威彦：《刑法学基础》，黎宏译，法律出版社 2005 年版，第 60 页。

[5] 参见［意］杜里奥·帕多瓦尼：《意大利刑法学原理》（注评版），陈忠林译评，中国人民大学出版社 2004 年版，第 139 页。

[6] 参见［韩］金日秀、徐辅鹤：《韩国刑法总论》，郑军男译，武汉大学出版社 2008 年版，第 249 页。

规定❶都是法律佐证。但是，国家出于尊重个人自由意志的考量，对于承诺帮助自杀的行为，多会视为故意杀人罪中的从轻或减轻处罚的量刑情节。❷ 也就是说，得同意杀人的行为，并不能阻却犯罪的成立，但在承担责任的大小程度上会有所减轻。此外，出于人道主义的安乐死是唯一一个例外，至今仅在荷兰、瑞士、比利时等极少数国家得以合法化，其正当化依据在于患者的真实同意或是推定同意，必须是在病人患有不治之症、临近死亡，并伴有难以忍受的肉体痛苦的情形下。安乐死的适用需要遵循严格的条件和严密的程序保障。❸ 具体到推定同意的场合，推定权利人对于生命的放弃，原则上是被严厉禁止的。例如，一个陷入昏迷状态的患者，众所周知，患者此前曾多次对外明确表达宁愿死，也绝不接受截肢的意愿，因为他不想作为一个残废的人生存在世间。但是，人们永远不会知道当该患者真正面临死亡之时，会作出怎样的选择。在真正面临死亡之际，绝大多数人都会改变自己过去的观点，转而选择继续活下去。这种最为紧急危难时刻现场即时作出的决定，是权利人基于自己素日的理性思考都很难预测到的。因此，一切以生命为重，任何人都无权代替他人作出放弃生命的承诺，拯救患者生命的行为事实上也是保留了患者今后可以再次选择死亡或是作出其他决定的机会，反而彰显了对于患者自己决定权的尊重，因而此时可以通过推定同意使得抢救患者生命的行为正当化，即便事后证实患者并不同意对于自己的拯救。但是，在安乐死的场合，则有其特殊之处。如果患者生命正在遭受巨大

---

❶ 参见凌萍萍：《被害人承诺研究》，吉林大学 2010 年博士学位论文，第 78 页。

❷ 参见肖敏：《被害人承诺基本问题探析》，载《政法学刊》2007 年第 3 期，第 18 页。

❸ 参见黄京平、杜强：《被害人承诺成立要件的比较问题分析》，载《河南省政法管理干部学院学报》2003 年第 2 期，第 82 页。

痛苦，身体不再具备康复可能性，且死亡进程已不可逆转。此时，患者的生命已经丧失了存在的本来价值，那么，应当考虑赋予这部分群体寻求自然死亡之理论上的基础，为其预留一些现实上的出路。当前暂时可以认为，当患者处于丧失同意能力且死亡进程不可逆转之状态，可以考虑通过推定同意来阻却中断维持生命医疗行为的违法性。关于此种推定同意得以正当化的具体判断标准，一般理性人的意愿只能作为辅助查明患者可能意愿的参考意见，患者本人的主观意愿才是最重要的判断根据。在这一场合，最保险的做法就是患者事先有预立书面医嘱或是其他针对现有医疗状况的书面决定或材料。❶

2. 身体权与健康权。依据通说观点，身体权是指自然人维护其身体完整与支配其身体组成部分的权利，❷ 健康权则是指以保持身体机能为内容的权利。❸ 但人的身体是一个不可分割的有机整体，现实中身体完整性的改变总是会不可避免地引发身体健康的问题，因而对于身体完整与身体健康的区分有悖于医学常理，应将健康权视为广义上的身体权。❹ 故本书不对身体权与健康权作严格区分，整体上视为同一概念。关于健康权的同意，学界存在一定争议，多集中在同意对身体重伤害的正当性和限制性条件上。有学者持处分优越说，认为对于健康权的承诺属于有限承诺的范

---

❶ 参见［德］克劳斯·罗克辛：《德国刑法学总论（第 1 卷）——犯罪原理的基础构造》，王世洲译，法律出版社 2005 年版，第 539 页。

❷ 参见王利明：《民法学》（第 2 版），复旦大学出版社 2015 年版，第 180—181 页；杨立新：《中华人民共和国民法总则要义与案例解读》，法制出版社 2017 年版，第 408—409 页。

❸ 参见王泽鉴：《侵权行为》，北京大学出版社 2009 年版，第 102—103 页。

❹ 参见顾长河：《身体权与健康权的区分困局与概念重构》，载《商业研究》2013 年第 5 期，第 215—216 页。

围，只要承诺对身体的伤害不危及生命就是有效的，❶ 有论者主张基于前述条件且不违背公序良俗时才能认可承诺的效力。❷ 还有论者持更为严苛的观点，认为对重伤害的承诺是无效的，承诺还应当具有社会相当性，也就是说，承诺的行为必须在当时的社会观念下认为是合理的才能够生效。❸ 同时，承诺的行为还不能为刑法所禁止。❹ 本书认为，基于对同意杀人罪的解释是，生命是自我决定权的前提和载体，被害人的同意不能够阻却杀人行为的违法性，那么，足以证实行动自由构成了自我决定权的自由，当身体健康遭受重大侵害以至于对身体的要害部位造成不可恢复的、永久性损伤时，重大伤害的违法性不因被害人的同意而被阻却。❺ 例如，切断手足、非法摘取器官等行为因显著损害了将来的行动自由，被害人的同意将无法阻却行为的违法性。这一解释在推定同意的场合同样适用，事实上还应当作出更加严格的限制。因为大多数的身体伤害都是不可逆的，推定同意中又不存在被害人的真实同意，是行为人基于拟制的被害人同意而实施侵害被害人身体健康的行为，且推定错误的同样还可以阻却违法性的成立，因而应当将针对身体健康的法益侵害行为严格限制在法律所规定的轻伤害限度以内。原因在于，轻伤害和重伤害之间还隔有一段距离，为

---

❶ 参见王充：《被害人承诺三题》，载《河南社会科学》2010 年第 6 期，第 85 页。

❷ 参见肖敏：《被害人承诺基本问题探析》，载《政法学刊》2007 年第 3 期，第 18 页；谭兆强、贾楠：《当事人同意的效力问题研究》，载《法律适用》2012 年第 4 期，第 46 页；等等。

❸ 参见刘守芬、陈新旺：《被害人承诺研究》，载《法学论坛》2003 年第 5 期，第 16—17 页。

❹ 参见黄京平、杜强：《被害人承诺成立要件的比较问题分析》，载《河南省政法管理干部学院学报》2003 年第 2 期，第 82 页。

❺ 参见［日］佐伯仁志：《刑法总论的思之道·乐之道》，于佳佳译，中国政法大学出版社 2017 年版，第 188 页。

避免被害人的合法权益受到非法侵害，尤其在关乎自我决定权自由行使的身体法益这一重大法益面前，理应予以严格保护。

3. 性权利。性权利是指个人享有的对自己是否性交与如何性交的自主权利。[1] 学界对于性权利同意的有效性是普遍认可的，只要同意主体不是未满 14 周岁的幼女，一般只要是权利人真实的同意就视为有效，阻却违法性。[2] 通常而言，侵害妇女性权利的强奸罪之成立，要求必须以违背妇女意志为前提，但依据我国《刑法》第 236 条第 2 款[3]的规定，针对不满 14 周岁的幼女，无论幼女是否自愿甚或是积极同意，只要性交即成立强奸罪，并不要求必须违背妇女意志。显然，权利人对于性权利的行使受限于年龄标准，因而应结合该限制来判断权利人对于性权利的同意效力。以杨某平强奸案[4]为例。2018 年 1 月，被告人杨某平与杨某英（2004 年11 月出生）恋爱后，经双方父母同意，于 2018 年 2 月按照当地风俗习惯定亲，并以夫妻名义共同生活。被告人杨某平在明知杨某英未满 14 周岁的情况下，多次与杨某英发生性关系，杨某英于2019 年 7 月 31 日产下一名女婴。2019 年 7 月 24 日，南安市公安局民警接举报后抓获被告人杨某平。法院认为杨某平明知杨某英是不满 14 周岁的幼女，仍多次与其发生性关系，其行为已构成强奸罪，最终判处有期徒刑 3 年，缓刑 4 年。可见，针对未满 14 周岁的幼女，无论男性就幼女自愿发生性关系的意志如何进行推定，

---

[1] 参见章瑛：《人权语境下的性权利：内涵及其意义》，载《学术界》2012 年第 7 期，第 186 页。

[2] 参见肖敏：《被害人承诺基本问题探析》，载《政法学刊》2007 年第 3 期，第 18 页；谭兆强、贾楠：《当事人同意的效力问题研究》，载《法律适用》2012 年第 4 期，第 46 页；等等。

[3] 参见我国《刑法》第 236 条第 2 款："奸淫不满十四周岁的幼女的，以强奸论，从重处罚。"

[4] 参见（2019）闽 0583 刑初 2043 号刑事判决书。

都不能阻却行为违法性的成立。也就是说，此时并不存在适用推定同意的可能。当然，针对已满 14 周岁的妇女，在满足特定条件的情况下，是可以基于推定同意认定其是自愿性交的，进而阻却行为的违法性。除却法定年龄因素，权利人的智力情况亦为重要的考察要件。权利人的智力情况与同意能力密不可分，针对存有精神缺陷的权利人所作出的权利处分行为是否与其认知能力相适应，需要根据所涉事项来具体判断与评估，并不能一概否认这一类特殊主体对于性权利的同意能力。在性同意符合存有精神缺陷主体的认知能力范围内的场合，是可以对权利人的主观意志进行推定的。

4. 名誉权、荣誉权、隐私权等。对于这几种个人权利的同意，可以统称为与人格有关的决定，理论上认为应当属于权利人同意的范畴。我国刑法也将侵犯名誉权、人格权的诽谤罪、侮辱罪规定为自诉罪名，只要没有严重危害社会秩序和国家利益，一律告诉的才处理。由此可以发现，这在一定程度上表明名誉权、人格权除关涉社会利益和国家利益外，应视为权利人有权同意的法益范畴。❶ 对此与人格有关的决定在推定同意场合的适用规则，恰好与存在被害人真实同意的场合相反：原则上是不允许行为人对权利人与人格有关的同意进行推定的，除非事前有特殊的惯例情形存在，足以信赖权利人事后会同意这种侵害与自己人格相关法益的行为。❷ 例如，老板每次外出时，总是让秘书代为查阅并处理自己的往来信件。那么，当老板近日再次外出时，虽然对于这一次

---

❶ 参见黄京平、杜强：《被害人承诺成立要件的比较问题分析》，载《河南省政法管理干部学院学报》2003 年第 2 期，第 84 页；谭兆强、贾楠：《当事人同意的效力问题研究》，载《法律适用》2012 年第 4 期，第 46 页；等等。

❷ 参见［德］克劳斯·罗克辛：《德国刑法学总论（第 1 卷）——犯罪原理的基础构造》，王世洲译，法律出版社，2005 年版，第 538 页。

打开信件的权力不置可否，但前面的惯例行为足以让人产生这样的推定：老板这次不过是忘记说出自己的同意罢了。那么，秘书私自打开信件的行为就可以依据推定同意正当化。即便后来证实这一次的信件，正是权利人最不想让别人看见的。

总之，被害人只能就自己有权支配和处分的权益予以同意，且必须是唯一的权利主体。此外，学界基本上认为同意的对象不限于行为，也包括行为所可能导致的结果。❶ 学界还有论者对被害人同意的权限作出不同于前述法益类型的划分，主张将法益处分权划分为司法界限与立法界限两个维度来分开讨论，最后得出结论，被害人同意中的法益处分权限是司法限制和立法限制并行的双轨模式。❷ 在司法界限内，刑法旨在保护公民个人自由不受侵犯，只要法律没有明文禁止，公民自己决定权的行使就不应当受到限制，即使是社会伦理规范和法益的重要性都不得约束公民的决定自由，但对于生命的承诺除外。❸ 在立法界限内，只有在刑法有明文规定的情形下，基于对于重大利益的普遍危险性、个人法益和超个人法益的关联性与处分重大利益的主体适格性等特定实质理由，才可以对被害人承诺生命以外法益的处分权加以例外限制。总而言之，只有在被害人连自己基本生存都无法确保时，刑法才有介入的必要。❹

综上所述，在推定同意的场合，行为人可以推定同意的法益

---

❶ 参见张明楷：《刑法学》，法律出版社 2021 年版，第 298 页；谭兆强、贾楠：《当事人同意的效力问题研究》，载《法律适用》2012 年第 4 期，第 46 页；等等。

❷ 参见邓毅丞、申敏：《被害人承诺中的法益处分权限研究》，载《法律科学（西北政法大学学报）》2014 年第 4 期，第 180 页。

❸ 参见邓毅丞、申敏：《被害人承诺中的法益处分权限研究》，载《法律科学（西北政法大学学报）》2014 年第 4 期，第 173 页。

❹ 参见邓毅丞、申敏：《被害人承诺中的法益处分权限研究》，载《法律科学（西北政法大学学报）》2014 年第 4 期，第 179—180 页。

限于被害人有权处分的个人法益，对于他人法益、社会法益和国家法益都不得推定同意。在个人法益内部，并非所有的个人法益都可以推定同意，对于生命和重大身体健康的同意侵害或是推定同意侵害，原则上都是禁止的，但基于人道主义的安乐死除外。至于其他个人有权处分的私法益，则需要具体情况具体处理，不能一概而论。

第四章

紧急医疗中的推定同意

　　紧急医疗领域是推定同意适用的典型场合，也是其起源之处。一般情况，获得患者同意是医疗行为进行的前提，否则就会侵犯患者的自主决定权，构成专断医疗行为。但在众多急诊案例中，患者往往处于无意识状态，医生普遍无法及时取得患者及其近亲属的同意，为保护患者的生命安全与重大身体健康，需要立即采取救治措施，此为紧急医疗。❶不可否认，紧急医疗行为具有专断医疗行为的外观，但因病情紧急，且为拯救患者的重大身体利益，因而可以适用推定同意阻却行为的违法性。那么，推定同意使得紧急医疗行为正当化的原理是什么？具体的适用规则何在？对于患者意愿的推定，不同主体的权限如何界定？这都是下文将要探讨并解决的问题。

---

❶　参见杨柳：《专断性医疗行为刑法处遇问题研究》，东南大学出版社 2015 年版，第 50 页。

第一节　紧急医疗中的推定同意概述

一般医疗行为的正当化根据是患者的知情同意，但紧急医疗行为的正当化根据则存在推定同意与紧急避险的对立观点，本书是持推定同意的主张，同时要符合患者最佳利益原则。

一、医疗行为的正当化根据

（一）医疗行为正当化的原理

医疗行为的正当化原理是刑事领域的一个重要议题，关涉整个医疗领域内对各个具体医疗行为的刑法评价。医疗行为特别是以外科手术为代表的侵袭性医疗行为兼具效用性与伤害性，因而对于其是否符合故意伤害罪的构成要件，国内外刑法学界始终论争不断。关于医疗行为正当化的原理，学界主要存有医疗行为伤害说与医疗行为非伤害说两种主张。其中，医疗行为伤害说认为，虽然医疗行为的目的在于保障患者的生命安全与身体健康，然而医疗行为客观上确实侵害了患者的身体完整性或生理机能，医疗行为不能单纯因为其基于医疗目的而否认其伤害行为的属性，其必然是该当伤害罪构成要件的，但可以基于某种违法阻却事由得以正当化，无须承担刑事责任。❶ 医疗行为非伤害说则认为，一般医疗行为自始就不该当故意伤害罪的构成要件；如果是未获患者同意就擅自采取的医疗行为，构成专断医疗行为，是对自由法益

---

❶　参见陈聪富：《医疗行为与犯罪行为——告知后同意的刑法上效果》（上），载《月旦法学教室》2008 年第 69 期，第 64 页。

的侵犯，成立相关罪名。❶ 近年来，又逐渐涌出以治疗程度为标准的中间说❷和以治疗行为成功与否为标准的中间说❸。德国理论界的通说观点是治疗行为非伤害说，但司法判例却普遍支持治疗行为伤害说的观点。日本理论界则普遍支持治疗行为伤害说的观点，司法判例的态度尚不明确。我国历来是将医疗行为视为正当业务行为的一种，亦为违法阻却事由之一。随着患者知情同意原则在我国的引入与普及，多数学者转而从患者同意的视角研究医疗行为的正当化原理，以彰显对于患者自主决定权的尊重。❹ 同时，也有少数学者仍然坚持以"正当业务行为"作为阻却医疗行为违法性的正当化事由，但将患者的知情同意作为认定业务行为是否具备正当性的要素之一，也就是说，将"患者知情同意"这一概念整合进"正当业务行为"中。❺

　　本书持治疗行为伤害说的观点，认为治疗行为该当伤害罪的构成要件，因而就要在违法性阶层来认定治疗行为的正当化根据所在。如果将治疗行为的正当化根据认定为被害人同意，那么，但凡是经患者同意的治疗行为，纵使不符合一般医疗水准也能够得以正当化，这显然并不具备合理性。医疗行为作为违法阻却事由之一，行为无价值论者与结果无价值论者对其正当化根据持有不同观点。其中，行为无价值论者认为，医疗行为的正当化根据在于其具有社会相当性；而结果无价值论者认为医疗行为得以正

❶　参见曹菲：《医事刑法基本问题研究》，载《环球法律评论》2011 年第 4 期，第 73 页。

❷　［日］山中敬一：《刑法总论》，成文堂 2008 年版，第 560—561 页。

❸　［日］金泽文雄：《医疗与刑法》，载［日］中山研一等编：《现代刑法讲座（第二卷）》，成文堂 1979 年版，第 143—144 页。

❹　参见杨丹：《医疗刑法研究》，中国人民大学出版社 2010 年版，第 171—172 页。

❺　参见王皇玉：《论医疗行为与业务上之正当行为》，载《台湾大学法学论丛》2007 年第 36 卷第 2 期，第 80—81 页。

当化的根据在于确保了优越利益的实现，也就是优越利益说的观点。依据行为无价值论者的观点，是以社会相当性作为批判医疗行为正当性的根据，也就是说，应当以是否符合一般理性人的思维作为判断标准，患者本人的主观意愿并不能起到决定性作用，这显然有损于患者自主决定权的实现。再者，社会相当性本身就是一个难以解答的抽象问题，缺乏明确可操作的标准。因此，结果无价值论者所主张的"优越利益说"相对更具合理性。医疗行为是直接针对人的身体实施的行为，不可避免地会伴随一定的侵袭与伤害，但由于其可以治愈疾病或是缓解病症，保护了患者更为优越的利益，因而医疗行为即便该当伤害罪的构成要件，仍然能够阻却违法性的成立。❶

但是，医疗行为的正当化并非绝对的。学界通说观点认为，医疗行为的正当化须当满足以下三个条件：一是医学的适应性；二是技术的正当性；三是患者的同意。❷ 其中，医学适应性是以优越利益衡量这一刑法违法性阶层的原则为判断准则，据此主张具有适应性的医疗行为是指客观上有利于增进或稳定患者的生命、身体健康等利益，且医疗行为保护的法益必须远大于医疗行为所附随造成的法益损害。医学适应性与优越利益原则上是一体两面的概念，都是治疗行为正当化的核心依据。其中，关于优越利益的判断，并不存在一致划分的确定标准，原因在于身体法益同时包含身体健康、身体外观与生活机能两种不同的利益，在具体判断孰为优越利益之时，应当适用不同的判断标准。

---

❶ 参见刘建利：《民法典编纂对医疗代理决定刑法效力的影响》，载《浙江工商大学学报》2019 年第 6 期，第 47—48 页。

❷ 参见韩政道：《从刑法释义界定重症新生儿的治疗界限》，载《高大法学论义》2019 年第 14 卷第 2 期，第 240 页。

一般而言，身体健康利益较为纯粹与客观，以客观理性标准来判断是否符合医学适应性即可；但针对涉及身体外观与生活机能的利益，比如切除子宫、截断肢体等医疗行为，就必须遵循患者本人的主观意愿。❶ 而技术正当性则强调医疗行为必须符合现阶段的普遍医疗水平，要求医疗处置措施确实是能够有效规避或是减轻医疗过程中的各种风险。技术正当性这一构成要素是为医疗行为在追求保护患者客观利益的同时，能有法效性作为担保。❷ 至于"患者的同意"这一要件，是患者行使自主决定权的表现。通常情况下，具备同意能力的患者能够真正意义上行使自主决定权，清楚全面地知悉医疗行为的利弊、影响和可能带来的后果。针对未成年人和精神病人的例外情况，法律规范有单独设计法定代理人等机制来阻隔前述主体直接参与医疗决策。但在患者病情紧急，且又只是一时陷入昏迷等缺乏同意能力的场合，此时，应当如何处理才能够确保患者自主决定权最大可能实现？这就是下文将要探讨说明的内容：在患者本人丧失同意能力的紧急医疗场合，如何通过刑法学理的诠释，构建一套符合该语境下保护患者最佳利益和主观意愿的特别准则。

（二）患者的"知情同意"作为医疗行为的正当化根据

"所谓知情同意，既是名词也是动词，前者是指在医师充分履行说明义务的基础上患者所给出的同意，而后者是指患者基于医师对其病情提供的诊断、治疗等相关信息做出医疗同意的动态过程。"❸

---

❶ 参见曹菲：《医事刑法基本问题研究》，载《环球法律评论》2011 年第 4 期，第 76 页。

❷ 参见韩政道：《从刑法释义界定重症新生儿的治疗界限》，载《高大法学论义》2019 年第 14 卷第 2 期，第 240—241 页。

❸ 参见刘建利：《民法典编纂对医疗代理决定刑法效力的影响》，载《浙江工商大学学报》2019 年第 6 期，第 45 页。

患者知情同意原则，不仅是确保患者自主决定权实现的前提条件，对于良好医患关系的维持也十分重要。但在西方医学史上，深受医疗亲权主义思想的影响，因而很长一段时间内都是遵循"希波克拉底誓言"所表征的"医师中心主义"。在医疗关系中，医生是主导者，患者是被主导的对象，医生相对于患者处于绝对支配的地位，患者只不过是医疗行为所指向的客体而已，医疗行为即便未经患者同意也仍然具备正当性。❶ 直至中世纪贵族阶层的产生，医生开始听取其医疗诉求，"知情同意"由此萌芽并逐步为少数国家的司法判例所支持。与此概念相通的"告知后同意"❷（informed consent）法则，是在第二次世界大战以后才提出。于 20 世纪 60 年代起源于美国，在 80 年代进入全盛时期，并被世界各国广泛接受与遵循。❸

　　"告知后同意"法则，起始之初是用以作为人体试验的正当化原理。❹ 随着患者权利保障观念的不断加强，这一法则越加受到重视。"告知后同意"法则发展至今已不仅是重要的医学伦理，转而已经成为成文的法律规范。观之世界各国，德国联邦法院创设了患者同意的先例，英美法就告知后同意法则予以明文规定，该法则被我国引入后也得到积极的发展，并逐渐演变成为医疗行为正当化的重要工具。"其实，个人法益的特性，本有蕴藏'个人自主

---

❶ 参见刘建利：《民法典编纂对医疗代理决定刑法效力的影响》，载《浙江工商大学学报》2019 年第 6 期，第 45 页。

❷ 随着告知后同意原则被普遍认可，医疗行为的正当化根据也一再求之于患者同意。

❸ 参见陈聪富：《拒绝医疗与告知后同意》，载《月旦民商法杂志》2009 年第 23 期，第 73 页。

❹ 参见王皇玉：《强制治疗与紧急避难——评台湾高等法院 96 年度上易字第 2020 号判决》，载《月旦法学杂志》2017 年第 151 期，第 259 页。

决定'的价值秩序。"[1] 依据自由的法益理论，法益是为保护个人的自由发展，当一个行为是出于法益主体的处分而作出，那么就不存在法益侵害，不仅无害于个人自由的发展，反而是个人自由发展的体现。如果权利主体自由决定，同意或恳求他人侵害自己的所有物，那得同意而实施行为的人，不但没有侵害所有权，反而帮助权利主体实现了其自由意志。[2] 具体到医疗领域，患者自然有权自由对自己的身体法益作出处分，这是患者行使自主决定权的表现，任何人不得非法干涉。医疗行为的正当化应当是基于患者真实自愿的同意，医疗领域的利益衡量应当由被医疗行为干预的患者本人自主决定，而不能独断援用脱离病人意愿以外的客观理性标准。[3] "告知同意法则与病人自主决定权，是当代临床医疗从专业父权模式走向着重医病双向沟通与互动模式的关键。"[4] 为了确保患者自主决定权的实现，"患者同意"就是在医学适应性与技术正当性等论域内，平衡医疗行为的独断性与尊重患者自主决定权二者的关系。这也正是"告知后同意"法则的核心理念所在，这是一个沟通的联动过程，通过医生告知符合医疗适应性的医疗行为，再通过患者自主决定的医疗诉求，共同形成符合患者最佳利益的医疗方案。因此，构建"患者同意"的初衷在于确保实现医疗行为的妥当性，为了达到这一目的，应当遵循保护客观优越利益原则，且优越利益的判断应当受到患者主观价值取向与利益

---

[1] 韩政道：《从刑法释义界定重症新生儿的治疗界限》，载《高大法学论义》2019年第 14 卷第 2 期，第 241 页。

[2] 参见林东茂：《医疗上病患承诺的刑法问题》，载《月旦法学杂志》2008 年第 157 期，第 49 页。

[3] 参见许泽天：《消极死亡协助与病人自主决定权——德国学说、立法与实务的相互影响》，载《台北大学法学论义》2016 年第 100 期，第 187—188 页。

[4] 韩政道：《从刑法释义界定重症新生儿的治疗界限》，载《高大法学论义》2019年第 14 卷第 2 期，第 249 页。

偏好的确认与担保，学理上称为"自我利益保证人"❶。

此前，我国深受传统"家本位"思想的影响，每一个家庭都应然负有照顾病人的义务，相应地，患者的医疗相关事宜自然也主要是由"家长"决定。再者，"仁道德"也历来为传统医学伦理所普遍倡导，要求医生在诊疗过程中应与患者建立紧密的相互信任关系，如此种种都使患者的知情同意权难以生成。❷ 根据中华医学会等相关部门统计数据显示，我国超过 60% 的医患纠纷都是由未有效保障患者的知情同意权引起。❸ 为有效解决前述问题，我国立法机关已逐步在相关法律法规以及规章中就"患者的知情同意"作出明确规定。例如，在我国《基本医疗卫生与健康促进法》第 32 条❹、《民法典》第 1219 条❺ 中，都有对侵袭性的医疗行为要求医生履行告知说明义务，并在获得患者同意之后才可实施的原则性规定。此外，在《病历书写基本规范》第 10 条、《医疗机构管

---

❶ 参见韩政道：《从刑法释义界定重症新生儿的治疗界限》，载《高大法学论义》2019 年第 14 卷第 2 期，第 241—242 页。

❷ 参见刘建利：《民法典编纂对医疗代理决定刑法效力的影响》，载《浙江工商大学学报》2019 年第 6 期，第 46 页。

❸ 参见刘晓燕：《患者知情同意权探析——兼评〈侵权责任法〉第 55 条、第 56 条的规定》，载《前沿》2012 年第 10 期，第 49 页。

❹ 参见我国《基本医疗卫生与健康促进法》第 32 条："公民接受医疗卫生服务，对病情、诊疗方案、医疗风险、医疗费用等事项依法享有知情同意的权利。需要实施手术、特殊检查、特殊治疗的，医疗卫生人员应当及时向患者说明医疗风险、替代医疗方案等情况，并取得其同意；不能或者不宜向患者说明的，应当向患者的近亲属说明，并取得其同意。法律另有规定的，依照其规定。开展药物、医疗器械临床试验和其他医学研究应当遵守医学伦理规范，依法通过伦理审查，取得知情同意。"

❺ 参见我国《民法典》第 1219 条："医务人员在诊疗活动中应当向患者说明病情和医疗措施。需要实施手术、特殊检查、特殊治疗的，医务人员应当及时向患者具体说明医疗风险、替代医疗方案等情况，并取得其明确同意；不能或者不宜向患者说明的，应当向患者的近亲属说明，并取得其明确同意。医务人员未尽到前款义务，造成患者损害的，医疗机构应当承担赔偿责任。"

理条例》第 33 条、《医院工作制度》第 40 条手术室工作制度附则第 6 条、《执业医师法》第 26 条❶等都有明文规定，手术行为的实施必须事先取得患者本人的明确同意。至此，知情同意原则在我国法秩序中得以系统性确立。

知情同意原则是患者在医疗领域行使自主决定权的直接表现，也是确保患者自主决定权实现的基础所在。人类尊严是个人基本权利的根基，而"自我决定权"正是人类尊严的重心所在。自我决定权源自密尔的古典自由主义，意指每一个人都是享有尊严的个体，有权排除外界的不当干扰，完全遵循自己的内心真意自由发展。具体到医疗领域，则表现为患者有权周全详尽地了解与自身病情相关的一切信息，并自主决定是否同意医疗行为的进行以及如何进行。也就是说，患者对于将来针对自己的身体实施的一切医疗行为，有权充分了解并自由作出同意或是拒绝的意思表示，患者对于自己的身体享有绝对的自主决定权。❷ 简而言之，医疗领域的自主决定权本质上并非是为了保护患者身体的完整性与不受侵害性，而是为了保护患者依据自己的价值取向与主观偏好自主决定自己身体的自由。因此，仅凭借客观利益的权衡就擅自对患者实施的医疗行为并不能够正当化。

二、紧急医疗行为的认定

（一）紧急医疗的基本解读

"紧急治疗，是指患者由于突发状况或者其他原因陷入无意识

---

❶ 参见我国《执业医师法》第 26 条："医师应当如实向患者或者其家属介绍病情，但应注意避免对患者产生不利后果。医师进行实验性临床医疗，应当经医院批准并征得患者本人或者其家属同意。"

❷ 参见刘建利：《民法典编纂对医疗代理决定刑法效力的影响》，载《浙江工商大学学报》2019 年第 6 期，第 48—49 页。

状态，病情十分危急，医生在无法征求其意见的情况下所采取的必要救治措施。"❶ 一般情况下，医生需要取得患者同意后方可实施医疗行为，否则就会因侵犯患者的自我决定权而构成专断医疗行为，承担相应责任。但在诸多急诊案例中，难以及时取得患者及其家属的同意才是医疗常态，为保护患者的生命安全与重大身体健康，需要立即实施相应的紧急医疗行为，这一类行为客观上具备了专断医疗行为的形式要件，但因情况紧急，又是出于拯救患者的重大身体利益，因而具有正当性。❷ 具而言之，并非所有的医疗行为都必须取得患者的同意，当情况紧急之时，可以适用推定同意阻却行为的违法性。很多国家和地区的立法都将紧急情况作为知情同意的例外。例如，依据我国台湾地区所谓的"医疗法"第64条❸关于医疗义务之知情同意的规定中，明确作出"但情况紧急者，不在此限"的排除性规定；英国判例中也明确表明，"紧急情况下不能取得病患的同意时，恰当的治疗行为是应当且必需的"❹。显然，患者的知情同意权并非绝对适用，在"紧急情况"这一例外场合，遵循患者的最佳利益而采取的合理适当的紧急医疗行为，同样具备正当性。

---

❶ 钱叶六：《医疗行为的正当化根据与紧急治疗、专断治疗的刑法评价》，载《政法论坛》2019 年第 1 期，第 127 页。

❷ 参见杨柳：《专断性医疗行为刑法处遇问题研究》，东南大学出版社 2015 年版，第 50 页。

❸ 参见我国台湾地区所谓的"医疗法"第 64 条："医疗机构实施中央主管机关规定之侵入性检查或治疗，应向病人或其法定代理人、配偶、亲属或关系人说明，并经其同意，签具同意书后，始得为之。但情况紧急者，不在此限。前项同意书之签具，病人为未成年人或无法亲自签具者，得由其法定代理人、配偶、亲属或关系人签具。"

❹ Hockton, Andrew. "The law of consent to medical treatment." (2002). p. 9.

刑法学说与实务见解普遍认为，医生的说明义务与医疗行为的紧急性成反比例关系。医疗行为越紧急，医生的说明义务越轻，如果医疗行为紧急到等不及对患者及其家属说明并取得同意的场合，医生的医疗行为也仍然能够得以正当化。[1] 如何认定患者病情是否属于紧急情况，始终困扰着医疗实务工作者。法律中认定紧急情况的存在，原则上适用"客观的事前标准"（objektive ex-ante-Maβstab）。即是说依据客观第三人的视角，就行为时存在的所有客观事实加以判断。此外，"紧急性"是针对行为当时的情况，根据客观的经验法则与专业知识所作的盖然性判断，因而不能以事后危险未发生去反推认定行为当时危险并不存在。[2] 关于医疗行为中"紧急性"的成立，有学者总结认为应当同时具备以下三个要件：一是面临一个确切存在的危及生命或是重大身体健康的危险；二是患者不具备作出有效同意的能力；三是等到患者本人作出同意将会严重危及生命安全。[3] 具体到医疗领域的紧急情况，一般表现于以下两种情形：其一，患者遭遇意外事故，送进医院时已经意识不清，如果等待其恢复意识并取得同意后再实施医疗行为，必将会给患者的生命安全或是身体健康造成重大而不可逆的危害；其二，医疗行为原本是在经患者同意后实施的，但在医疗过程中突然发现疾病样态不同于初诊或是临时发现有其他病变，存在变更或是扩张医疗行为的必要，如果终止已经进行的医疗行为重新取得患者的同意后再行医治，必将会给患者带来紧迫危险或是并不符合医术规则。简而言之，如果存在"稍一犹豫，就有危险"

---

[1] 参见王皇玉：《强制治疗与紧急避难——评台湾高等法院 96 年度上易字第 2020 号判决》，载《月旦法学杂志》2017 年第 151 期，第 264 页。

[2] Wessels/Beulke, Strafrecht Allgemeiner Teil, 34. Aufl., 2004, §8 Rn. 304.

[3] Rozovsky, Fay A. "Consent to treatment: A practical guide." (1984). pp. 90 – 95.

的情形，就无须取得患者的真实同意，依据推定同意即可阻却行为的违法性。❶ 前述"紧急情况"仅是原则性的一般分类，在具体实践中关于紧急情况成立与否的判断事实上错综复杂，仅凭简单的两种类型划分是很难满足现实判断需求的，为避免"紧急情况"的滥用，有必要对其更进一步地阐释与明确。

（二）紧急情况的界定

何谓紧急情况？很多法律都有关于紧急情况的规定，尽管在中文语境中的表述不尽相同。在我国《宪法》第 67 条 20 款、第 80 条，以及第 89 条 16 款称为紧急状态，未予以明确界定；在我国《刑法》第 21 条和《民法典》第 182 条则称为紧急避险，又对此作出明确界定。当下，我们最熟悉的表述当为"突发事件"，在我国《突发事件应对法》第 3 条❷和《突发公共卫生事件应急条例 (2011 修订)》第 2 条❸中有明确规定。但在外文中的表述基本上都是同一词汇（英文 emergency；法语 urgence；德语 Notstand），整体上大致指向这样一种抽象状态：当即必须采取与相关法律惯常规定迥异的措施，牺牲较小利益防止正在或是即刻将要发生的对国家、公共利益和个人生命、财产与自由利益的更大侵害。基于各国法律所指称的事态并不相同，因而各国法律之间不能简单套

---

❶ 参见黄丁全：《医事法》，元照出版有限公司 2000 年版，第 421—425 页。

❷ 参见《突发事件应对法》第 3 条第 1 款："本法所称突发事件，是指突然发生，造成或者可能造成严重社会危害，需要采取应急处置措施予以应对的自然灾害、事故灾难、公共卫生事件和社会安全事件。"

❸ 参见《突发公共卫生事件应急条例（2011 修订）》第 2 条："本条例所称突发公共卫生事件（以下简称突发事件），是指突然发生，造成或者可能造成社会公众健康严重损害的重大传染病疫情、群体性不明原因疾病、重大食物和职业中毒以及其他严重影响公众健康的事件。"

用或是直接援引紧急状态。❶

　　需要明确的是，"紧急情况"之下并非可以完全无视法律，也不是可以肆意发挥的"空白画卷"。尽管许可背离法律的一般规定，但仍是由法律明确规定的状态。诉诸"紧急情况"这一条款的人，既不允许任意解释法律条文，也不允许肆意侵入他人自治领域。在各个部门法中，要么事先对"紧急情况"作出明确规定，要么就应当通过具体的法律实践明晰"紧急情况"的界限。如若出现不当适用"紧急情况"条款的行为时，将会受到司法审查，审查成立的还要追究相应不利责任。"司法判断的标准不是某个抽象定义，无论是否法学界的通说，而总是要具体考虑紧急措施造成损失之大小，所保护收益之大小，危机的实在性和急迫程度，有无可替代的应急措施及其成本如何等各类因素。"❷在经验层面，尤其关涉专业问题的评判时，司法往往倾向于专业或职业标准，如若案件需要，甚或直接选择地方性职业标准。

　　由此可见，关于"紧急情况"，争议焦点并不在于患者是否需要紧急医疗行为，也不是医方是否需要对紧急医疗行为中造成的不良后果承担责任，焦点在于紧急情况下是否仍然必须遵守某些特定的法律法规，受其制约？具而言之，医方是否可以因情况紧急，就能够在尚未取得患者及其亲属同意的情况下实施医疗行为，甚至是直接对抗患者及其亲属明确表达的拒绝医疗之意愿？答案自然是否定的。保护患者的知情同意权，既是强制性规范的明文要求，也是各国医疗领域长期践行的伦理和惯例。但凡事总有例

❶　参见苏力：《医疗的知情同意与个人自由和责任——从肖志军拒签事件切入》，载《中国法学》2008年第2期，第7—8页。

❷　苏力：《医疗的知情同意与个人自由和责任——从肖志军拒签事件切入》，载《中国法学》2008年第2期，第8页。

外，绝对适用的规范和理论是不存在的，即便存在也必然是不适正的。观之中国和世界各国的医疗实践，确实存在无须取得患者及其家属同意就直接实施医疗行为的紧急情况，且并不鲜见。纵览英美等国的法律和判例，有论者概括出以下有限适用紧急情况的四种情形：一是患者丧失意志又亟需救治，但无法及时获得患者及其他有权同意者的同意；二是具备民事行为能力的患者，亟须救治又因酗酒、吸毒或是其他原因丧失同意能力，且无法及时获得有权同意者的同意；三是年幼患者亟须救治，但无法及时取得其父母或是其他有权同意者的同意❶；四是患者面临生命危险，患者和其他有权同意者均拒绝同意，或是其中的一方拒绝同意，但患者的生死关涉重大公共利益，或是可能危及其他无辜第三人的重大利益。❷

那么，如果正亟须救助的患者意识清醒、具备民事行为能力，可以及时明确同意医疗行为的进行，但其拒绝同意，或是授权在场的近亲属处理，且该近亲属拒绝同意的，或是双方共同拒绝同意医疗行为的，是否仍然属于紧急情况？著名的"肖志军拒签案"就是典例。显然，这并不符合前述任何一种情况，也不是法律规定或是医疗实践中的惯常形态。因此，问题转而变成应否将此视为"紧急情况"的新情形？这事实上涉及制度安排、公共政策等诸多问题，要点之一就在于对法律概念的解读，每一个公民都可以自己解读法律概念。而医方需要直面的问题是：肖志军的拒签行为是否可以视为法定的紧急情况？法官在内的整个社会系统是否会认可自己的选择？更进一步而言，凝练出来的问题就是能否

---

❶ 包含年幼患者的父母拒绝签字同意的情形。

❷ 参见苏力：《医疗的知情同意与个人自由和责任——从肖志军拒签事件切入》，载《中国法学》2008 年第 2 期，第 8 页。

对紧急情况扩大解释？这同时也表明对于该场合尚难以确切认定为紧急情况。如果将这一特殊情形认定为法定的紧急情况，那事实上就是以医生为主体对法律规定作出的扩大解释。这是对手术签字同意这一制度的挑战，无可否认，在肖志军拒签案中，这一制度带来的后果是惨痛的，并伴随诸多要求修改甚或是废除的呼声。但制度处理的是一般问题，并非特例。具体问题纷繁复杂，层出不穷，任何制度都不可能穷尽所有可能发生的现实情状，也不应如此。规则一旦细密严格，就会丧失规范的弹性，只会留下更多的漏洞，给予不法分子可乘之机。即便当下世界各国都普遍倡导严格依法办事，但在具体操作过程中还是势必要平衡法网的细密和粗略。以简单的规则应对复杂的现实正是法治所追求的精髓所在。❶

强调"规则之治"，排斥惯常的具体问题具体分析，不容许过多的个人权衡，最终还是更有利于人们预先知悉自己的权利和责任，合理安排自己的预期，有效规避法律风险，免受他人不当的干涉和制约。如果不通过事先的规则明确个人的权利和责任，转而依据事后结果的好坏来分配，个人就会很容易受制于各种难以预知和把控的不确定因素，无限扩大遭受不法侵害的风险。因此，制度性的、规则性的预先安排，反而更加公正和效率，使得个人享有更多的选择与自由。这也是为什么世界各国都普遍倡导依法治国、依法执政、依法行政的缘由所在。基于此，再来观察医疗领域的手术签字同意这一制度，旨在维护患方的自主决定权，尊重患方的知情权和最终选择权。其中，患方的最终决定权正是对医方权力的最有效钳制，其他任何制度和激励措施都不足以确保

---

❶ 参见苏力：《医疗的知情同意与个人自由和责任——从肖志军拒签事件切入》，载《中国法学》2008 年第 2 期，第 9 页。

医生总是能够以患者利益为重。一旦患方丧失了最终决定权，其生命安全、身体健康与经济利益都将失去保护的屏障。可以预料到，如果医生对可做可不做的手术，乃至根本无须手术的患者一概选择手术，患者及其家属是否能够负担得起？毫不夸张地说，"乱手术"发生的概率必定远大于"丈夫拒签致妻死亡"的概率。"至少就中国目前的医疗国情而言，'非签字不手术'是一项最不坏的制度。"❶

无可否认，倡导允许医方自行解释"紧急情况"的出发点是良善的，似乎赋予了制度人性化的力量。但是，一旦许可医生自主解释"紧急情况"，将使得患者最为重要和最具牵制力的最终决定权转移到医方手中，在特定情况下，医方将可以据此减损甚至直接剥夺患方的权利。可以预见，若果真如此，"紧急情况"必将会贻害无穷。今后一旦遇到类似情况，医方就可以借助"紧急情况"的名头，不征求患方同意，甚至直接无视患方的反对，强迫病人接受医方自认为有利的医疗行为，或是使用特定药物。那么，受到利益的驱使，必然会有部分不良医生假公济私、谋求私利，逻辑上可以断定这一缺口的存在必将使得前述倡议最终弊大于利。❷

综上，在医疗行为中如果紧急情况成立，医生可以在未得患者同意的情况下实施医疗行为，但这并不代表医生可以据此恣意妄为。未获得患者同意不代表不存在同意，此时存在的是一种推定的同意，医生需要依据其职业素养为患者作出最佳选择，以为

---

❶ 盛大林：《"非签字不手术"是最不坏的制度》，载《中国经济时报》2007 年 11 月 29 日第 006 版（时评），第 1—2 页。

❷ 参见苏力：《医疗的知情同意与个人自由和责任——从肖志军拒签事件切入》，载《中国法学》2008 年第 2 期，第 11 页。

患者谋求最佳利益的方式开展医疗行为。与此同时，如果对于被害人的内心真意有可能推测得知的，应视具体情况尽可能依据病人的意愿采取适当的医疗措施。"比如说，病人的健保卡有安宁缓活的注记，如果病人的病情已达到末期的情形，应依其意愿不进行急救；若病人只是意外，且有恢复的可能性时，则要积极地救治。"因此，国外有学者主张紧急情况下医疗行为正当性的成立应当具备四个要件：一是医疗客观情势紧急；二是必须立即实施医疗行为以维系患者健康；三是现实上难以获得患者本人及其他有权同意者的同意；四是可以合理信赖患者不会拒绝治疗。❶

本书赞同该学者提出的成立条件，并在此基础上更进一步细化，认为当现实情况同时符合以下四个要件之时，可以认定构成医疗行为中的紧急情况，即成立紧急医疗行为，使得未获患方同意的紧急医疗行为正当化：一是患者病情严重，亟须救治，若不及时救治将面临生命危险或是造成不可逆的身体伤害；二是客观上竭尽一切努力，都难以及时取得或是不可能取得患者及其他有权同意者的同意；三是医疗行旨在维护患者更为重要的生命或是重大身体健康法益；四是可以合理信赖患者不会拒绝治疗。与此同时，如果亟须救治的患者意识清醒且具备同意医疗行为的民事行为能力，但其拒绝同意，或是授权有权同意者处理，且该有权同意者明确拒绝治疗的，将不属于"紧急情况"，医生不得自行扩大解释，并据此实施救治，即便最终符合患者的最佳利益原则，也不能免责。

---

❶ 参见王晖智：《告知后同意于急诊医疗之理论与实务》，台湾大学 2014 年硕士论文，第 85 页。

三、紧急医疗中适用推定同意的规范依据

前文已经从法理学、政治哲学等各方面探讨了推定同意的正当性与合理性，但是，这一概念是超法规的违法阻却事由，若要证实其具备法律效力，还需要从法律的层面予以证成，具体到医疗领域中推定同意的存在与适用亦如。观之我国现行有关医疗的法律法规、规章制度中，虽并未有明确表述为"推定同意"的规定，但相关法律条文的实质含义中都含有推定同意的理论，区别只不过在于有无"推定同意"的用词表述罢了。其实，从我国现行的规范文本中可以发现，我国法秩序对于推定同意这一概括同意是认可的，包括医疗领域的相关法律法规亦然。

依据《民法典》第 184 条的规定："因自愿实施紧急救助行为造成受助人损害的，救助人不承担民事责任"。一般情况，紧急救助行为仅限于为保护他人的合法人身与财产利益而采取，因此，救助人主观上应当具有救助他人的意愿，此为免于承担民事责任的前提条件。[1] 因而如果救助人是故意给受助人造成损害的，其具有主观恶性且造成了法益侵害后果，必然要承担相应的民事责任。但需要注意的是，行为人是否具有故意侵犯他人合法权益的主观恶性，并非认定紧急救助行为的唯一标准，应当综合考察该行为客观上是否保护了受助人其他更优越的利益。[2] 也就是说，如果行为人实施的法益侵害行为事实上是为保全他人更为重要的法益，即便行为人主观上是故意的，仍然构成紧急救助行为，无须承担

---

[1] 参见李适时主编：《中华人民共和国民法总则释义》，法律出版社 2017 年，第 577 页。

[2] 参见魏超：《论推定同意的正当化依据及范围——以"无知之幕"为切入点》，载《清华法学》2019 年第 2 期，第 204 页。

任何民事责任。显而易见，民法中的紧急救助行为与刑法中的推定同意在成立要件上十分相似，甚至可以将推定同意视为不存在救助人救助要求的紧急救助行为，归属于紧急救助的特殊情形（尊严死除外）。❶《民法典》中关于紧急救助的明确规定表明了立法者对于紧急救助行为的支持与鼓励，那么作为紧急救助特殊情形的推定同意，自然也应当受到法秩序的认可与践行。具体到紧急医疗的场合，事实上这是紧急救助行为中最为典型和常见的一种。依据《民法典》中紧急救助条款的规定推之，医方依自愿对患者实施紧急医疗行为，给患者造成损害的，只要是基于保护患者更为重要的其他利益的目的，就构成民法中的紧急救助行为，无须承担任何民事责任。适用细则可以结合《民法典》第 1220 条❷的规定来践行，具而言之，如果患者病情严峻，面临生命危险或是其他重大法益威胁，客观上确实又难以获得患者及其近亲属的同意，那么，经相关负责人审批通过的，可以立即对患者采取紧急医疗行为。这里对亟须救治患者适用紧急医疗措施的成立条件，与本书所述之推定同意的成立条件完全相同，同样要求情势紧急且无法及时获得被害人方的同意、行为指向的都是被害人有权处分的个人法益、行为人主观目的的正当合理等要素，无一例外。

　　我国关于紧急医疗行为的规范依据，并不局限于《民法典》，其他法律法规和规章制度中同样含有推定同意的理论。最远可以追溯至原卫生部 1982 年颁布的《医院工作制度》第 40 条手术室工作制度附则第 6 条规定："紧急手术来不及征求家属或机关的同

---

❶ 参见魏超：《论推定同意的正当化依据及范围——以"无知之幕"为切入点》，载《清华法学》2019 年第 2 期，第 204 页。

❷ 参见《民法典》第 1220 条："因抢救生命垂危的患者等紧急情况，不能取得患者或者其近亲属意见的，经医疗机构负责人或者授权的负责人批准，可以立即实施相应的医疗措施。"

意时，可由主治医师签字，经科主任或院长，业务副院长批准后执行"。前述规范表明，若情况紧急，又无法及时取得患者及其他有权同意者的同意之时，可由医方基于维护患者的最佳利益实施手术行为，并且无须担责。随后在国务院 1994 年颁布的《医疗机构管理条例》（2016 年修订）第 33 条规定："……无法取得患者意见又无家属或者关系人在场，或者遇到其他特殊情况时，经治医师应当提出医疗处置方案，在取得医疗机构负责人或者被授权负责人员的批准后实施"。这一时期的规定表明，有权对紧急医疗行为推定同意的主体为患者家属、关系人或是医方，医方此时还拥有支配性的医疗裁量权。再到 2010 年卫生部印发的《病历书写基本规范》第 10 条第 1 款规定："……为抢救患者，在法定代理人或被授权人无法及时签字的情况下，可由医疗机构负责人或者授权的负责人签字。"2010 年施行的《侵权责任法》也在第 56 条明确规定："因抢救生命垂危的患者等紧急情况，不能取得患者或者其近亲属意见的，经医疗机构负责人或者授权的负责人批准，可以立即实施相应的医疗措施。"较之于前述《医院工作制度》和《医疗机构管理条例》的相关规定，主要变化在于以"近亲属"替代了"亲属"，该条款被新近颁布的《民法典》第 1220 条予以确认和继承。

至于医方依推定的权利人同意实施的医疗行为为何能够正当化，具体可以《医疗事故处理条例》（2002 年）第 33 条❶为例加

---

❶ 参见《医疗事故处理条例》（2002 年）第 33 条："有下列情形之一的，不属于医疗事故：（一）在紧急情况下为抢救垂危患者生命而采取紧急医学措施造成不良后果的；（二）在医疗活动中由于患者病情异常或者患者体质特殊而发生医疗意外的；（三）在现有医学科学技术条件下，发生无法预料或者不能防范的不良后果的；（四）无过错输血感染造成不良后果的；（五）因患方原因延误诊疗导致不良后果的；（六）因不可抗力造成不良后果的。"

以阐释。其规定了不属于医疗事故的具体情形，并于第 1 款明确规定，"在紧急情况下为抢救垂危患者生命而采取紧急医学措施造成不良后果的"，不属于医疗事故。该条例在第 1 条明确就何为医疗事故作出了界定，"是指医疗机构及其医务人员在医疗活动中，违反医疗卫生管理法律、行政法规、部门规章和诊疗护理规范、常规，过失造成患者人身损害的事故。"该条例中所指的紧急情况，通常是指患者亟须医疗，但难以及时取得患者或其亲属的同意，若不及时实施医疗行为，患者将面临生命危险或是造成重大不可逆的身体伤害，在此紧急情况下实施的医疗行为，即便造成不利后果的，也不会认定为医疗事故。举重以明轻，既然在这一特定场合，即便造成危害后果医师都无须承担责任，那在一般并未造成任何不利后果，且及时挽救了患者重大身体利益的场合，自然更不会追究医师的任何责任。显然，只要患者的伤势紧急，且是为了保全患者的重大利益而实施的"专断医疗行为"，就是具有正当性的。

当阶层构造的法规范成为一个体系之时，就是"法秩序"。❶尽管在法秩序的内部，刑法、民法等依据各自不同的原理而形成独立的法领域。但法律规范都是国家为实现管理社会的目的而设立，均为国家治理社会的手段，各个法律规范之间虽层级高低、处罚力度和内容各不相同，整体上却又是互相配合的有序体系，相互之间互不矛盾并具有统一性，这就是"法秩序统一原理"。❷综合《民法典》中的紧急救助条款、紧急情况下知情同意的特殊

❶ 参见［日］曾根威彦：《刑法学基础》，黎宏译，法律出版社 2005 年版，第212 页。
❷ 刘艳红：《法定犯与罪刑法定原则的坚守》，载《中国刑事法杂志》2018 年第 6期，第 61 页。

规定以及关于紧急情况下医方手术行为的法律规范足以证实，推定同意基本上是为我国法秩序所认可的，并将其作为法典的立法依据和部分职业的工作条例，推定同意在我国的适用具有坚实的法律基础。也就是说，法律规范就医事领域所规定的告知后同意原则，在情况紧急的场合可以例外不遵守，支持采取推定的同意，旨在维护患者的自主决定和最佳利益。自主决定权之所以如此备受重视，原因在于"每一个人都是基于自我责任对诸利益进行比较衡量、追求自己的个性与人格发展的'自律的存在'"●。如前所述，自主决定权已经受到包括民法、行政法等诸多法律规范的多重保护，但并不意味着可以完全替代刑法。无论是刑法、民法还是行政法，关于紧急医疗行为的所有规定都是为保护和尊重"患者的利益"。基于法秩序统一的原理，法律规范虽然对于"自主决定权"的理解和保护方法各有不同，具体情景下的结论也具有独立性，但最终应当是整体上一元、统一地予以把握。● 在其他法领域并不违法的行为，就可以排除犯罪的存在，也就是说，刑法不得处罚在其他法领域被视为合法的行为。因此，刑法在评价涉及紧急医疗行为的案件时，应当兼及已有法律规范对于紧急医疗行为的保护与转变，与之保护患者自主决定权的宗旨相契合，竭力尊重和维护患者本人的自主决定，患者处于紧急状况且暂时丧失同意能力的，则应当依据尽可能全面的资讯来推定得出的患者可能的内心真意，即推定的（患者）同意。

● 曹菲：《医事刑法基本问题研究》，载《环球法律评论》2011 年第 4 期，第 78 页。
● 参见刘建利：《民法典编纂对医疗代理决定刑法效力的影响》，载《浙江工商大学学报》2019 年第 6 期，第 50 页。

四、紧急医疗行为的正当化根据与适用规则

(一) 紧急医疗行为的正当化根据：推定同意

紧急情况下实施的医疗行为，毋庸置疑，必然具备正当性。但基于行为当时并未取得患者本人的现实同意，自然也就无法援引"患者的同意"来实现正当化，需要另谋出路。

关于紧急医疗行为的正当化根据，学界主要存在紧急避险说与推定同意说两种对立的观点。其中，紧急避险说为英美法系国家的论者所普遍支持，主张医疗行为在紧急情况下能够未经患者同意而实施，紧急避险是其得以正当化的根据所在。[1] 我国台湾地区有学者同样持紧急避险说，认为在紧急治疗的场合，即便医生未对治疗行为加以详细说明，或是未得患者同意乃至是违背患者的真实意愿，只要医疗行为保全了患者的生命与健康，就可以根据"紧急避险"阻却犯罪的成立。[2]

具而言之，紧急医疗行为属于紧急避险，依据紧急避险的原理，法益的优越性是其正当化原理。也就是说，在特定场合，牺牲较低位阶的利益而保全较高位阶的利益是合乎情理的，能够阻却违法性的成立。紧急避险成立的前提条件就是紧迫危险的存在，在紧急医疗的场合，患者自身的重大疾病就是"正在发生的危险"。当然，"正在发生的危险"并不必然是指危难即刻就要发生，危险如果持续进行下去势必造成重大损害的，仍然属于"正在发

---

[1] Hockton, Andrew. "The law of consent to medical treatment. " (2002) . p. 10.

[2] 参见陈聪富：《医疗行为与犯罪行为——告知后同意的刑法上效果》（下），载《月旦法学教室》2008 年第 8 期，第 79 页；王皇玉：《强制治疗与紧急避难——评台湾高等法院 96 年度上易字第 2020 号判决》，载《月旦法学杂志》20017 年第 151 期，第 262—263 页。

生的危险"。例如，医生在患者怀孕初期发现其子宫内存有恶性肿瘤，如若任由胎儿长成，在胎儿出生之时必将危及孕妇生命的，可以对孕妇进行堕胎手术。虽然距离胎儿出生尚有时日，但此中的堕胎行为仍属于紧急避险。如果患者明确拒绝的，医生仍然可以依据紧急避险对之实施医疗行为，基于紧急避险原本就无须取得被害人同意，因而只要医生客观上保护了患者更为重要的法益即可。❶ 诚然，形式上观之，紧急医疗行为旨在情势紧急之时拯救患者更为重要的生命与重大身体健康权益，因而具有成立紧急避险的外观。但是，紧急医疗行为中保全和牺牲法益的主体同为患者一人，所以不能无视患者本人的真实意愿，直接遵循客观利益权衡的准则。❷ 因此，在这一层面言之，若仅凭借紧急避险作为紧急医疗行为的正当化根据，显然有害于患者自我决定权的行使，并不妥当。也就是说，在紧急避险中因获利方与利损方分别归属于不同的主体，基于连带的社会互助义务，可以无视利损方的主观意愿，强制要求其必须牺牲自己较小的利益以保全他人更大的利益，以换取将来自己陷入紧迫危难之际他人同样愿意牺牲较小利益以保全自己的更大利益。但是，在紧急医疗的场合，获利方与利损方都同属于患者一人，因而患者享有高度的自主决定权，在自己有权处分的法益范围内完全遵循自己的价值取向和主观偏好作出选择。此时，患者作出的选择，既可能符合客观利益的权衡，也可能并不符合，甚至可能给患者本人带来更大的损害，但医方对于患者的主观意愿只要是明确知悉或是推测可知的，都应

---

❶ 参见杨柳：《专断性医疗行为刑法处遇问题研究》，东南大学出版社 2015 年版，第 51 页。

❷ 参见［日］山口厚：《刑法总论》，付立庆译，中国人民大学出版社 2018 年版，第 175 页。

当予以尊重。因此，只有在紧急医疗行为所保护的法益与推定的患者意愿相一致的场合，才能得以正当化。❶

德国、日本刑法学界关于紧急医疗行为则主要持推定同意说的主张。推定同意（Implied consent），是指客观上并不存在被害人的真实同意，但有合理理由信赖被害人知悉事实真相后当然会作出同意，据此推断被害人意志而实施的行为，就是推定同意的行为。例如，外出旅游的邻居家发生火灾，为避免其遭受更大的财产损失，行为人擅自撬开门进入屋内灭火，就属于推定同意的行为，阻却行为的违法性。具体到医疗领域，是指在患者病情紧急的场合，又难以及时取得患方的同意，由医方推定患者在同一情形下是否会同意该医疗行为。也就是说，在具备采取紧急医疗措施必要性的场合，但病人又陷入昏迷或不具备同意能力，使得客观上无法及时获知病人的主观意愿，则医师可以通过病人之前曾透露的资讯，例如预立遗嘱、病人意愿书、问诊时病人表达的意愿或是顾虑以及其他一些客观情况，据此推定病人的主观真意。简而言之，推定同意仍然是以尊重病人的自主决定权为基础，不能违背别人明显可知或是推测可知的主观意愿。❷ 正如德国学者罗克辛（Roxin）教授所言，如果适法的医疗行为遵循了患者的最佳利益原则，那么，就可以推定患者在具有同意能力的情况下会作出同意。至于紧急医疗行为能否正当化，应当取决于患者可能的主观意愿，而非客观利益的权衡。❸ 日本学者町野朔也认为："在

---

❶ 参见钱叶六：《医疗行为的正当化根据与紧急治疗、专断治疗的刑法评价》，载《政法论坛》2019 年第 1 期，第 127—128 页。

❷ 参见王皇玉：《德国医疗刑法论述概说》，载《月旦法学杂志》2009 年第 170 期，第 134 页。

❸ 参见［德］克劳斯·罗克辛：《德国刑法学总论（第 1 卷）——犯罪原理的基础构造》，王世洲译，法律出版社 2005 年版，第 497 页。

紧急的情况下，应一律承认紧急治疗符合患者的推定意思而否定医师的刑事责任"❶。此外，基于推定同意是事前进行的一种盖然性判断，假设被害人如果在场知悉全部事实真相也必然会作出相同决定，即便事后发现违背被害人意愿的，亦不影响推定同意的效力。正是如此，因而要求对于推定同意适用的时机加以严格限制，只有当客观上确实难以及时取得病人同意而医疗行为又刻不容缓之时，才允许适用。如果有可能等到患者清醒之后再行手术的，则必须严格维护和尊重患者的自主决定权，不得以推定同意取代病人的真实同意。❷

综上所述，作为紧急医疗正当化根据的紧急避险说和推定同意说，"紧急情况"都是二者的成立前提，但二者在理论构造和法益权衡上存在本质差异。❸ 本书认为，推定同意的主张才是使紧急医疗行为正当化的核心根据，具体有以下三个原因。首先，紧急医疗行为是为保全患者的重大利益而牺牲其较小利益，获利方和利损方均归属于同一主体，契合于推定同意的理论构造，但紧急避险中的获利方与利损方则归属于不同主体。其次，紧急医疗行为中，保全患者的生命安全与重大身体健康是最终目的，对于患者自主决定权的侵犯仅是实现目的的手段而已，对于专属于患者自治领域的这两项权利，难以依据客观利益权衡来判断二者孰更优越，只能是取决于患者本人的主观真意，推定同意中亦如，但客观利益的权衡却是紧急避险中不可替代的判断准则。最后，在紧急医疗中适用推定同意理论作为正当化根据，与普通医疗中的

---

❶ ［日］町野朔：《患者的自己决定权与法》，东京大学出版会 1986 年版，第 217 页。

❷ 参见王皇玉：《德国医疗刑法论述概说》，载《月旦法学杂志》2009 年第 170 期，第 134 页。

❸ 杨丹：《医疗行为的正当化研究》，载《社会科学》2009 年第 12 期，第 79 页。

患者同意具有异曲同工之妙，本质上是一脉相承的，更趋近于医疗行为的内核，有利于在医疗行为中更好维护患者的"最佳利益"，并为例外情况下放弃紧急医疗的行为提供合理解释。❶

需要注意的是，推定同意是行为人对患者主观真意的一种第三方推测，假设被害人在场并知悉全部事实真相的，同样会予以同意。推定同意是基于行为时去推测权利人的真实意愿，是一种事前盖然性的判断，核心根据是权利人的个人利益、主观偏好和价值取向。客观利益的权衡仅是辅助查明权利人主观意愿的手段之一，只有当确实无法获知或推知权利人的主观意愿时，方可采用客观利益衡量的标准。❷ 据此可以推知，如果事发当时有足够的资讯可以证实患者会拒绝接受紧急医疗行为，那么，就应当坚持尊重患者的主观意愿，即便当时具备采取紧急医疗行为的所有条件也不例外。但如果情况紧急，又无法确定患者是否同意接受紧急医疗行为，就应当转而立于一般理性人的视角，依据客观利益权衡的标准，判断处于该场合之下的理性人是否会作出同意，并据此推定得出患者的主观意愿。"当本人意愿不明时，在生死之间，医生必须首先推定本人的意愿为生。"❸ 也就是说，当事实存疑时，应当以保护生命作为最佳利益。"简言之，事实有怀疑，只能尽力抢救，不能推测可能有放弃急救的承诺而有所松懈。"❶

（二）符合最佳利益原则

1. 最佳利益原则的内涵

医疗救助活动常常会面临情势紧急或是其他特殊情形，患者

---

❶ 参见杨丹：《医疗行为的正当化研究》，载《社会科学》2009 年第 12 期，第 79—80 页。

❷ 参见林钰雄：《新刑法总则》，元照出版有限公司 2014 年版，第 286—287 页。

❸ 车浩：《论推定的被害人同意》，载《法学评论》，2010 年第 1 期，第 147 页。

❶ 林东茂：《医疗上病患同意或承诺的刑法问题》，载《中外法学》2008 年第 5 期，第 702 页。

原则上享有知情同意权，应当由其本人作出医疗决定。但当情势紧急或存在其他特殊情形时，常常无法及时获得患者及其近亲属的同意，因而必须建构一套规则以确保患者优越利益的实现，此为最佳利益原则。❶

患者最佳利益原则（the principle of Best Interests），肇始于家庭法中的"子女最佳利益原则"或称为"儿童最佳利益原则"，旨在保护儿童的利益以实现社会的最大利益。为更进一步保护社会中的其他弱势群体，最佳利益原则的适用范围逐渐外溢。具体到医疗领域，可以解释为代理人应当综合、全面地考量各种医疗决定可能给患者带来的利益与风险，并从中选择最有利于患者的医疗决定。以世界医师会（World Medical Association，WMA）于1981年提出旨在捍卫病人权利的宣言为例，也就是著名的《里斯本病人权利宣言》（Declaration of Lisbon on the Rights of the Patient），其中第12条规定："如果病人的代理人做出违反病人最佳利益的决定时，医师有义务在相关的法律机构挑战这项决定；如在危急时则以病人的最佳利益从事医疗行为。"❷ 显然，医生应当始终捍卫患者的最佳利益，如果代理人作出的医疗决定背离了患者最佳利益原则，医生应不予遵守，紧急情况下甚至可以直接依据患者的最佳利益进行医疗活动。在《里斯本病人权利宣言》的序言部分还强调，"医生应当凭良心行事，始终捍卫患者的最佳利益，并

❶ 参见赵敏：《医事法基本原则论要》，载《中国卫生法制》2021年第1期，第19页。

❷ 参见2015年修改后的版本原文为："If the patient's legally entitled representative, or a person authorized by the patient, forbids treatment which is, in the opinion of the physician, in the patient's best interest, the physician should challenge this decision in the relevant legal or other institution. In case of emergency, the physician will act in the patient's best interest."

确保患者的自主和公正。"并且该宣言还在第1条"得到优质医疗服务的权利"之（c）款规定，"医生应当始终依据患者的最佳利益为其提供医疗服务，具体实施的医疗行为也应当符合普遍认可的医疗原则。"简言之，在医疗关系中，医生对于患者负有善良管理的注意义务，应当始终以维护患者的最佳利益作为一切医疗行为的准则。❶

最佳利益原则在英美国家的医疗决策中具有至关重要的作用，在代表医疗行为中的患者这一弱势群体作出决定时，该原则被认为是最合理正当的。❷ 在英国等国家，患者最佳利益原则是医患关系的核心原则，亦为医学的终极追求所在，也是对无同意能力患者进行诊疗时必须遵循的法律准则。❸ 患者最佳利益原则是对患者知情同意原则的补充，二者都旨在保护患者利益。一般情况下，患者知情同意原则与患者最佳利益原则是保持一致的，绝大多数具备同意能力的患者都是理性而趋利的，作出的医疗决定往往都保护了自己的最佳利益，毕竟每个人都是自己利益的最佳管理者。在患者不能决定、非理性决定或是关涉他人利益的特殊场合，遵循患者最佳利益原则就能够合理解决私益与公益之间的冲突与矛盾。❶ 患者最佳利益原则对于解决医患纠纷、协调医患关系不可或

---

❶ 参见刘兰秋：《韩国延命医疗中断立法之评价》，载《河北法学》2018 年第 11 期，第 142 页。

❷ 参见赵敏：《医事法基本原则论要》，载《中国卫生法制》2021 年第 1 期，第 19 页。

❸ 参见赵敏：《医事法基本原则论要》，载《中国卫生法制》2021 年第 1 期，第 19 页。

❶ 参见赵敏：《医事法基本原则论要》，载《中国卫生法制》2021 年第 1 期，第 19 页。

缺，理应赋予其医事法律规范上的正当性。❶

但是，却很难予以"患者最佳利益原则"一个确切的定义。患者最佳利益原则本质上是一种规范的行为指引，如果以一狭隘的概念一以概之，必将导致不必要的制约与困扰。❷ 英国《心智能力法案》（Mental Capacity Act）以及随后颁布的操作规则（Code of Practice）都没有对最佳利益本身作出明确定义，但却提供了具体应当如何判断的指引。在《心智能力法案》中规定，关于个人最佳利益的判断，不能单纯凭借年龄（age）、外表（appearance）、身体状况（condition）或者行为举止（behavior）等就加以评判，而应综合所有与患者相关的情况，当个人享有作出特定决定的机会，应当尽一切努力帮助和鼓励丧失同意能力的主体作出决定，只有在这种情况下应当将情况是否紧急这一因素纳入考量。❸ 除《心智能力法案》之外，英国还设立了独立的精神健康辩护人制度（independent mental health advocates，IMHA）。这类辩护人与丧失同意能力患者之间是相互独立的关系，设置该辩护人的目的旨在服务于患者，确保其最佳利益的实现，具体表现为代表患者参与到医疗决策过程中，对医方提供的医疗方案是否符合患者最佳利益进行判断，并提供一切信息帮助确认患者最佳利益所在。同时，针对并非基于患者最佳利益作出的医疗决定提出质疑与挑战。简而言之，精神健康辩护人的职责就是为守卫与实现患者的最佳利益。因而无论患者是否具备同意能力，精神健康辩护人有权在合理范围内查看任何医院与单位记录的有利于帮助患者的所有相关

---

❶ 参见祝彬：《论患者最佳利益原则》，载《医学与哲学（人文社会医学版）》2009年第30卷第5期，第33页。

❷ 参见李生峰：《关于"医疗公证"的理性思考》，载《医学与哲学》2003年第10期，第36页。

❸ Mental Capacity Acts 2005 para. 5.16 – 5.28.

医疗信息，医疗信息的持有者也应提供前述医疗信息。精神健康辩护人也有权私下会见患者，以及访问任何一位了解患者病情的专家。❶ 我国当前虽未设立该制度，但可以借鉴英国的做法，赋予一定组织或机构对于监护人的监督权。具而言之，当患者丧失同意能力之时，近亲属代为作出的医疗决定是否符合患者的最佳利益，可以由居民委员会或村民委员会等组织加以监督和审查；如果患者没有近亲属，是由居民委员会或村民委员会代为作出的医疗决定，那么，关于其是否符合最佳利益原则的考察就可以由法院组织相关人员进行。❷

2. 患者最佳利益的判断标准

在个体自主决定权备受关注与推崇的当下，决定了患者最佳利益的实现必然与患者的价值取向与利益偏好息息相关，医生的专业判断反而大为削弱。医疗行为毕竟是直接针对患者自己的身体实施的"伤害行为"，患者本人对于专属于自己的生命与健康法益自然应当享有绝对的自主权利。因此，在判断是否符合患者最佳利益时，维护患者的自主决定权是必须始终贯彻坚持的核心要义，在此基础之上，才能有效确认患者的最佳利益所在。

（1）患者具有相应行为能力（Capacity）时

英、美等国家设立患者最佳利益原则的初衷旨在保护缺乏相应行为能力的弱势患者。但是，针对具有相应行为能力的患者，同样适用最佳利益原则。❸ 学界普遍认为，如果患者具备相应行为

---

❶ Explanatory Notes of Mental Health Act 2007, http://www.legislation.gov.uk/ukpga/2007/12/pdfs/ukpgaen_20070012_en.pdf (last visited May 17, 2021).

❷ 参见王丽莎：《精神障碍患者自我决定权于民法上之保护》，载《月旦医事法报告》2018 年第 20 期，第 142 页。

❸ 参见祝彬：《论患者最佳利益原则》，载《医学与哲学（人文社会医学版）》2009 年第 30 卷第 5 期，第 34 页。

能力，且能够依据医师提供的医疗信息作出真实自愿的医疗决定，此为患者行使自主决定权的表现，应当予以尊重与维护。基于医患之间处于一种信息不对称的境地，因而要求医生必须尽到详尽周全的说明义务，确保患者能够在全面客观了解病情的基础上，真实无误地表达出自己的内心真意。事实上，此处的说明义务就已经彰显医生对于患者最佳利益的尊重与维护。

（2）患者不具有相应行为能力时

如果患者不具备相应行为能力，无法基于医生提供的信息作出真实自愿的医疗决定，那么，应当由谁代为决定？如何践行患者最佳利益原则？

当患者缺乏相应行为能力时，关于其最佳利益的判断可以依据两个标准进行：一是"医学意义上的最佳利益标准"（Medical Best Interests Standard）；二是"延伸意义上的最佳利益标准"（Expanded Best Interests Standard）。[1] 其中，医学意义上的最佳利益标准是指在患者无相应行为能力，也没有预立医疗决定，且情况紧急无法及时获得患者同意，患者近亲属亦无充分证据证实患者内心真意的场合，医生可以凭借自己的专业素养，遵循医学标准作出符合患者最佳利益的医疗决定。至于延伸意义上的最佳利益标准则是指虽然患者无相应行为能力，但病情并不十分紧急，尚有时间去确认患者内心真意的场合，此时应当努力探寻患者的真实意愿，但不能再仅依据医学上的标准加以判断，还应当综合考量患者的个人信仰、情感、价值取向、主观偏好等各种因素来确认患者的最佳利益所在。

英国《心智能力法案》（Mental Capacity Act）不仅确认患者最

---

[1] 参见祝彬：《论患者最佳利益原则》，载《医学与哲学（人文社会医学版）》2009年第30卷第5期，第34页。

佳利益原则是一项基本原则，而且从法律上为患者最佳利益的判断提供了具体的操作参考。依据《心智能力法案》，在判断患者最佳利益时，要求整体上必须遵循如下几个规则：①原则上，16周岁以上的患者具有行为能力，除非有相反的证据足以推翻；②应当充分、合理地支持和帮助患者作出医疗决定；③任何人不得以患者的决定不正确为由，阻止具有行为能力的患者作出医疗决定；④针对缺乏相应行为能力作出医疗决定的患者，医生应当依据患者最佳利益原则作出医疗决定；⑤医生在代表无行为能力患者作出医疗决定时，应当尽可能选择对患者自由和权利不利影响最小的方案。其中，第4（6）条规定，代理人在依据患者最佳利益做决定时，必须考虑如下因素：其一，患者现在或过去的愿望与感受，特别是在患者具备行为能力时所作出的任何相关书面陈述；其二，在其具备同意能力时，可能会影响其医疗决定的主观偏好和价值取向；其三，当他具备同意能力时可能会作出怎样的选择。

再如，美国纽约州《公共卫生法》也明确规定，"对患者最佳利益的评判应当综合考量如下要素：个人尊严和个性；拯救患者生命的可能与程度；维护、改善或保护患者身体健康与机能；缓解患者痛苦；任何医疗状况以及其他关切与价值。"❶ 此外，部分司法判决也就患者最佳利益的判断提出了需要考量的因素。以加利福尼亚州第一区第四分庭"沃伦诉菲利普案"（In re Phillip B.）为例，这是一起关涉婴儿最佳利益判断的医疗案件，判决指出：针对父母拒绝治疗的意愿是否遵循，国家应当在综合审查以下三个因素之后作出决定：一是孩子病情的严重性或是未来病情严重

---

❶ New York Public Health Law § 2994 – d.

的实际可能；二是医疗行为对于孩子实际存在或是可能造成的风险；三是医学专业人士对于医疗行为的权威评价。当然，一切审查都旨在确保孩子最佳利益与福利的实现。❶

　　前述立法实践与司法判例中关于患者最佳利益的判断为我们提供了启示，尽管无法明确界定最佳利益的概念，但综合国外实践与我国实情，在判断患者最佳利益时应当考虑如下五个因素：其一，尊重患者的主观真意，具体是指在患者具有同意能力，且能够准确认知和理解自己病情的场合，应当遵循其自主作出的医疗决定；其二，努力探寻患者的主观真意，具体是指在患者原本具有同意能力又丧失同意能力的场合，应当综合患者的主观偏好、价值取向、预立医疗决定、近亲属建议等因素来辅以确认患者可能会作出的医疗决定；其三，如果患者自始不具备同意能力的，则应当基于维护患者长远利益的视角，优先保护患者的生命安全与身体健康，尊重近亲属意见的同时，也要注意避免近亲属权利的滥用；其四，全力维护患者的长远利益，具体是指在具备多种可供选择医疗方案的场合，尽可能选择对患者未来生活不利影响最小的医疗方案；其五，建立关于患者最佳利益的纠纷解决机制，因为患者最佳利益的判断是综合考量一系列可能影响因素后得出的结论，当患者的近亲属之间、近亲属与医务人员之间难以达成一致意见时（如前文所论及的"肖志军拒签致死"案），为保护患者最佳利益的实现，应当建立一套快速有效的纠纷解决机制。整体上的解决思路是：在患者不具备同意能力且病情紧急的场合，如果近亲属的医疗决定明显有悖于患者的最佳利益，经过法定程序和认定，医生有权拒绝，并可以基于医学专业精神，结合医学

----

❶　In re Phillip B, 92 Cal. App. 3d 796, 802 (1979).

标准以及患者可能的主观意愿等，选择实施其认为最符合患者最佳利益的医疗行为。❶

第二节 近亲属推定同意的认定

医疗行为关涉专属于患者个人自治领域的生命安全与身体健康，原则上只能由患者本人自主决定，而有效的同意要求必须是患者在意识清晰完整且具备成熟的认识能力与判断能力之下作出。也就是说，患者应当具备完整且无瑕疵的同意能力。关于同意能力有无的判断，学界并未形成一致意见，大多认为并不必然要求以十八周岁为限，或是以具备完全民事行为能力为标准。而是要求具体问题具体分析，从实际情况去判断被害人是否具备完整的智识，对于所放弃的法益保护是否具备全面的了解，以及能否理性判断法益侵害的本质、效果与影响。❷ 因此，当一个十六七岁的未成年人作为医疗领域的患者，如果其本人完全能够理解医疗行为的意义、风险、后果与利弊得失，那么，就应当尊重患者本人的意见，而不是优先遵循法定监护人的医疗决定。❸ 相应地，即便患者已成年，但其对于事物的认识能力与判断能力不健全，或是因一时的创伤、疾病陷入昏迷，那么患者本人的同意就会因为存有瑕疵而无效，或是根本就无法作出同意，此时，应当认可在紧急医疗场合，患者近亲属推定同意的效力。此外，纵使患者本人

---

❶ 参见赵敏：《医事法基本原则论要》，载《中国卫生法制》2021 年第 1 期，第 20 页。

❷ 参见王皇玉：《强制治疗与紧急避难——评台湾高等法院 96 年度上易字第 2020 号判决》，载《月旦法学杂志》2017 年第 151 期，第 260 页。

❸ Wessels/Beulke, Strafrecht Allgemeiner Teil, 34. Aufl., 2004, §9 Rn. 378.

意见与法定代理人的意见相左，只要患者本人意识清醒，有能力准确、全面地认识医疗行为的利弊得失，且具备同意能力，医生就应当尊重患者本人的意见。

"近亲属签字同意"制度在我国早已形成。例如，《基本医疗卫生与健康促进法》第 32 条❶中规定，患者在接受医疗行为时享有知情同意权，当患者无法作出同意或是不宜由患者本人作出同意时，应当由患者的近亲属作出同意。《民法典》第 1219 条❷中也对此作出了相同规定。可见，我国同样十分重视征求患者近亲属的医疗意见，原因在于近亲属与患者之间存在特别亲密关系，通常是最为了解患者主观偏好和价值取向的群体，自然比一般人更加了解患者对于医疗行为可能作出的决定，同理，近亲属对于紧急医疗行为的决定自然更能够代表患者的主观意愿与最佳利益。❸从这个层面观之，紧急医疗场合近亲属推定同意的成立，与患者的真实同意一样，都旨在维护患者的自主决定权。但近亲属的决定毕竟是区别于患者自我决定的一种独立的意思表示，只不过是对患者内心真意的一种尝试性接近，并不能完全等同或替代。因

---

❶ 参见我国《基本医疗卫生与健康促进法》第 32 条："公民接受医疗卫生服务，对病情、诊疗方案、医疗风险、医疗费用等事项依法享有知情同意的权利。需要实施手术、特殊检查、特殊治疗的，医疗卫生人员应当及时向患者说明医疗风险、替代医疗方案等情况，并取得其同意；不能或者不宜向患者说明的，应当向患者的近亲属说明，并取得其同意。法律另有规定的，依照其规定。开展药物、医疗器械临床试验和其他医学研究应当遵守医学伦理规范，依法通过伦理审查，取得知情同意。"

❷ 参见《民法典》第 1219 条："医务人员在诊疗活动中应当向患者说明病情和医疗措施。需要实施手术、特殊检查、特殊治疗的，医务人员应当及时向患者具体说明医疗风险、替代医疗方案等情况，并取得其明确同意；不能或者不宜向患者说明的，应当向患者的近亲属说明，并取得其明确同意。医务人员未尽到前款义务，造成患者损害的，医疗机构应当承担赔偿责任。"

❸ 参见钱叶六：《医疗行为的正当化根据与紧急治疗、专断治疗的刑法评价》，载《政法论坛》2019 年第 1 期，第 128 页。

此，对近亲属医疗决定权限如何予以适当限制就会成为问题所在。❶ 在医疗实践中，关于近亲属的推定同意这一问题，主要面临以下困扰：其一，紧急医疗中近亲属的推定同意明显有悖于患者最佳利益的，如何处理？其二，患者先前拒绝手术的意愿与紧急医疗中近亲属的推定同意相冲突的，如何处理？其三，紧急医疗中近亲属拒绝同意治疗导致患者死亡的，如何追责？其四，紧急医疗中享有同意权的近亲属之间存有意见分歧的，如何处理？

一、紧急医疗中近亲属推定同意的界限

（一）国外关于近亲属推定同意的立法参考

观之国外的立法例，依据德国《民法典》第 1901 条之 1 第 2 项的规定，监护人应当以被监护人明示或是可推知的意愿作为判断依据，决定同意还是拒绝医疗行为。关于何谓可推知的意愿，应当综合考量被监护人先前口头或书面的意思表示，或个人价值取向，或所持宗教及伦理的信念来推定被监护人可能的主观意愿。同时，主治医师应当与监护人共同商讨，并主要基于被监护人的主观意愿作出医疗决定。❷ 表明当患者不具备同意能力之时，应当由患者的监护人来代为作出医疗决定，但监护人医疗决定的作出应当以患者本人的主观意愿为最优判断依据，综合既往与患者本人有关的各种资讯来推定患者可能的主观意愿，而不能专断地以监护人或一般理性人的意愿作为判断依据。再观之《欧洲私法之原则、定义及模范规则》（Principles, Definitions and Model Rules of

---

❶ 参见曹菲：《医事刑法基本问题研究》，载刘建利主编：《医事刑法重点问题研究》，东南大学出版社 2017 年版，第 20 页。

❷ 参见王富仙：《医疗自主权之代理行使》，载《治未指录：健康政策与法律论丛》2020 年第 8 期，第 204 页。

European Private Law）IV-C-8：108 第 1 项："治疗提供者不可以进行治疗，除非治疗提供者已从患者获得早先的告知后同意。"第 3 项第 1 款、第 2 款则就无同意能力患者的同意权代理问题作出明文规定，但这一部分的规定需要与各国相关的特别法接轨以后，才能真正保障患者的合法权益。❶ 需要由各国特别法针对当医疗决定代理人有悖于病人利益时如何处理等问题予以详细规定，并配套处置措施。

又以奥地利《民法典》第 252 条为例，规定成年人丧失同意能力的，应当由其意定监护人或是法定监护人代为行使同意权，但仍然应当以该被监护之成年人的主观意愿优先。同样地，当被监护人本人不能做出有效决定时，由其预先指定的或是法定的代理人代为决定，具体决定的作出仍然要求必须优先遵从被监护人的主观意愿。❷ 如果患者事先并未指定代理人的，美国各州政府代表组成的统一法律委员会（Uniform Law Commission）于 1982 年通过的《统一模范健康照护同意权法》以及 1993 年通过的《统一健康照护决定法》为各州提供了一个立法的参照标准：病人未指定医疗代理人的，由法律授权排序的病人亲友代理作出医疗决定。❸ 简而言之，如果存在意定监护的，意定监护优先；如果不存在意定监护的，则适用法定监护。与前述情形类似的还有当患者无医疗决定，且丧失同意能力的场合，依据瑞士《民法典》第 377 条，医师应该告知代表人所有情况，还应当尽力听取无判断能力人对

---

❶ 参见王富仙：《医疗自主权之代理行使》，载《治未指录：健康政策与法律论丛》2020 年第 8 期，第 203 页。

❷ 参见戴瑀如：《监护与辅助宣告下之医疗自主权——以意思能力为中心》，载《万国法律》2018 年第 218 期，第 29—30 页。

❸ 参见王富仙：《医疗自主权之代理行使》，载《治未指录：健康政策与法律论丛》2020 年第 8 期，第 204 页。

于医疗方案的意见。瑞士《民法典》第 378 条还明文规定了有权
代理作出医疗决定主体的顺序，并以患者利益作为判断宗旨，决
定是否同意医疗方案。当成年患者无代表人或是代表人不愿意行
使代表权时，属于瑞士《民法典》第 381 条规定情形之一的，成
年人保护机构应当指定代表人或设立代表性保佐，并视情况采取
干预措施。❶

至于国内紧急医疗中近亲属的推定同意权限，前文已经详尽
阐释，故不再赘述。综合国内外的相关立法现状，不难发现，关
于有权作出医疗决定的主体及其权限范围，基本上是能够达成一
致的。原则上由患者本人决定，当情况紧急且患者丧失同意能力
时，由有权同意者代为决定。其中，存在意定监护人的，意定监
护人优先代为作出医疗决定，若不存在意定监护人，则由法定监
护人代为作出医疗决定。在紧急医疗中，无论由哪一主体依推定
同意作出医疗决定，都应尊重患者的可能的主观意愿并符合患者
的最佳利益原则。

（二）近亲属推定同意权限的界定

依据现有医疗相关法律规范的规定，患者本人同意是实施医
疗行为的原则性要求，即便患者丧失同意能力，如果手术能够没
有损害延迟的，则医生必须等到患者恢复意识，并征求患者本人
意见之后再行决定是否手术，此时推定同意是不能够允许的。与
此同时，患者在丧失意识之前，清楚全面地了解手术行为与意义
之后保持沉默的，也应当排除推定同意的适用，因为患者的意愿
很明了，不存在推定的余地。在情况紧急且患者丧失同意能力的

---

❶ 参见戴永盛译：《瑞士民法典》，中国政法大学出版社 2016 年版，第 136—
138 页。

场合，可以依据推定的同意，将拯救无法表达自己意愿患者生命安全和重大身体健康的手术行为正当化。❶ 此时推定同意的作出，可以由法定监护人、意定监护人、医疗机构负责人等主体具体行使。尽管现有法律规范对于紧急医疗中的有权推定同意主体给出了清晰答案，但借由典型的"肖志军拒签案"❷ 可以发现，还存在诸多疑难之处需要解决。在这一事件中，患者李丽云的同居男友肖志军拒绝在手术同意书上签字，医院不得不被迫放弃医疗行为，最终导致患者李丽云不治身亡，胎死腹中。那么，要求医院在获得近亲属签字同意后才实施手术行为的规定是否合理？究竟由谁为李丽云及其腹中胎儿的死亡负责？在本案中，医生实施手术面临以下两个现实障碍：一是肖志军作为患者唯一在场的近亲属始终拒绝同意手术，二是据医院和其他患者证实，患者本人也曾明确表达过拒绝手术的意愿。在这一场合下，医生是否可以依据推定同意的法理而实施手术行为？下文将以"肖志军拒签案"作为分析样本，试图对相关疑难问题作出解答。

医生的说明义务与患者的知情权利都是为患者的同意服务的，医疗行为直接关系患者的生命安全与身体健康，患者是医疗行为的直接承受者，自然也是原则上有权作出医疗决定的主体。但是，患者只有在具备同意能力时，才能够成为同意主体。"所谓同意能力，是指能够理解医疗行为的性质并且接受相应后果的能力。"❸ 然而，医疗实践中的患者并不总是能够具备同意能力，当患者没有能力时，患者的近亲属就将成为有权同意的主体。那么，近亲

---

❶ 参见 [德] 克劳斯·罗克辛：《德国刑法学总论（第1卷）——犯罪原理的基础构造》，王世洲译，法律出版社 2005 年版，第 538 页。

❷ 参见（2010）二中民终字 05230 号民事判决书。

❸ 冯军：《患者的知情同意与违法》，载刘建利主编：《医事刑法重点问题研究》，东南大学出版社 2017 年版，第 60 页。

属的推定同意的界限何在？具而言之，如果唯一在场的近亲属拒绝就合理、必要且紧急的医疗决定作出同意的，应当如何处理？对此，可以更进一步划分为两个难题：其一，患方没有同意的，医方是否可以未经同意而直接实施手术？其二，患者近亲属拒绝同意并导致危害后果发生的，由谁承担责任？

在紧急医疗的场合，因患者是无法作出同意的，所以只能由其在场的近亲属代为同意，但其拒绝同意，而患者又处于亟须救助的紧急状态，如何处理？尽管《民法典》《医疗机构管理条例》《医院工作制度》《病历书写基本规范》等与此相关的条文都有明确规定，当患者病情紧急且无法取得患者本人同意时，应当取得患者近亲属或是其他有权主体的同意才能够进行手术，但是并未规定如果患者近亲属拒绝同意的，应当如何处置的问题。尤其是患者近亲属具备完全同意能力，在意识清晰理性的情况下坚决拒绝同意的，将更难解决。在这一情形下，医方和患者近亲属之间关于医疗决定的意见处于对立关系，这也使得医疗行为难以实施。本书认为，在患者本人无法作出有效同意的情况下，医方与患者近亲属之间医疗决定对立矛盾的解决，应当遵循患者最佳利益的原则，并尽可能符合患者可能的内心真意。在本案中，患者李丽云的病情处于需要立即实施手术的紧迫情况，但其唯一在场并具备完全同意能力的近亲属肖志军却坚决拒绝同意手术，这一拒绝同意的行为严重危及患者李丽云和腹中胎儿的生命安全，明显有损于患者李丽云的最佳利益，应视为无效的拒绝。也就是说，此时近亲属肖志军的推定同意是不能够成立的。"我们很难想象一个国家可以非常重视财产行为代理的制度构建，而在医疗决定的一端却可以坐视无能力患者的生命健康权任由他人来决定而没有法律规范。"❶ 那么，在紧急医疗的情况下，符合什么条件的推定同意才能有效成立呢？

推定同意的法理基础旨在于尊重被害人的主观意愿，尤其在关涉被害人人格性法益的场合。但就具体的操作而言，除却外观上可认知的关于被害人利害关系的考量，一般很难凭借其他任何因素来准确判断被害人是否会作出同意。❷ 因此，有学者进而提出一些看似具备操作可能性的外部标准，例如，与被害人存有亲密关系、被害人此前曾对同种行为表达过同意、纯粹是为了保护被害人利益、依一般理性人观点判断被害人应当会作出同意以及民法规定的夫妻在日常家务中互为代理人等。❸ 但是，与被害人存有亲密关系或是被害人此前曾对同种行为表达过同意，只能是作为参考依据，并不能直接作为决定性因素；而依一般理性人观点判断被害人应当会作出同意的标准，则过于抽象和模糊，本身就缺乏明确的指向；另外，一般理性人的观点并不必然就与被害人的主观意愿相契合，在推定同意理论中，即便被害人的主观意愿是非理性的，也应当予以尊重和维护。至于民法中规定的夫妻在日常家务中互为代理这一标准，其立法重点原本在于确认对第三方的法律效力关系，至于在推定同意场合的具体适用中，夫妻关系也仅仅只能作为参考事实，不可能作为主导标准。基于此，不难得出以下结论：患者近亲属是否同意手术，不能够作为决定是否手术的关键因素。在医疗关系中，患者近亲属并非处于主体地位，也并不享有最终医疗决定权。在无法获知患者意愿的紧急医疗场

---

❶ 孙也龙：《医疗决定代理的法律规制》，载《法商研究》2018 年第 6 期，第 15 页。

❷ 参见车浩：《论推定的被害人同意》，载《法学评论》2010 年第 1 期，第 146 页。

❸ 参见蔡墩铭：《刑法精义》，台湾五南出版公司 1999 年版，第 197 页。

合，应当赋予医方一定的自由裁量权，如果患者近亲属的意见明显有悖于患者重大利益时，医方有权拒绝遵循。[1] 也就是说，当患者已经丧失同意能力，无法作出有效决定时，近亲属的意见只能作为推定患者内心真意的重要参考依据，但并不能完全取代患者的自主决定权。[2] 进而言之，当患者本人无法作出有效同意时，医生应当通过患者先前表露的讯息与行为举止，比如遗嘱、预立医疗决定和问诊时表达的意愿、考量的因素等，或是探寻近亲属对于患者本人的了解，去"推定"患者可能的主观意愿，并遵循最优利益原则来推定患者可能的真实想法，并据此作出符合医疗伦理的决定。也就是说，近亲属的意见只能作为医生进行"推定同意"时的参考材料之一，并不能完全取代患者本人的真实同意，只能是起到一个辅助和补充的作用。如此，才可避免近亲属"滥用同意权"的情形。而我国医疗实践中常见的"应医而不医"（例如，患者及时实施紧急医疗行为的存活率很高，近亲属却坚决拒绝同意手术），或是"不应医而医"（例如，近亲属为了争夺遗产而无视患者是否难以承受剧烈病痛，一再要求医生不能让患者过早断气）的情形，始有可能得以改善。[3]

肖志军拒签一案就是手术签字同意制度僵化适用的现实佐证，其背后的根源在于对"推定同意"的误读。当患者李丽云病情紧迫，若稍有延迟将可能面临死亡危险之时，患者的生死是否可由近亲属肖志军签字决定？一系列新闻报道证实近亲属肖志军性格

---

[1] 参见最高人民法院侵权责任法研究小组编：《〈中华人民共和国侵权责任法〉条文理解与适用》，人民法院出版 2010 年版，第 404 页。

[2] 参见王皇玉：《强制治疗与紧急避难——评台湾高等法院 96 年度上易字第 2020 号判决》，载《月旦法学杂志》20017 年第 151 期，第 261 页。

[3] Klaus Ulsenheimer, Arztstrafrecht in der Praxis, 3. Aufl., C. F. Müller, 2003, S. 135.

古怪、医疗知识匮乏，又不信任医院，在医院竭力对其劝说三个多小时以后仍然固执己见，拒不签字。[1] 在这一情形下，近亲属肖志军的医疗决定明显违背了患者李丽云的最佳利益，若坚持将患者的生死交由其决定显然是不妥当的。正如德国学者罗克辛（Roxin）教授所言，密切涉及人格核心的决定是任何人都不可能代表的。[2] 作为患者近亲属的肖志军，其对于患者作出的医疗意见仅仅是辅助查明患者意愿的手段，并不能完全取代患者意愿，当他的意见有悖于患者的最佳利益和可能意愿时，医生无须遵从。也就是说，紧急情况下的医疗决定，患者近亲属的意见仅供参考，并不能发挥决定性作用，最终起到决定性的因素是患者的最佳利益和可能的内心真意。该主张并不限于被德国理论界的主流观点所持有，在其他很多国家的医院里也已经是明文规定的准则。依据日本 NICU 建构的临床指引可知，最佳利益的核心依据在于临床医疗的专业判断，也就是说，最终的医疗决定还是要由专业人士作出，而非代理人可以独断决定。同样，在美国的医院里，手术前只要求尽到告知义务，无须签字。如果遇到紧急救治的情况，如患者大出血、休克或是意识不清的，由医生享有医疗决定权，而非患者家属或是其他第三人。由三个以上主治医生立即会诊，商讨确定是否需要手术，医生做出判断后，只需告知家属病情和急救措施即可。如在紧急情况下，因家属拒绝手术而导致患者死亡的，医院将承担连带责任。[3] 综上，在紧急医疗中，患者近亲属的医疗决定权的成立是有严格限制的，只有同时符合患者的最佳

---

[1]　参见（2010）二中民终字 05230 号判决书。
[2]　参见［德］克劳斯·罗克辛：《德国刑法学总论（第 1 卷）——犯罪原理的基础构造》，王世洲译，法律出版社 2005 年版，第 375 页。
[3]　参见《美国医生：遇紧急情况手术决定权在医生》，载 https：//news. sina. com. cn/s/2007 – 11 – 25/022512963422s. shtml，最后访问于 2022 年 3 月 13 日。

利益原则和可能的内心真意才能够被遵循。只要医生是为保护患者的最优利益而实施的医疗行为，即便违背近亲属意愿，也无需承担损害赔偿责任。❶当然，如果患者事先存在具有法律效力的预立医疗决定或是书面意思表示，则应当尊重患者的自主决定，无论是否符合客观利益权衡的原理。如果患者事前只是存在一些口头表示，则仍然还应遵循患者最优利益原则。

二、患者先前拒绝手术的意愿与近亲属推定同意的冲突与解决

在确定患者近亲属的医疗决定权限之后，对于患者李丽云此前拒绝手术的意思表示，应当如何处理？如果事实正如医院和其他患者所言，患者李丽云在意识清醒的时候同样认为自己只是感冒，又担心无力支付手术费用，曾口头表达拒绝手术的意愿，那么，医生是否可以据此不实施手术？

德国学者罗克辛（Roxin）教授坚定主张在生死存亡之际，权利人先前的意愿不得作为医生不动手术的理由。因为人们无从知晓自己在真正面临死亡时，将会如何决定。在死亡真正临近的时候，很多人是会改变自己以前的想法而想要继续活下去的，这种事发时才产生的决定是关系人通过理性思考所不能预测的。❷因此，在紧急医疗的场合，赋予医生及时抢救生命的权利，而不必考虑患者事前是否作出过拒绝治疗的意思表示，也无须顾虑患者事后是否会同意抢救行为，这其实是为患者事后作出决定，甚至

---

❶ 参见萧奕弘：《欠缺识别能力时的病人自主决定权》，载《月旦医事法报告》2018 年第 25 期，第 166 页。

❷ 参见［德］克劳斯·罗克辛：《德国刑法学总论（第 1 卷）——犯罪原理的基础构造》，王世洲译，法律出版社 2005 年版，第 539 页。

是选择生死保留了机会，是对患者自治最好的尊重和维护。因此，紧急医疗中的推定同意是能够得以正当化的，即便患者事后拒绝作出同意也不会影响推定同意的生效，因为医疗行为的实施是为了保护更为优越的利益，理应得到允许。同时，推定同意毕竟不是患者本人作出的真实同意，阻却违法性的效果较之于真实的同意稍弱，因而仅限于在无法获得患者真实同意时才可适用，即推定同意具有补充性和辅助性。❶ 这也对监护人、近亲属以及医疗机构等有权主体在紧急医疗场合代理医疗决定的权限作了限制，要求有权代为同意的主体，在缺乏患者具备法律效力意思表示的情况下，不得擅自作出有损于患者最佳利益的医疗决定，应当尽可能维护患者的最佳利益，为其日后自主决定权的行使保护机会，而生命利益与重大身体健康就是此中患者的最佳利益。

我国台湾地区学者黄荣坚对于这一问题则持相对缓和的观点，他认为答案不是绝对的，判断核心在于当事人主观价值取向偏离一般理性人观点的程度大小，应当具体问题具体分析。对于一个因失恋而短时间内多次自杀的患者，毫无疑问，医生仍然应当竭力救助；至于一个长期处于植物人状态的患者，医生和近亲属选择拔管放弃治疗的，也应赋予正当化根据，预留一些现实上的出路。❷ 就肖志军一案而言，院方和其他患者均证实患者本人在失去意识之前曾明确表达过拒绝手术的意愿，认为自己仅是感冒，无须手术。但这并不能成为医生不动手术的正当理由，反而证实患者李丽云拒绝手术的决定是在误解病情和低估后果的错误认识下作出，意思表示存在重大瑕疵，并非自我决定权真正意义上的行

---

❶ 参见刘建利：《民法典编纂对医疗代理决定刑法效力的影响》，载《浙江工商大学学报》2019 年第 6 期，第 51 页。

❷ 参见黄荣坚：《基础刑法学》（上），元照出版有限公司 2012 年版，第 334 页。

使，更不能表明患者宁死毋医的信念。❶ 显然，患者李丽云并不存在一心求死的意愿，不过是出于对病情的误解和医疗费用的考量而拒绝手术，医院对此也是处于明知的状态，但仍然僵硬遵从手术签字同意制度而未动手术。诚然，手术事关患者的核心人格利益，患者享有绝对的自主决定权，即便是非理性的。但是，本案中并不存在真正意义上的患者自治，在真正面临死亡之时，患者李丽云已经陷入昏迷状态，暂时丧失了同意能力，而唯一在场近亲属肖志军的意见又明显有损于患者的最佳利益。此时，如果要实现真正意义上对患者自主决定权的维护，医院就应当即采取措施竭力拯救患者生命，为其日后自治保留机会，而不是一味地坚持形式上的被害人真实意思表示，这并不是对患者自主决定权的真正重视，反而是对患者同意权的僵化解读和错误适用。真正的自治并不是一个绝对化的概念，也不存在绝对统一的划分标准，在认定是否构成真正的"自治"之时，必须综合考量信息是否对称、理解能力是否正常等因素之后再下定论，如此才是实质意义上的尊重个人自治。

赋予医生紧急医疗场合推定同意权利的同时，这也对医生的专业性和伦理道德提出了高要求。要求医生在紧急医疗的场合，尽管患者并不能表达自己的意愿，纵使患者在此前明确表达过拒绝手术的意思，但在生死存亡之际，我们都应当假定患者的主观意愿为"生"，竭力抢救。生命只有一次，谁也无法预料在生死关头，内心究竟是如何抉择的。"在生死的问题上，只有自己能够签字。当本人意愿不明时，在生死之间，医生必须首先推定本人的意愿为生。尊重生命的价值，这个观念本身就是最好的

---

❶ 参见车浩：《论推定的被害人同意》，载《法学评论》2010 年第 1 期，第 147 页。

签名。"❶

三、拒绝治疗情形下的刑事责任认定

在肖志军案中，医方遵从了近亲属肖志军的决定而未对患者李丽云进行手术，最终导致患者李丽云及其腹中胎儿的死亡，由何方承担责任？

医方认为应当由患者家属承担责任，是因为现有法律明文规定医疗行为需事先取得患方的同意才能够正当化。当患者本人丧失同意能力时，由患者的近亲属代为决定。考虑到近亲属一般是最了解患者的主体，较之于一般人更能够准确推定患者对于医疗行为的态度，由其代为作出的决定应当是最能接近患者内心真意的。但是，如果近亲属的决定明显有悖于患者的最佳医疗利益，就属于对亲权的滥用，自然不能再视为推定的患者同意，此时，医生将不再受到近亲属意见的约束。❷ 再者，如果坚定认为不存在监护人、近亲属的知情同意就无法展开治疗，那么，对于没有监护人、近亲属的未成年人或是精神病患者将无法获得有效治疗，如此必然会滋生虐待儿童或是过早放弃重症患者等不利情形。因此，在紧急医疗中，近亲属的同意并不必然是优先序位和唯一选择，也就是说，代为同意并非专属于监护人或是近亲属的特权，应当始终坚持推定的患者意愿作为判断核心。如果患者事先立有具备法律效力的预立医疗决定、书面遗嘱或是其他的一些意思表示，符合特定条件的，应当优先遵循。

在肖志军案中，客观医疗利益的权衡显然更符合患者的最佳

---

❶　车浩：《论推定的被害人同意》，载《法学评论》2010 年第 1 期，第 147 页。

❷　参见刘建利：《民法典编纂对医疗代理决定刑法效力的影响》，载《浙江工商大学学报》2019 年第 6 期，第 52 页。

利益和可能的内心真意，无须取得近亲属肖志军的签字同意，医生就可以履行救治义务。原因在于，当患者病情紧急，若不立即采取治疗措施将会危及生命或是带来不可逆的重大身体伤害之时，无论患者的近亲属是否同意，医方都应当及时救治。患者原本就在医院接受治疗的情况无须赘言，包含患者在失去意识之后才被送入医院抢救的情形亦然，自患者接受医院治疗的那一刻起，医院和医生就应当对患者的生命负责。无论患者监护人、近亲属是否同意治疗，医生作为保证人的责任和义务都不会发生改变。❶ 但是，本案中医方为抢救患者已经竭尽可能地履行了自己的职责，至少做到了以下四个方面的努力：一是及时诊断并做好随时手术的准备，且在患者病情转重不能手术的情况下以各种非手术方式抢救患者；二是及时向患者及其近亲属履行告知义务，便于其知情并作出医疗决定；三是多次积极与患者和肖志军沟通并试图取得签字同意；四是在肖志军拒签后，找来精神科医生对其精神状态进行鉴定，积极请示上级主管机关（但被通知如家属拒不签字同意的，不得擅自手术），并通过警方努力查找患者的其他亲属。❷ "显而易见，医方的行为不仅符合相关法律，而且符合医学伦理，包括对患者意思自治的尊重与维护。"❸ 因此，医生对于其未予救治的行为缺乏违法性认识，不具备期待可能性，所以不构成犯罪。

肖志军案表明，如果是患者本人坚决拒绝手术，纵使关乎生命安全或是重大身体健康，医生也不再负有积极救治的义务，继

---

❶ 参见刘明祥、曹菲、侯艳芳：《医学进步带来的刑法问题思考》，北京大学出版社 2014 年版，第 184 页。

❷ 参见王骞：《孕妇李丽云的最后人生》，载《南方周末》2007 年 12 月 6 日，第 A7 版。

❸ 苏力：《医疗的知情同意与个人自由和责任——从肖志军拒签事件切入》，载《中国法学》2008 年第 2 期，第 5 页。

而也就无需对这一场合的不予救助行为承担任何刑事责任。如果是患者近亲属拒绝同意手术，并由此导致患者死亡的，需要区分两种情形分别处理：其一，如果经鉴定即便及时实施手术，患者死亡仍然不可避免，就会因为不具备结果回避可能性而切断患者近亲属的拒绝医疗行为与患者死亡结果之间的因果关系，因而无需担责；其二，如果经鉴定证实及时手术将能有效避免死亡结果的发生，那么，就要具体考察患者近亲属对于患者面临死亡危险的认识程度，以及对自己拒绝同意手术可能导致的危害后果主观上是何种态度，据此确定是否追究刑事责任，如果构成犯罪的，应当如何定罪处罚。❶

四、享有同意权的近亲属之间意见分歧的处理

这是患者不具备同意能力之紧急医疗场合的另一难题。虽然与肖志军一案没有直接关联，但仍然可以该案为样本探讨相关问题。原则上当患者为未成年人、精神病患者，或是陷入昏迷而丧失同意能力时，由患者的监护人或是近亲属代为同意。在紧急医疗的场合，对于丧失同意能力患者具体医疗方案的选择，具有同意权能的近亲属之间难以避免地会出现意见分歧，有些近亲属认为应当手术，有些近亲属却拒绝手术；有些近亲属认为应当选择 A 方案，有些近亲属却认为应当选择 B 方案。此时，应当如何处理妥当？本书认为，应当遵循以下处理规则。

第一，依据亲属关系的远近，关系越近的亲属关于医疗决定的推定同意越可能成立。患者亲属依据亲属关系的远近可以划分

---

❶　参见刘明祥、曹菲、侯艳芳：《医学进步带来的刑法问题思考》，北京大学出版社 2014 年版，第 185 页。

为近亲属和（一般）亲属，以我国《民法典》第 1045 条❶为例，规定亲属包括配偶、血亲和姻亲，近亲属则特指配偶、父母、子女、兄弟姐妹、祖父母、外祖父母、孙子女、外孙子女。显而易见，近亲属的范围要远窄于亲属，由此可知，立法者对于亲属关系认定也是持区别远近的态度。在我国《刑事诉讼法》第 108 条第（6）项❷以及最高人民法院《关于执行〈中华人民共和国行政诉讼法〉若干问题的解释》第 14 条中都有对近亲属的范围作出明确限定，几个法律规范之间基于立法目的和调整社会关系方式的不同，虽关于近亲属的认定有所不同，但整体上都远窄于亲属范畴。可见，我国法秩序整体上对亲属关系是有远近之分的。在紧急医疗的场合，依据与医疗相关法律法规的规定可知，当患者本人丧失同意能力时，原则上所有亲属都有权利代为作出医疗决定。但依据立法规定和司法实践观之，医院往往会优先遵循近亲属的意见。也就是说，当近亲属与一般亲属的医疗意见发生分歧之时，近亲属的意见通常更容易被采纳。虽然各个法律规范关于近亲属的规定不尽相同，但结合现有法律规定和医疗实务，本书建议将近亲属的远近作出如下等级划分，依据亲属关系的等级从近到远，对应主体代为作出医疗决定的重要性程度也依次递减：第一等级，配偶、父母、子女；第二等级，兄弟姐妹、祖父母、外祖父母、孙

---

❶ 参见《民法典》第 1045 条："亲属包括配偶、血亲和姻亲。配偶、父母、子女、兄弟姐妹、祖父母、外祖父母、孙子女、外孙子女为近亲属。配偶、父母、子女和其他共同生活的近亲属为家庭成员。"

❷ 参见根据《中华人民共和国刑事诉讼法》第 108 条第（6）项规定："《刑事诉讼法》中规定的近亲属是指夫、妻、父、母、子、女、同胞兄弟姐妹；根据最高人民法院《关于执行〈中华人民共和国行政诉讼法〉若干问题的解释》第 14 条规定：《行政诉讼法》第 25 条第 2 款规定的"近亲属"，包括配偶、父母、子女、兄弟姐妹、祖父母、外祖父母、孙子女、外孙子女和其他具有扶养、赡养关系的亲属。"

子女、外孙子女；第三等级，其他具有扶养、赡养关系的亲属。此外，若不具备同意能力患者为未成年人或是精神病人，则其监护人应属于第一等级的近亲属。因此，在紧急医疗的场合，若不同等级近亲属之间的医疗决定存在分歧的，应当优先遵循高等级亲属的医疗意见。

第二，如果在同一等级内部亲属之间关于医疗决定存在冲突的，应当具体情况具体处理。其一，如果医方建议应当及时手术，但部分亲属同意手术，部分亲属拒绝同意的，则应当进行手术。因为，当医方提出实施手术的医疗建议时，表明医方认为在这一场合及时采取医疗行为是有利于患者生命安全和身体健康的，符合患者最佳利益原则。若部分亲属基于各种原因拒绝手术的，只要不能出具类似患者预立医疗决定、书面同意等相关具备法律效力的证据证实患者确实主观上不愿意手术，就可以推定其拒绝同意医疗手术的行为有损于患者的最佳利益，医方就无须遵从，直接获取其中同意手术亲属的签字同意实施医疗手术即可。此时，医方实施手术的行为依据推定同意的原理阻却违法性成立，实现正当化。其二，如果医方建议应当及时采取手术，患者亲属也同意手术，但患者不同亲属之间对于应当具体采取何种手术存在意见分歧，那么，应当优先遵循医生意见。尽管医生会向患者及其亲属履行告知义务，尽可能详细周全地告知患者亲属各种手术方案的利弊，但较之于专业人士医生而言，作为非专业人士的患者亲属对于具体应该采取何种医疗方案更符合患者的最佳利益，往往缺乏专业识别和判断能力，因而应当由医生依据专业判断作出最终医疗决定会更符合患者的最佳利益原则。❶ 其三，如果医方建

---

❶ 参见杨柳：《专断性医疗行为刑法处遇问题研究》，东南大学出版社 2015 年版，第 108 页。

议不应当对患者采取手术措施，但部分患者亲属认为应当手术，部分患者亲属则认可医生意见同样拒绝手术的，那么，医生就应当不实施手术行为。因为医生是基于专业人士的立场给出的专业意见，其给出的医疗建议较之于作为业外人士的家属，原则上更加符合患者的最佳利益。简而言之，此时让医生对医疗决定享有实质性的推定同意权将更有利于保护患者利益。

综上，在患者丧失同意能力的紧急医疗场合，无论是由近亲属还是医生对患者意愿进行推定，都应当谨遵患者最佳利益原则，并尽可能符合可明知或可推知的患者主观真意。也就是说，是否采取医疗行为，具体采取何种医疗行为，都应当遵循患者的最佳利益并符合患者可能的主观意愿，如此才能具备正当化根据，为法律所容许。当患者近亲属之间就是否采取医疗行为、具体采取何种医疗行为存在意见分歧时，应当将实质决定权赋予医生，由其基于专业知识判断何种意见更符合患者最佳利益和可能的主观意愿，谁更符合就遵循谁的医疗意见。若近亲属意见都不符合患者最佳利益和可能的主观意愿，应当赋予医方拒绝的权利。❶

第三节　医方推定同意的认定

在紧急医疗的场合，医方推定同意事实上是补充性质的，只有当情势紧急，患者本人无法作出同意，且无法取得患者近亲属的同意，或是患者近亲属的同意明显有可能违背患者主观意愿和危害患者最佳利益时，才可以由医方作为有权主体来推定同意。

---

❶ 参见杨柳：《专断性医疗行为刑法处遇问题研究》，东南大学出版社 2015 年版，第 108 页。

医方在推定同意的过程中，仍然必须遵循患者的自主决定与最佳利益，擅自扩大或变更手术范围，可能会带来不利后果，当然，具体情况还是要具体分析。

一、医方推定同意的前提

在进入主题之前，首先需要对拟提及问题的论域加以限定。此处所探讨的紧急医疗行为，仅限于除患方同意外，其他正当化要件都具备的医疗行为。也就是说，紧急医疗行为原则上具有医术正当性和医学适应性。当然，对于某一具体病症，医学上可能存在多种可供选择的医疗方案，有效果显著但安全性偏低的，也有效果一般但保障安全性能的。在医疗准则的评价上可能有高有低，但都还处于医学正当性的容许范畴内。[1] 但是，如果医生的治疗行为存在低于普遍医疗水准以下的过失，就属于刑事医疗过失领域的问题，不同于此处讨论的紧急医疗行为，因而暂不提及。

关于医疗行为正当化的原理，本书支持伤害说的主张，因而经患者同意的医疗行为，其得以正当化的根据在于保护了优越利益。据此，患者的同意是医疗行为得以进行的前提，在医疗行为进行的过程中，每当需要实施某一种侵袭程度更高的医疗行为时，都应当重新获得患者本人的同意才能够阻却行为的违法性成立。如果病情并不紧急，即便延迟治疗也不会带来危害后果的场合，医生仍然在尚未获得患者同意的情况下擅自实施医疗行为，即便具备再高的医学正当性也不能够阻却行为违法性的成立。[2]

在日本《刑法》第35条就正当业务行为作出专门规定，虽然

---

[1] 参见刘明祥、曹菲、侯艳芳：《医学进步带来的刑法问题思考》，北京大学出版社2014年版，第166页。

[2] 这也是本书坚持认为医疗行为该当故意伤害罪构成要件符合性的用意所在。

我国刑法并未就此予以规定，但我国刑法学界一般都将医疗行为视为正当业务行为，要求必须具有患者真实的同意或是推定的同意才能阻却违法性的成立。正当业务行为并非因为是"业务"就不构成犯罪，而是因为"正当"才能够阻却违法。"'正当'意味着行为本身是维持或保护正当利益的行为。"❶ 因此，只有正当业务行为中的正当行为才能阻却违法性的成立，超出正当范围的业务行为不排除构成犯罪的可能。医疗行为若想就具备业务行为中的正当性，存在患者的真实同意或是推定同意就是不可或缺的构成要件之一。但不同医疗行为的正当化对于患者同意这一要件的依赖强度不尽相同，医疗行为侵袭程度的高低与对患者同意要求强度的高低是正相关的，❷ 也就是说，越是侵袭程度越高的医疗行为，就越是要求必须取得患者同意，相应地，侵袭程度相对较弱的医疗行为，对于患者同意的依存程度就相对偏低。医疗行为的正当化原则上要求应当取得患者真实的同意，但在病情紧急的场合，则并不必然要求存在患者真实的同意，此时，基于推定同意的原理就能使医疗行为正当化。

依据我国《职业医生法》第 24 条❸的规定，在患者病情紧急的场合，医生负有紧急救治的义务，不得拒绝急救处置，此为医生负有紧急救治义务之法律上的根据。依据法理观之，医生紧急救治义务源自在采取紧急救治措施时，医生对患者法益处于一种绝对的支配地位，是否采取紧急救治措施与患者的生命安全和重大身体健康密切相关，且后者完全处于医生的支配之下。那么，

---

❶ 张明楷：《刑法学》（上），法律出版社 2021 年版，第 311 页。

❷ 参见刘明祥、曹菲、侯艳芳著：《医学进步带来的刑法问题思考》，北京大学出版社 2014 年版，第 167 页。

❸ 参见我国《职业医生法》第 24 条："对急危患者，医师应当采取紧急措施进行诊治；不得拒绝急救处置。"

医生在紧急情况下的救治义务与患者的知情同意相冲突时，该当如何处理呢？在紧急医疗领域，缺乏患者同意的情形可以划分为以下两种：其一，患者并未对是否接受医疗行为作出过任何意思表示，或是对病情、可供选择医疗方案等存在重大误解，使同意归于无效的情形；其二，患者在具备同意能力时，曾明确表达过拒绝医疗行为的意思。❶ 针对后者，因存在患者的自主决定，医生将不再履行救治义务。但如果医生仍然不顾患者意愿，坚持实施了紧急医疗行为的，也不会构成故意伤害罪，可依据紧急避险免除罪责。

二、医方推定同意的权限

如果患者已经丧失意识，病情紧急，不及时实施手术可能会危及生命或是造成不可逆的重大身体损害，但又无法及时取得患者监护人、近亲属的同意，此时，医生应当及时进行手术，无需担责。❷ 例如，2014 年成都某 14 岁男孩被人殴打致颅骨粉碎性骨折，紧急送往医院抢救。但是，该男孩父亲当时因涉嫌犯罪正被警方拘留，其在读初三的姐姐年仅 17 岁，因而找不到监护人在手术同意书上签字。❸ 对于这种病情紧急又无法及时取得监护人、近亲属签字同意的紧急医疗情况，医生未得患方同意的手术行为应当基于推定同意的法理正当化，阻却违法性的成立。具体理由有如下几点：其一，基于"软法律父爱主义"的立场，"每个社会个

---

❶ 参见刘明祥、曹菲、侯艳芳：《医学进步带来的刑法问题思考》，北京大学出版社 2014 年版，第 167 页。

❷ 参见姚万勤：《法律父爱主义与专断医疗行为的正当化》，载《比较法研究》2019 年第 3 期，第 170 页。

❸ 参见《14 岁少年被打昏迷 手术无人签字》，载 http：//news. cntv. cn/2014/05/04/ARTI1399171105857450. shtml，最后访问于 2021 年 10 月 10 日。

体都有继续生存下去的基本权利，如果当事人不能及时主张该种权利，国家应当适时进行干预"❶，这正是紧急情况下未得同意的医疗行为得以阻却违法性的道德基础。具而言之，当患者的生命难以为继之时，医生负有及时予以救治的义务。其二，生命是人之为人的基础和前提，如果医生对生命陷入危险境地的患者视若无睹，反而会有构成犯罪的嫌疑。虽然我国宪法并未明文涉及生命权的规定，但刑法对于非法剥夺、侵害他人生命权的行为却是严令禁止的。纵使故意伤害罪和故意杀人罪的成立多数情形要求存在行为人类型化的作为，但特定情形的不作为同样可以构成犯罪。因此，医师消极不救治患者生命的行为，不排除构成不作为的故意杀人罪、故意伤害罪或是医疗事故罪等相关犯罪的可能。医生在医疗关系中身处保证人地位，负有积极救治患者的法定义务。同时，医生是医疗领域的专业人士，客观上具备救助他人的能力。如果医生不对患者施以积极救助，必将会造成更严重的危害后果。❷ 综上，在紧急医疗的场合，如果医生能救助患者而不救助的，可能会被追究相应的刑事责任。

当然，如果患者当时虽然陷入昏迷不能表达意识，但即便手术推迟也不会带来不必要伤害的场合，此时，推定同意就难以成立，医生不得在未获患方同意的情况下擅自手术，而是需要采取保守治疗，等到患者清醒或是联系上患者监护人、近亲属并取得签字同意后再行手术，否则医生可能会面临刑事责任的追究。如果患者属于存在精神障碍等不能有效表达意愿的场合，医生的手

---

❶ 参见姚万勤：《法律父爱主义与专断医疗行为的正当化》，载《比较法研究》2019 年第 3 期，第 170 页。

❷ 参见姚万勤：《法律父爱主义与专断医疗行为的正当化》，载《比较法研究》2019 年第 3 期，第 170 页。

术行为不仅要求满足情况紧急的要件，还要求必须是为了患者的最佳利益才能够正当化。以 2005 年发生的"南通福利院切除智障少女子宫案"❶ 为例，本案的特殊之处在于两被害人并不具备同意能力，作为其监护人的福利院负责人是否有权推定同意切除两被害人的子宫？答案必然是否定的。本案中，被告人的行为既不属于法律明文规定的强制医疗，也并非被害人生命或是重大身体健康陷入危险的紧急医疗情况，亦不符合保护被监护人最佳利益的原则，事实上是监护人为自己的私利而擅自作出的同意，属于无效的推定同意。因而，据此实施的医疗行为并不具备正当化的基础，构成专断医疗行为。❷ 生育权是公民享有的基本人权，无论性别，也不论健康与否，任何人都无权剥夺公民的生育权。即便是智障少女的生育权也应受到同等保护，任何人都无权切除智障少女的子宫以阻止其怀孕。基于软法律父爱主义的观点，国家干涉的前提必须是为维护被害人利益。❸ 本案中，福利院是出于护理方便与避免今后意外怀孕的担忧，就擅自决定切除两名智障少女的子宫，对其身体健康造成了重大损害，显然并不是为保护被害人的利益而作出的决定。子宫对于少女的身心发育具有不可或缺的增益功能，且不能彻底排除智障少女将来存在病情缓解的可能。因此，在子宫本身没有发生任何病变而可能危及少女生命安全或是重大身体健康的情况下，就仅为减少护理麻烦而无视少女利益，切除其正常的子宫，这是缺乏正当性的行为，应当为法律所禁止

---

❶ （2006）通中刑一终字第 0068 号裁定书。

❷ 参见冯军：《病患的知情同意与违法——兼与梁根林教授商榷》，载《法学》2015 年第 8 期，第 124 页。

❸ 参见姚万勤：《法律父爱主义与专断医疗行为的正当化》，载《比较法研究》2019 年第 3 期，第 170 页。

和追责。❶ 退一步而言，即便阻止智障少女怀孕是正当的，但只要客观上还存有其他可能的选择，如通过采取输卵管结扎手术等损害更小的措施同样能够达到阻止怀孕目的时，就应当严格遵循最小损害原则，选择对被害人伤害最小的方式，而不是采取对身体健康造成重大损害的子宫切除手术。因此，本案实施子宫切除手术的医生并不能免除故意伤害罪的刑事责任，这也为日后解决医生实施专断医疗行为的刑事责任提供了司法范例。❷

当然，如果患者意识清晰，具备完整的意思表达能力，就不存在推定同意的适用可能，如果医生坚持拒绝患者的合理医疗请求，或坚持要求取得患者近亲属同意才手术，造成严重后果的，将要承担相应法律责任。以在我国引起重大反响的"8·31榆林产妇跳楼事件"❸ 为例，本案的争议焦点在于，究竟是医院坚持要求孕妇顺产，还是孕妇家属拒绝剖腹产导致孕妇情绪失控跳楼？此为认定责任承担主体及责任大小的关键。最终，相关医护人员被医院给予记过、警告等处分，助产师刘丽则被解聘。我国《民法典》第130条明确规定："民事主体按照自己的意愿依法行使民事权利，不受干涉。"可见，个人对自己的身体享有绝对的自主权，孕妇只要是具有完全民事行为能力的成年人，无精神病史，意识清醒，就应当由孕妇本人自主决定是否手术以及如何手术。医生的义务在于提供详尽科学的分析，周全告知患者利弊，同时提供几种方案由患者自主选择。患者只要作出明确的选择，无论患者

---

❶ 参见冯军：《病患的知情同意与违法——兼与梁根林教授商榷》，载《法学》2015年第8期，第124页。

❷ 参见冯军：《病患的知情同意与违法——兼与梁根林教授商榷》，载《法学》2015年第8期，第124页。

❸ 参见《8·31榆林产妇跳楼事件》，载 https://baike.baidu.com/item/8·31榆林产妇跳楼事件/22111112? fr＝aladdin，最后访问于2021年10月12日。

近亲属是否同意，医方都应当坚持患者本人的真实意愿优先。因为患者对于自己的身体享有绝对自主权，且为医疗行为的唯一直接承担者，患者有权完全按照自己的意愿依法行使民事权利，任何人都不得非法干涉，否则就构成对自我决定权的侵害，要承担相应责任。在本案中，如果证实孕妇家属或是医院始终拒绝同意孕妇剖腹产的要求，就属于干涉他人自主决定权的行使，构成民事违法行为，需要承担相应的民事侵权责任。至于是否应当追究医院过失致人死亡的刑事责任，鉴于医院无法认识到可能导致孕妇跳楼死亡这一危害后果，故而不能仅因医院没有尽到有效监管职能就追究其过失致人死亡的刑事责任，这是不妥当的。

综上，只要患者存在同意能力，医生就应当坚持患者本人意愿优先的原则，遵循患者本人作出的真实意愿。此时，推定同意是不能够成立的，因为推定同意较之于权利人真实的同意而言，是辅助性和补充性的。也就是说，只有当确实难以获得权利人真实同意的场合，且情势紧急之时，才有适用推定同意的可能。因此，近亲属"仅应当作为在查明患者可能出现的意志的建议者而出现，因此，这些医生不需要听从他，当他的决定会产生危害患者利益和可能的意志时"❶。同时，医方也不能出于避免将来发生医疗纠纷❷或是其他一些考虑而忽视患者意愿，一味地坚持遵循患者家属的意愿，如此必然会侵害患者的自主决定权，要承担相应责任。

再回到肖志军拒签案中，关于医生在这一事件中应当承担的责任，理论上存在很大争议。主要可以划分为三种观点：其一，

---

❶　[德] 克劳斯·罗克辛：《德国刑法学总论（第 1 卷）——犯罪原理的基础构造》，王世洲译，法律出版社 2005 年版，第 375 页。

❷　实践中，医疗纠纷一般是由患者或其家属提起诉讼的。

本案并不存在法定的强制医疗情形，医生不能对患者强行治疗，医生并不享有强制医疗权，因而医生不动手术的做法是合乎规范的合法行为；❶ 其二，本事件属于"紧急情况"，手术行为的实施并不必然要求取得患者近亲属的同意，医生遵循近亲属拒绝手术的意愿，最终造成孕妇及其腹中胎儿死亡的，应当构成不作为的过失致人死亡罪；❷ 其三，本案存在法律义务之间的冲突，即我国《执业医师法》第 24 条与《医疗机构管理条例》第 33 条之间的冲突，但作为法律的《执业医师法》的效力等级明显高于行政法规《医疗机构管理条例》，当二者发生冲突时，自然应当优先遵循《执业医师法》中的规定，即医生必须优先履行救治病人的义务，并不必然要求取得患方的同意。但是，本案中的医生对于其未予救治的行为缺乏违法性认识，因而不构成犯罪。❸ 根据前述论证得出的结论，最后一种观点更具合理性，是为本书所支持。

三、超越患者同意权限扩大或变更手术范围的刑法评价

（一）理论主张

无论是紧急医疗行为，还是一般医疗行为，最重要的就是尊重患者的自主决定权。当患者明确拒绝接受某一医疗行为的，除却法律明文规定适用强制医疗的特殊情形，就不得再对其实施医疗行为。但是，如果患者没有作出明确拒绝的意思表示，就不排除默示同意存在的可能，可以将推定同意的理论作为正当化

❶ 参见袁正兵：《绝不能赋予医院强制治疗权》，载《检察日报》2007 年 11 月 25 日，第 001 版。

❷ 参见陈聪富：《医疗行为与犯罪行为——告知后同意的刑法上效果》（下），载《月旦法学教室》2008 年第 8 期，第 74 页。

❸ 参见吕英杰：《"肖志军拒签案"——医生的刑事责任分析》，载《政治与法律》2008 年第 4 期，第 132 页。

根据。❶尤其在治疗行为密切关乎患者的生命安全和重大身体健康的场合，应当在更大范围内认可推定同意理论的适用，以维护患者利益。

在医疗领域之所以主张广泛承认推定同意，是因为推定同意本身就是以尊重和维护患者的自我决定权作为核心理论依据，这是推定同意本身存在的前提条件，不可或缺。医疗领域同理，未获得患者同意的医疗行为原则上不得正当化。但这并不应当作为绝对适用的原则，凡事皆有例外。在手术进行过程中，如果客观情势紧急，不及时扩大或变更手术范围将会给患者带来不可逆转的重大危害，此时，再不允许对"患者知情同意"的医疗准则予以变通就会得出不合理的结论。因此，基于并不存在患者现实的同意，因而就不得不在较大范围内认可推定同意的成立。需要强调一点，推定同意的适用必须有一个前提，如果不立即扩大或变更手术范围，患者的生命与身体将会有重大危险。也就是说，擅自扩大或变更手术范围的行为要想正当化，必须是该行为的实施刻不容缓，否则就会造成重大法益损害后果。如果医生可以及时获得患者同意而不积极获得，或是手术即便迟延也不会给患者带来利益损害的场合，医生仍在未经患者同意的情况下擅自扩大或变更手术范围的，将可能构成"专断医疗"行为，轻则构成民事侵权，重则可能承担故意伤害等刑事责任。因此，对于是否真正有必要扩大或变更手术范围的判断，需要予以严格限制。具体在综合考量扩大或变更手术行为可能给患者带来的危险和负担、患者在知悉全部客观事实后会作出同意的可能性大小等因素后，再慎重作出是否扩大或变更手术范围的最终决定。但是，如果现实

---

❶　参见刘明祥、曹菲、侯艳芳：《医学进步带来的刑法问题思考》，北京大学出版社 2014 年版，第 165 页。

情况是只有扩大或变更手术范围才能够挽救患者生命，或是如果不当即扩大或变更手术范围将会给患者身体健康带来不可逆的重大伤害，那么，原则上应当选择扩大或变更手术范围，认可推定同意的成立。● 因为人的本性是趋利的，求生是人的本能，一般人在生死存亡时刻都会选择继续活下去。再者，只有当患者的生命得到存续，才能够具备行使自我决定权的前提要件和物质基础。可见，对于患者自我决定权的尊重不是绝对的，允许例外存在。

坚持尊重患者的自我决定权是原则，但在紧急情况下，如果没有确凿证据可以证实患者一定会拒绝扩大或变更手术范围的医疗行为，那么，就应当坚持患者的最佳利益优先。同时，由此也正好对紧急情况下扩大或变更手术范围的医疗行为，适用推定同意理论实现正当化的范围作了相当限定。

紧急情况下扩大或变更手术范围的医疗行为，其实与专断医疗行为类似，形式上都是未经患者同意而实施医疗行为，不同之处在于前者是因情势紧急而无法及时获得患者同意，后者则是有条件获得患者同意而消极不作为。齐藤诚二教授认为，"医疗的最高法理不在于'治疗'，而在于'患者的意思'"，这是德国判例自1894 年就确认的原理，至今看来整体上仍然值得遵循，具备相当的合理性。● 然而，如果患者明确拒绝扩大或变更手术范围的医疗行为，但该医疗行为具备医学上的必要性，且符合医学伦理，此时，是否有必要认定医生具有故意伤害罪或是其他相关罪名的违法性，则有待商榷。此外，针对医疗领域中此类侵害患者自主决定权的犯罪，有无必要增设单独的构成要件类型，也值得探讨。

● ［日］齐藤诚二：《医事刑法的基础理论》，多贺出版社 1997 年版，第 36—37 页。
● ［日］齐藤诚二：《医事刑法的基础理论》，多贺出版社 1997 年版，第 36 页。

（二）案例评析与本书观点

我国有关推定同意的案例，大多集中于民事领域，本书暂未找到相关的刑事案例，因而此处选择以民事案例作为分析对象。在医生扩大或变更手术范围的案件中，手术本身是经患者同意后进行的，变化在于手术进行过程中，医生基于自己专业素养的判断，在未获患者同意情况下擅自扩大或变更了手术范围。根据患者知情同意原则的规定，医生对于每一次的侵袭性医疗行为都应事先全面告知患者，并取得其同意后才能使医疗行为正当化。此处擅自扩大或变更手术范围的行为，纵使是出于保护患者利益的动机，最终也确实是有利于患者身体健康的，但仍然违背了患者的知情同意权利。

在刘某某等诉中国人民解放军总医院等医疗损害责任纠纷案❶中，上诉人刘某某等主张，因为中国人民解放军总医院的过错才导致患者软骨软化并进一步导致肉芽形成及后续一系列治疗行为，最终患者死亡，中国人民解放军总医院应当按照 100% 的比例承担责任。中国人民解放军总医院则认为，己方的诊疗行为符合医疗常规和规范，不存在过错，而且鉴定报告认定己方所谓的医疗不足与患者死亡之间不存在因果关系。一审法院认为，"2010 - 07 - 28 后行手术均为急诊手术，为患者呼吸困难后紧急处理措施，手术知情同意书上与最终手术方式存在不同为正常医疗情况，这些手术的手术术式、手术范围是手术中所见的病理改变，经医生诊断后决定的手术治疗，不存在缺陷。不存在扩大手术范围，改变手术方式的情形，虽与手术知情同意书不一致，但此属患者病情治疗所必须，且无损害后果。故，医方不存在医疗过错。"二审法院认为，一审判决认定事实清楚，适用法律正确，维持原判。在本案中，法院认为实施的手术为急诊手术，也就是说，本案属于

---

❶　参见（2017）京 01 民终 5482 号民事判决书。

紧急医疗的情形，最终手术方式与手术同意书虽存在不同，但这是医疗中的常见情况，只要是基于治疗患者病情的目的，且没有造成损害后果的，就是手术中正常的病理改变，不存在扩大手术范围，是合法合规的医疗行为，医生无需担责。

再以刘某某诉首都医科大学附属北京同仁医院案❶为例，这是在非紧急医疗场合，医生未尽告知义务擅自扩大手术范围的示例，借此一窥司法实务中对于一般医疗场合，医生未获患者同意擅自扩大手术范围的处理态度。本案中，刘某某认为，同仁医院在未获自己同意的情况下擅自扩大手术范围，给自己的身体造成了重大损害，同仁医院对此存在医疗过错，应当承担全部责任，赔偿全部损失及相关费用。同仁医院则认为，对刘某某的诊断适当，手术过程中之所以擅自扩大手术范围，完全是基于对刘某某病情的现实考量，其医疗行为符合医疗规范，并无过错。一审法院和二审法院都认可同仁医院擅自扩大手术范围的行为侵犯了患者的知情同意权，最后是基于该行为并未造成实质损害，即"缺乏器官功能障碍"而驳回原告的诉讼请求，进而排除医生的侵权责任。

以上两则民事案例最终都排除了医生的侵权责任。依据《民法典》第 1219 条❷和 1222 条❸的规定，医务人员负有说明义务，医疗事故侵权责任适用"推定过错"责任原则，医生未履行说明

---

❶ 参见（2014）高民申字第 00106 号民事裁定书。

❷ 参见《民法典》第 1219 条："医务人员在诊疗活动中应当向患者说明病情和医疗措施。需要实施手术、特殊检查、特殊治疗的，医务人员应当及时向患者具体说明医疗风险、替代医疗方案等情况，并取得其明确同意；不能或者不宜向患者说明的，应当向患者的近亲属说明，并取得其明确同意。医务人员未尽到前款义务，造成患者损害的，医疗机构应当承担赔偿责任。"

❸ 参见《民法典》第 1222 条："患者在诊疗活动中受到损害，有下列情形之一的，推定医疗机构有过错：（一）违反法律、行政法规、规章以及其他有关诊疗规范的规定；（二）隐匿或者拒绝提供与纠纷有关的病历资料；（三）遗失、伪造、篡改或者违法销毁病历资料。"

义务可以作为过错推定的依据之一。但依据《民法典》第 1220 条❶的规定，在紧急医疗的场合，如果无法获得患者及其近亲属同意的，经相关负责人批准，可以立即采取医疗措施。前述两个案例中，医生都是在未经患者同意的情况下擅自扩大手术范围，最终法院都认定医生不存在医疗过错，无须承担责任。其中，第一个案例是在医疗情况紧急的场合，法院排除医生侵权责任的核心依据在于，该扩大手术范围的医疗行为是治疗患者病情所必须，且并未造成损害后果；第二个案例中则是发生在一般医疗场合，法院认可医生对于患者知情同意权的侵犯，最后以并未造成损害后果排除了医生的侵权责任。可以发现，无论是一般医疗场合，还是紧急医疗场合，法院最终认定是否担责都有一个共同的重要考量因素，就是是否造成损害后果。这并非个例，本书通过对相关医疗案例检索、查阅发现，但凡医疗行为并未造成危害后果的，法院一般都会认定医方不承担责任。

　　不可否认，在以上两个案子中，客观上医生都存在违反告知义务的问题，在未获同意的情况下扩大或变更手术范围的行为确实侵害了患者的知情同意权。对该案的民事审判结果本书暂时不予置评，基于刑法的视角观之，关于医疗行为正当化的原理，学界多以"患者知情同意"作为重要根据。在非紧急医疗的场合，未获患者同意的医疗行为原本就是伤害行为的一种，自然也就不乏刑事归责的可能性。❷ 但是，在紧急医疗的场合，即便手术行为欠缺患者的同意，仍然可以依据推定同意得以正当化。

---

❶ 参见《民法典》第 1220 条："因抢救生命垂危的患者等紧急情况，不能取得患者或者其近亲属意见的，经医疗机构负责人或者授权的负责人批准，可以立即实施相应的医疗措施。"

❷ 参见陈冉：《"假定同意"案件中医疗行为的正当化研究》，载《中国人民公安大学学报（社会科学版）》2019 年第 6 期，第 77 页。

第五章

消极安乐死中的推定同意

在我国现行刑法之下，完全排除积极安乐死与间接安乐死的违法性是难以实现的，因为无论行为人究竟出于何种动机，总归是以侵害他人生命的故意而实施了相应行为，即便存在被害人的知情同意，基于被害人无权承诺国家法益、社会法益和生命法益的通说主张，实施积极安乐死与间接安乐死的行为仍然是违法的。质言之，违法阻却的路径仅能适用于消极安乐死，即中止医疗行为的场合。❶ 消极安乐死在我国至今尚未合法化，但基本上可以为我国民众所接受，当前司法实务中原则上也不会将中断维生医疗的消极安乐死行为作为犯罪处理，❷ 因而，消极安乐死在我国整体上可以视为超法规的违法阻却事由。我国多数学者也将消极安乐死作为独立的

---

❶ 参见周振杰：《现行刑法下安乐死的司法处理路径研究》，载赵秉志主编：《中韩刑法正当化事由比较研究》，群众出版社、中国人民公安大学出版社 2020 年版，第 161 页。

❷ 参见黎宏：《刑法学》，法律出版社 2012 年，第 637 页。

违法阻却事由，核心根据在于人的固有权利中包含选择死亡的方式，对于这种权利应当予以尊重。❶ 其实，这本质上也是自主决定权的应有之义。

具而言之，在医疗活动中，患者的自主决定权并不限于一般身体与健康法益，更是涵括国家禁止公民自由处分的生命与重大身体法益。如果在医疗活动中仍一味地坚持生命法益不得处分的原则，那么，患者自主决定权的行使必然受限。除非关涉第三人的利益，否则国家无权干涉公民的医疗决定，即便公民危在旦夕，国家亦无权强制公民就医，国家自然也并不具备限制公民终止医疗的权力。诚然，"生命法益不得处分"确实具备重要价值与意义，但这一准则应当是适用于自然存在的生命，任何人，即便是基于权利主体的同意，均无权缩短他人的生命。当面临重大疾病威胁时，生命的存续不再是自然存在的，而是需要仰赖人工设备才能够维系生命时，公民应当享有适当的生命处分权，享有喊"停"的权利以撤出维生设备，让生命回归自然存在，因为公民享有自然死亡的权利。❷ 也就是说，我们承认公民的生命是神圣不可侵犯的，但该原则是针对自然意义上存续的生命。在公民生命面临重大疾病困扰或是生命的存续使得其身体处于极端痛苦中，且需要仰赖维生设备延续生命时，我们应当赋予公民自然死亡的权利，容许维生设备的撤出，让公民有尊严地自然死亡，让生命回归自然的存在。

因此，本书主张将患者自主决定权之下的真实同意与推定同

---

❶ 参见魏超：《论推定同意的正当化依据及范围——以"无知之幕"为切入点》，载《清华法学》2019 年第 2 期，第 207 页。

❷ 参见张樱馨：《医疗义务与拒绝医疗权冲突时之刑法评价》，台湾成功大学 2011 年硕士学位论文，第 108—109 页。

意作为认定消极安乐死能否正当化的标准。在消极安乐死的场合，绝大多数临终患者往往都已经陷入昏迷或处于无法表达意愿的状态，因而推定同意的适用事实上更为普遍。因此，消极安乐死中的推定同意如何有效成立是本书研究的重点。

当然，对于消极安乐死的合法化问题仍然需要慎重对待，待到将来时机成熟再予以立法。本书的研究旨在总结我国当前的实践经验，借鉴他国立法实践与司法实务，以期为我国司法机关类案处理和将来国家立法提供理论上的支持。

第一节　消极安乐死中的推定同意概述

消极安乐死，严格意义上也属于医疗领域的行为。但在消极安乐死的场合，情势往往并不紧急，因而区别于前述紧急医疗，在此单独讨论。本书主张将消极安乐死与尊严死统一谓之"消极安乐死"，不予区别对待。关于消极安乐死能否正当化的判断，"作为"与"不作为"的区分是学界传统观点，但当下该观点受到了"中断医疗"这一新主张的冲击。在"中断医疗"这一规范性评价的上位概念之下，消极安乐死（也即中断医疗行为）得以正当化的核心在于患者自主决定权之下的被害人同意或推定同意：如果存在患者真实的主观意愿，就适用被害人同意；如果患者已经丧失同意能力，就适用推定同意。

一、消极安乐死的概念厘清

基于分类标准的不同，不同学者对于安乐死的分类也不尽相同。西方学者普遍依据病人意愿的不同将安乐死划分为自愿安乐死（voluntary euthanasia）与非自愿安乐死（involuntary euthanasia），前者是基于患者的事前同意而实施安乐死，后者则是未获患者同意而实施的安乐死；依安乐死执行方式的不同又可以将安乐死划分为积极安乐死（active euthanasia）与消极安乐死（passive euthanasia），前者是以积极作为的方式实施安乐死，比如为患者注射致命针剂让死亡提前来临，后者则是以消极不作为的方式实施安乐死，比如针对没有康复希望或是临近死亡的患者撤出维生设备让其迎接自然死亡的行为。❶

具而言之，消极安乐死一般又被称为消极的死亡协助，是指遵循患者意愿放弃或中断医疗行为，任由病患自然死亡。一个意志自由且具备完整行为能力的患者要求医生放弃或是中断医疗的，医生必须予以遵循。病人的自主决定权高于医生的任何决定。当患者明确要求放弃治疗，医生遵循患者意愿，不再采取医疗措施（包括撤出人工生命维持装置），任由患者自然死亡的行为，不成立故意杀人罪。❷ 对此，我国台湾地区刑学界认为，因患者还在医院，医疗契约尚未解除，但契约并不必然就是刑法上保证人地位的基础。患者明确表示拒绝治疗的行为，就是对医生管控地位的排斥，医生的管控支配地位因此被解除，因而不再具有保证人地位。同时，医生的行为也不是帮助自杀，因为医生已经不再具有保证人地位，就已然不存在不作为的帮助自杀问题。❸ 德国理论界与实务界也一致认为，如果医疗措施既无治疗效果，也不能缓解患者痛苦，只能延迟死亡进程之时，基于患者的真实同意或是推

❶ 参见陈朝政：《死亡权问题初探：伦理层面的分析》，载《高医通识教育学报》2009 年第 4 期，第 88 页。

❷ 参见张明楷：《刑法学》（下），法律出版社 2021 年版，第 1109 页。

❸ 参见林东茂：《死亡协助的刑法问题》，载《高大法学论义》2015 年第 2 期，第 105 页。

定同意，可以容许医生放弃医疗措施。● 病人因此自然死亡的，医生也不会成立不作为的受嘱托杀人。● 需要注意的是，在患者请求放弃或是中断医疗的场合，即便依照一般理性人的观点看来是不理性且不符合常理常情的，只要证实是患者的真实自主意愿，医生仍然应当尊重并遵循。

　　与安乐死相联系的是尊严死的概念。尊严死又称为自然死●，是指针对植物人等患者，撤出生命维持装置，停止无益的、多余的延长生命措施，让植物人等患者自然死亡。● 前述概念中，消极安乐死与尊严死的区分似乎最易混淆。学界有不少学者专门就消极安乐死与尊严死如何区分的问题单独加以研讨。有学者认为，二者虽十分相似，但仍然存在差异。尊严死的场合，通常是针对末期重症患者，医疗措施对其只能是勉强延续很短时间的生命，为避免患者在临终前承受各种紧急救治措施的极端痛苦，赋予患者可以拒绝无用延命救治的权利，选择自然死亡。在消极安乐死的场合，行为对象往往是无恢复可能的植物人或是长期遭受疾病折磨的患者，并不一定就是末期患者，为帮助前述主体免受病痛折磨，主动撤出维生设备使其自然死亡。但是，适用消极安乐死患者若受到良好的医疗照顾，不排除可以存活很长时间的可能。● 基于此，有学者更进一步主张消极安乐死与尊严死之间至少存在以下三点差异：其一，消极安乐死的对象既包括重症晚期患者也包括植物人，尊严死的对象则仅限于死期迫近的重症晚期患者；

● Lackner/Kühl, StGB, 28. Aufl., C. H. Beck, 2014, vor §211, Rn. 8.

● Claus Roxin, Tötung auf Verlangen und Suizidteilnahme, in: GA 2013, 315.

● 下文统一谓之"尊严死"。

● 参见张明楷：《刑法学》（下），法律出版社 2021 年版，第 1109 页。

● 参见陈朝政：《死亡权问题初探：伦理层面的分析》，载《高医通识教育学报》2009 年第 4 期，第 88 页。

其二，消极安乐死的对象，如果受到良好的医疗照顾，或许可以存活很长一段时间，但尊严死的对象即便施与紧急救治，所能延长的生命也是极其短暂的，急救措施对于患者而言是痛苦且无意义的，只不过是延缓死亡的进程而已；其三，在安乐死案件中，导致患者死亡的是他人故意的作为或不作为，而尊严死的场合，因为急救措施并无意义，因而造成患者死亡的是疾病本身。❶ 对此，也有学者持不同的观点，认为尊严死与安乐死一样，都是以终止治疗为内容，但因为尊严死中并不存在使患者缓解或是解除痛苦这种具体的反对利益，较之于消极安乐死而言，更难以被正当化。❷ 总而察之，学界关于尊严死与消极安乐死二者的区别历来纷争不断，至今尚未形成统一定论。

其实，尊严死也是被广泛使用的名称，通常意义上，尊严死近乎等同于拒绝延命治疗的安宁医疗。若从纯粹字面意义观之，尊严死应当是指有尊严地面对死亡的情形，不仅包含拒绝延命治疗，还涵括了积极安乐死。也就是说，尊严死是指死亡时的状态，并不关注导致死亡的手段。因此，积极安乐死、末期安宁医疗等，只要是经患者同意实施的行为，都可以纳入尊严死的范畴。❸ "与其将尊严死与末期延命治疗的拒绝相连结，或等同视之，倒不如把另一个暧昧的名称，亦即自然死（拒却人工干预，自然面对死亡之意），与延命治疗的拒绝连接在一起观察会比较妥当。本来如果仅是为以上的语词射程范围的讨论，其实并不需要特别强调尊

---

❶ 参见陈朝政：《死亡权问题初探：伦理层面的分析》，载《高医通识教育学报》2009 年第 4 期，第 88—89 页。

❷ 参见［日］松原芳博：《刑法总论重要问题》，王昭武译，中国政法大学出版社 2014 年版，第 157 页。

❸ 参见李茂生：《安乐死到底是让谁得到了安乐》，载《法律扶助与社会》2020 年第 5 期，第 84 页。

严死、自然死等的概念与安乐死之间的关系，顶多是提醒一下，于许多的场合，论者在谈及尊严死的时候，其用语的射程范围仅止于消极安乐死而已。"❶

关于安乐死的分类众多，但整体上可以划分为积极安乐死与消极安乐死两类。事实上，消极安乐死与尊严死的实施方式在实务中差别甚微，也都旨在帮助患者摆脱不能独立维生的艰难困境，得以尊严、体面地走向自然死亡，因而消极安乐死的概念是足以取代尊严死的。此外，在立法技术层面，因为不用刻意区分安乐死与尊严死，二者的概念也就不会相互纠缠与援用，可以有效避免我国台湾地区《安宁缓和医疗条例》在司法适用上普遍存在的各种问题。❷ 因此，本书主张对尊严死与消极安乐死不予严格区分，统一视为同一概念❸。

二、消极安乐死正当化的判断标准

（一）区分作为与不作为的传统见解

消极安乐死，通常又被称为医疗中止或中断维生医疗行为，是指为了帮助患者解除正在遭受的剧烈痛苦，选择中断或是终止维持生命医疗的行为。❶ 实施消极安乐死后，患者死亡的，死亡原因并非人的积极行为，而是肌体本身的疾病所致，是自然死亡而

---

❶ 李茂生：《安乐死到底是让谁得到了安乐》，载《法律扶助与社会》2020 年第 5 期，第 84 页。

❷ 参见鲍博：《论医生死亡协助在我国刑法中的正当化》，载《中国卫生法制》2021 年第 1 期，第 78 页。

❸ 参见王岳：《论尊严死》，载《江苏警官学院学报》2012 年第 3 期，第 83 页；薛芳：《尊严死刑法问题探究》，载《湖南警察学院学报》，2016 年第 2 期，第 40 页。

❶ 参见刘建利：《晚期患者自我决定权的刑法边界》，载《中国社会科学院研究生院学报》2018 年第 3 期，第 136 页。

不是非自然死亡。❶关于消极安乐死行为合法性的考察，第一步就是要明确界定刑法的评价对象。消极安乐死中主要有撤除人工生命维持装置等行为，关于该行为属性的认定，学界主要存在作为说与不作为说两种传统观点。其中，作为说认为，撤出人工生命维持装置属于侵害生命的一种身体动作，是对既存现状的积极干涉，且是导致患者死亡的直接原因。消极安乐死的行为无论由包括医生在内的任一主体实施，都应视为一种"作为"。❷从行为最终造成的危害后果观之，即便患者生命仅是被人工装置机械地勉力维持着，但只要生命权这一最高法益仍然存在，消极安乐死这一积极法益侵害行为就难以正当化。❸因此，只要是因消极安乐死行为而造成的死亡后果，就必然该当故意杀人罪的构成要件，只能转而从违法性阶层探讨是否存在违法阻却事由。依据作为说的观点，消极安乐死是一种积极侵害他人生命的行为，即便是受患者本人真实自主的嘱托而实施，纵使认可患者享有尊严死亡或是自然死亡的权利，也仍然成立故意杀人罪，很难正当化。基于作为说的立场，当患者丧失同意能力，陷入永久性无意识状态，且客观上不具备救治可能性时，医生为避免承担责任，仍必须竭力抢救，将维持生命的医疗行为进行到底。❹如此做法，事实上并无任何实质意义，且严重侵害了患者的善终权益。在作为说的主张之下，一旦开始医疗行为，直至患者死前都不能停止，即便存在

❶　参见王政勋：《刑法的正当性》，北京大学出版社 2008 年版，第 320 页。

❷　参见刘建利：《刑法视野下医疗中止行为的容许范围》，载刘建利主编：《医事刑法重点问题研究》，东南大学出版社 2017 年版，第 270 页。

❸　参见［日］井田良：《维持生命治疗的界限和刑法》，冯军译，载《法学家》2000 年第 2 期，第 113 页。

❹　参见刘建利：《刑法视野下医疗中止行为的容许范围》，载刘建利主编：《医事刑法重点问题研究》，东南大学出版社 2017 年版，第 270 页。

患者真实有效的同意，医生也不能够轻易改变已经被采取维生医疗措施患者的现状，否则将可能承担故意杀人罪的罪责。因此，医生出于自保，在患者处于可以采取可以不采取维持生命医疗措施的场合，很多医生可能会犹豫不决，甚至直接不实施维生医疗。❶

不作为说，则认为医生采取维持生命医疗的措施是履行救治义务的表现，不再采取维持生命医疗的措施则意味着中止治疗，本质上就是医生不再施加医疗行为上的影响，由此也并未产生新的因果关系，仅是不再帮助行将死亡的患者的一种消极不作为。即是说，此处刑法的评价对象是"没有进行更多生命救助行为"的不作为。❷ 因此，如若将消极安乐死的行为属性认定为不作为，那么，医生是否负有作为义务或是否处于保证人地位，就是判断消极安乐死行为是否该当故意杀人罪构成要件的核心要素。如果患者客观上已进入不可逆转的死亡阶段，就可以视为不再存有刑法上的继续救治义务，此时医生不再处于保证人地位，消极安乐死行为也就不符合故意杀人罪的构成要件。将医生实施的中断维生医疗行为视为不作为，基于医疗行为的客观实践观之，逻辑上是合理顺畅的。医生是受患者的嘱托而负有救治义务，并基于该救治义务而采取所需的医疗行为。同时，患者的身体状态是全面依赖医生一方所进行的医疗行为。中断人为的救治行为，与面向未来不采取救治措施的行为本质上是等价的。将这些行为视为一个整体来观察撤出维持生命医疗措施的消极安乐死行为，虽然客观上并不能否认是侵害生命法益的行为，但本质上更是不再继续

---

❶ 参见刘建利：《尊严死行为的刑法边界》，载《法学》2019 年第 9 期，第 17 页。

❷ 参见 [日] 井田良：《维持生命治疗的界限和刑法》，冯军译，载《法学家》2000 年第 2 期，第 114 页。

帮助生命已经不可逆转地进入死亡进程的患者的消极行为。[1] 不作为说较之于作为说，是从客观实际的、本质的角度来阐释消极安乐死行为，相对更有说服力。但是，关掉、拔掉、撤出人工维持生命医疗设施的行为，客观上就是不可否认的身体动作，为何可以将其评价为刑法上的不作为？理论上应当如何释明？再者，确实是由于该动作才直接造成了患者死亡的结果，也就是说，消极安乐死行为与患者死亡这一结果之间是存在符合法则的条件关联，这无论如何都不能够否认。此乃不作为说需要解决的困惑所在。

其实，消极安乐死行为究竟是"作为"还是"不作为"，关键在于将整个维持生命医疗行为是视为一个连续的整体，还是多个不同的阶段。"作为"强调"撤除维持生命医疗措施"这一身体动作改变了进行中的因果流向，这是基于客观事实的判断视角，主张撤出维持生命医疗措施的行为将原本朝向积极救助生命的事态转向了相反方向，即结束生命的方向，因而将之视为"作为"。"不作为"则强调"不再继续"，这是基于抽象价值判断的视角，无论是在医疗之初不采取维持生命医疗措施，还是在医疗过程中停止采取维持生命医疗措施，同属于"不再继续治疗"，二者是等价的，一概评价为"不作为"。[2] 依据"作为说"的观点，消极安乐死行为该当故意杀人罪的构成要件，应当在违法性阶层探讨其正当化根据；"不作为说"则将消极安乐死行为视为"不作为犯"的议题，将其置之于构成要件阶层来考察其合法性。

在医疗实践中，医疗活动是一系列行为的集合，医生根据患

---

[1] 参见［日］井田良：《维持生命治疗的界限和刑法》，冯军译，载《法学家》2000 年第 2 期，第 114 页。

[2] 参见刘建利：《刑法视野下医疗中止行为的容许范围》，载刘建利主编：《医事刑法重点问题研究》，东南大学出版社 2017 年版，第 271 页。

者的实际病情与发展趋势，决定采取更为积极的治疗方案，或是将积极治疗转变为消极、保守治疗，这都是十分普遍的医疗现象。只要符合医疗常规，就应被视为正当医疗行为。应将医疗行为视为一个整体，不能断章取义或是以偏概全，截取整体医疗行为中某一阶段的行为就将之评价为刑法上的积极侵害行为，这过于绝对化和形式化，有悖于现代医疗的实际情状。简而言之，不能独断地将仅是变更医疗方案的行为认定为刑法上的犯罪行为。

至于前述关于医疗中止行为中明明存在不可否认的身体动作，为何却将之认定为不作为的质疑，德国学界通过主张用"基于作为的不作为犯"理论来阐明。具而言之，如果行为人自始就不负有作为义务，那么其作为就不会被禁止，自然也就不会该当犯罪构成要件。同样，在医疗中止行为中，只要行为人不负有继续治疗的义务，客观上不存在救治生命的可能，那么，撤出维持生命医疗的身体动作就不会是被禁止的，并不能够该当故意杀人罪的构成要件。❶ 可见，并不注重考察医生具体实施的某个身体动作（如关闭呼吸器或输养设备），而是基于整体抽象的价值评价视角，认为医生是采取不再继续治疗的不作为。❷ 该主张之所以积极避免将医疗中止行为评价为作为，旨在尽可能否定医疗中止行为的构成要件该当性。倘若有医生以外的第三者在未获医生同意或授权的情况下，仅基于患者的请求就实施中断维持生命医疗的行为，该第三者是否成立故意杀人罪？第三者并不涉及是否评价为医疗中止行为的问题，该第三者的行为是帮助患者行使医疗自主决定

---

❶ 参见［日］井田良：《维持生命治疗的界限和刑法》，冯军译，载《法学家》2000 年第 2 期，第 114 页。

❷ 参见许泽天：《尊重病人拒绝医疗意愿中断治疗可罚性》，载《检察新论》2017 年第 21 期，第 177—178 页。

权的表现，同样不成立故意杀人罪。❶ 依据"中断治疗"阻却安乐死违法性的2010年德国联邦最高法院判决（以下简称Fulda案）❷，同样秉持该观点。显然，即便是由第三者实施中断维持生命医疗的行为，仍然能够阻却故意杀人罪的构成要件该当性。由此可知，消极安乐死问题的关键并不在于作为还是不作为的划分，而是是否符合患者主观意愿的认定。❸ 鉴于前述传统见解的弊端，德国早有学者主张放弃区分作为与不作为的传统观点，转而纯粹根据患者的真实同意或推定同意来认定安乐死能否正当化。❹

（二）尊重患者自主意愿的真实同意与推定同意之主张

在Fulda案中，依据德国最高法院第二刑事审判庭作出的判决观之，主张安乐死能否合法化的判断，取决于是否构成"中断医疗"。如果构成中断医疗的行为，即便积极地造成患者死亡的结果，仍然能够正当化。中断治疗必须满足以下四个要件：其一，患者必须罹患不可康复且危及生命的重大疾病；其二，患者的承诺仅限于与医疗相关的行为，患者承诺的其他与医疗无关的生命干预行为无效；其三，患者有权通过明示同意或推定同意拒绝接受维生医疗，以走向自然死亡；其四，中断医疗行为必须由医护人员、患者近亲属或是其他相关第三人实施。❺ 同时，该判决强调，在对患者是否同意中断医疗的主观意愿进行判断时，尤其是

❶ Jörg Eisele, Strafrecht Besonderer Teil, 3. Aufl., W. Kohlhammer, 2014, Rn. 162.
❷ BGH, Urteil vom 25.6.2010 – 2 StR 454/09 = NJW 2010, 2963.
❸ 参见许泽天：《尊重病人拒绝医疗意愿中断治疗可罚性》，载《检察新论》2017年第21期，第178页。
❹ 参见王钢：《德国判例刑法》，北京大学出版社2016年版，第60页。
❺ 有权实施中断医疗行为的主体具体包括负责治疗的医护人员或者患者的照管人、代理人，或是帮助医护人员、照管人或代理人进行治疗或护理的第三人。

对推定的患者意愿的认定，必须遵循严格的证明标准。[1] 由此可见，联邦最高法院突破了传统见解的立场，摒弃将作为解读为不作为以阻却行为违法性的迂回方式，明确采取以患者主观意愿作为判断安乐死能否合法化的核心标准，认为通过患者的真实同意或是推定同意即可阻却中断医疗措施、放任患者自然死亡之行为的违法性。[2] 此时，对于安乐死能否正当化的判断是在违法性阶层进行的，患者的主观真意是重点考察对象，立足于构成要件阶层的作为与不作为的区分已经丧失了决定性作用。在采取中断医疗措施的场合，是一系列行为的集合，要将这些行为明确区分为作为或是不作为，客观上并不具备可操作性，且具体行为的实施很大程度上取决于偶然。医生需要根据患者病情的实际进展，随时调整适宜的医疗方案。根据联邦最高法院的见解，所有与中止医疗相关的行为都应纳入"医疗中断"这一规范性评价的上位概念之下。构成"医疗中断"的前提条件为，患者罹患危及生命的重大疾病，不开始、限制或是终止实施在医学上能够延长生命的措施，以及容许实施的行为在主观和客观上必须与医疗行为直接相关联。[3] 因此，患者的承诺与作为或是不作为的区分无关。无论作为还是不作为，都旨在中止患者不愿接受的治疗行为。[4] 较之于传统见解颇费周折地将作为解读为不作为，才能使患者的自主决定权发挥作用的做法，这种立足于违法性阶层解决问题的方案，更加简洁便利。基于司法实务的视角观之，这种新方案更具明确性，

---

[1] 参见王钢：《德国判例刑法》，北京大学出版社 2016 年版，第 62 页。

[2] 参见［德］埃里克·希尔根多夫：《医疗刑法导论》，王芳凯译，北京大学出版社 2021 年版，第 83 页。

[3] BGH, Urteil vom 25.6.2010 – 2 StR 454/09 = NJW 2010, 2963.

[4] 参见［德］埃里克·希尔根多夫：《医疗刑法导论》，王芳凯译，北京大学出版社 2021 年版，第 83 页。

更有利于为医护人员和其他相关主体在安乐死案件中提供确定性指引。❶

　　"历经数十年的理论与实务及立法的互动，德国目前通说对于病人在中断治疗问题的自主权利行使已经形成共识。"❷ 每一主体都享有对于自己身体的自主决定权，接受医疗是权利而不是义务，即便罹患重症也可以拒绝接受医疗，且无须事先经过专业医疗咨询。因此，任何主体（无论患者家属还是医护人员）都不能违背患者的意愿采取医疗干预措施，否则就是对患者医疗自主决定权的侵害，进而可能成为正当防卫的适格对象（正在进行的不法侵害）。❸ 其中，与消极安乐死问题最为密切关联的，乃为原本已经获得患者同意而正在进行的医疗干预行为，纵使患者病情尚未真正进入临终末期，仍然因为患者撤回或取消原来作出的同意而丧失干预的正当性前提，故而必须尊重患者的自主决定权，停止正在进行的具备侵入性质的医疗行为。至于中断医疗行为，无论表现为作为还是不作为，均不会该当故意杀人罪的构成要件。再者，作为与不作为的划分已不再是认定中断医疗行为能否正当化的核心标准。德国联邦最高法院在 Fulda 案中，提出以患者的真实同意或推定同意来阻却中断医疗行为违法性的见解，最能彰显患者自主决定权的法理内涵，同时契合刑法释义学的论证要求，❶ 是以为本书所提倡。

---

❶　参见王钢：《德国判例刑法》，北京大学出版社 2016 年版，第 63 页。

❷　许泽天：《消极死亡协助与病人自主决定权——德国学说、立法与实务的相互影响》，载《台北大学法学论义》2016 年第 100 期，第 229 页。

❸　参见许泽天：《尊重病人拒绝医疗意愿的中断治疗可罚性》，载《检察新论》2017 年第 21 期，第 180 页。

❶　参见许泽天：《消极死亡协助与病人自主决定权——德国学说、立法与实务的相互影响》，载《台北大学法学论义》2016 年第 100 期，第 229 页。

其实，暂且不论刑法释义学上的细节性论争，针对践行患者主观意愿、造成患者死亡结果的中断医疗行为，不予处罚，这已是德国理论界与实务界达成的共识。❶ 加之 2009 年德国《民法典》第 1901a 条规定的制定，更是强化了前述共识的适用。依据德国《民法典》第 1901a 的规定，患者拒绝干预性医疗行为的主观意愿，无论是通过现实同意还是推定同意表达出来，均同样具有约束医方或是其他第三人的效果。其中，关于推定同意的认定，可以根据患者事前口头、书面的意思表示，或伦理、宗教上的信仰，亦或个人主观价值取向来综合判断。如果成年患者在丧失同意能力之前已经预立病患意愿同意书，经辅助人加以检验，只要该同意书符合现在的生活与治疗现状，就应当予以履行，且患者随时有权以不要式方式撤回该同意书。与此同时，该法条还规定患者拒绝医疗权的行使并不受患者罹患疾病的种类或是病情严重性的限制。当然，患者只享有拒绝医疗权，并无死亡请求权（或称为要求死亡权）。❷ 也就是说，患者无权请求医生为其实施不属于中断医疗行为的直接安乐死，即便患者提出直接安乐死的请求，医生也无须受此请求的约束。这也是德国受嘱托杀人罪所禁止的核心内涵。❸ 其中，"拒绝医学治疗的权利普遍被认为是一项基本的自由原则"，❹ 是指个人有权自主决定拒绝己所不欲的医疗行为，本质上是排除他人对自己身体的医疗干预，具有显著的正当程序

---

❶ 参见许泽天：《消极死亡协助与病人自主决定权——德国学说、立法与实务的相互影响》，载《台北大学法学论义》2016 年第 100 期，第 229—230 页。

❷ 参见孙也龙：《临终患者自主权研究——以境外近期立法为切入》，载《西南政法大学学报》2017 年第 5 期，第 65 页。

❸ 参见许泽天：《消极死亡协助与病人自主决定权——德国学说、立法与实务的相互影响》，载《台北大学法学论义》2016 年第 100 期，第 230 页。

❹ Moody, Carol. "The right to refuse medical treatment." Journal of Healthcare Management 36, no. 1 (1991): 147.

和自由利益❶。至于要求死亡权，事实上是要求他人杀死或协助杀死自己，这与国家保护公民生命不受侵犯的宗旨相违背，故而为绝大多数国家明文禁止。❷同理，要求死亡的权利亦明显有悖于我国的法律精神与制度，自然也不可能得到认可。简而言之，在消极安乐死的场合，患者作出中断医疗的决定是行使自主决定权的表现，仅是一种消极的拒绝医疗权，并非积极要求死亡的"要求死亡权"。❸

综上，消极安乐死得以正当化的判断标准在于患者自主决定权之下的被害人同意或推定同意：如果存在患者真实的主观意愿，就适用被害人同意；如果在患者已经丧失同意能力的场合，就适用推定同意。对于被害人同意的适用，尤其是推定同意的适用需要遵循严格的证明标准。那么，究竟需要满足怎样的前提条件，推定同意才能够有效阻却消极安乐死行为的违法性？对此，国外的立法规定和司法经验都可以为此提供借鉴与参考，这正是下文要研讨的重点。

第二节　域外消极安乐死适用推定同意的立法与实务评析

消极安乐死在世界各国基本上是被普遍认可的，民众的接受

---

❶　参见杰罗姆·巴伦、托马斯·迪恩斯：《美国宪法概论》，刘瑞祥等译，中国社会科学出版社 1995 年版，第 126 页。

❷　参见孙也龙：《临终患者自主权研究——以境外近期立法为切入》，载《西南政法大学学报》2017 年第 5 期，第 68 页。

❸　参见刘建利：《刑法视野下医疗中止行为的容许范围》，载《法学评论》2013 年第 6 期，第 131 页。

度也较高。下文将对代表性国家关于安乐死的立法规定与司法实务进行梳理与评析，探索消极安乐死的成立要件，明确世界各国将推定同意作为认定消极安乐死能否正当化标准的具体原理与适用规则。

一、域外消极安乐死适用推定同意的立法梳理

随着心肺复苏、注射抗癌剂、戴人工呼吸器等生命维持医疗技术的飞跃性发展，只要人的心脏可以跳动，即便丧失自主呼吸能力乃至处于无意识状态，都能利用各种治疗方法和机械装置在一定程度上维持或延长濒临死亡的患者的生命。但是，这些介入性的有创操作会增加患者的痛苦，一定程度上有损患者作为人的尊严，特别是针对持续忍受剧烈病痛折磨的终末期患者而言，人工维持生命的方式反而可能是对其尊严死亡权利的侵犯。因此，当满足特定条件时中断或终止维生医疗，让患者尊严体面地走向自然死亡，是具有伦理正当性的应然选择。依据刑法的视角观之，如果患者意识清醒且具备完整的行为能力，依据内心真意自主地作出拒绝维持生命医疗的明确表示，那么，患者这一自我决定权的行使就是医务人员中断或是终止维持生命医疗行为的违法性阻却事由。但是，在患者客观上不具备完整的行为能力或是丧失自主意识的场合，那么，医务人员具体在什么情形下实施的中断维持生命医疗行为能够阻却违法性的成立，便是需要探讨确认的问题。[1] 下文将对域外关于维持生命医疗与消极安乐死等相关的重要立法进行梳理与分析，以期为促进消极安乐死在我国的合法化进程，以及推定同意在消极安乐死领域的具体适用提供借鉴与参照。

---

[1] 参见刘兰秋：《韩国维持生命医疗中断立法之评介》，载《河北法学》2018 年第 11 期，第 132 页。

（一）韩国

1. 制定及修订背景与意义

2016 年 1 月 8 日韩国第十九届国会将"临终关怀、姑息治疗以及处于临终过程中的患者的维持生命医疗决定相关法案"（以下简称为"维持生命医疗决定法案"）作为保健福利委员会应对方案在全体会议中提出。同日，韩国国会通过《维持生命医疗决定法》，自 2017 年 8 月 4 日起施行，而其中与安乐死相关的中断维持生命治疗等决定的事项根据附则，自 2018 年 2 月 4 日起施行。但是，在中断维持生命医疗等决定中的相关规定实施后不久，上述法律又历经两次部分修订。根据韩国《维持生命医疗决定法》的目的条款及其制定与修订可以推知，上述制定与修订的目的在于："积极地保障患者的最佳利益，尊重自主决定，保护作为人类的尊严和价值，通过逐渐放宽中断维持生命治疗的条件，顺利解决在实际医疗中的维持生命医疗中断过程中产生的各种矛盾和消极安乐死的问题。"❶

2. 主要内容理解与解析

中断维持生命医疗的行为将会提前结束患者的生命，该当故意杀人或同意杀人的形式要件，韩国制定《维持生命医疗决定法》的目的就在于使得符合法定要件的中断维持生命医疗行为或是节制行为正当化。根据该法的规定，针对治愈性治疗无反应且处于临终期状态的患者，如果患者事先有作出拒绝维生医疗的书面表示，或两名以上家属证实患者曾明确表达拒绝维生医疗的意愿，

---

❶ ［韩］金恩正：《论"安乐死"的刑事法评价及课题》，载赵秉志主编：《中韩刑法正当化事由比较研究》，群众出版社、中国人民公安大学出版社 2020 年版，第 175—176 页。

并有两名医生对此予以确认的，即可对患者停止维持生命的医疗行为。如果患者事先并无任何关于维生医疗的意思表示，那么，就将患者家属的意愿视为推定的患者意愿。❶ 其中，维持生命医疗是指对处于临终过程中的患者进行心肺复苏、血液透析、抗癌剂、使用人工呼吸器等没有治疗效果，只是延缓死亡进程的医学性手术。❷

（1）中断维持生命医疗的对象和条件

根据韩国《维持生命医疗决定法》第15条，中断维持生命医疗决定的适用对象为处于临终过程中的患者。关于患者决定中断维持生命医疗意愿的确认，应当根据该法第17条的规定，通过维持生命医疗计划书或事前维持生命医疗意向书，医生认定中断维生医疗等决定符合患者本人的主观意愿，且不违背临终过程中患者的内心真意。❸

"根据第17条，通过维持生命医疗计划书，事先维持生命医疗意向书或患者家属的陈述，医生认为属于患者本人的真实意愿，且不违反处于临终过程中的患者的意图的情况"（第15条第1项）或者"根据第18条，即使无法确认患者的意图，也视作存在中断维持生命医疗等决定的情况"（第15条第2项）。其中，将"临终过程"规定为以下三种情况：一是无回生可能；二是即使继续治疗也无法恢复；三是症状急速恶化邻近死亡的状态（第2条第1项）。即使无回生可能，被诊断为将在数月之内死亡的末期患者，若想要被认定为"处于临终过程中的患者"，也必须依据韩国《维

---

❶ 参见刘兰秋：《韩国维持生命医疗中断立法之评介》，载《河北法学》2018年第11期，第133页。

❷ 参见韩国《维持生命医疗中断法》第2条第4项。

❸ 参见韩国《维持生命医疗中断法》第15条第1项。

持生命医疗决定法》第16条的规定，由主治医生以及一位相应领域的专家作出处于临终过程中的专业医学判断。❶

但是，韩国《维持生命医疗决定法》规定可以中断维持生命医疗的对象仅限于"处于临终过程中的患者"，回避了现实医疗中频繁发生的无治疗或恢复可能的末期重症患者、持续处于植物人状态的患者中断维持生命医疗的问题。❷ 此外，依据韩国《维持生命医疗决定法》第19条第2款，即便中断了维持生命的医疗措施，但为缓解疼痛的医疗行为和营养供给、水供给、氧气的单纯供给仍然在继续进行，规定这种无治疗效果仅是延长生命死亡时间的维持生命医疗，针对终末期重症患者、长期处于深度植物人状态的患者或是其他实际处于临终过程中的患者，规定如此严格的中断医疗措施，是否真正保障了患者选择自然死亡权利的实现，有待思考。

（2）关于是否存在患者意愿的问题

即便是处于临终过程中的患者，如果要履行中断维持生命医疗等决定，必须确认并遵循患者的意愿，如果无法确认患者意愿，患者处于无法表达自己意愿的医学状态，则必须满足特定条件，才可以视为患者存在决定中断维持生命医疗的意愿。

根据韩国《维持生命医疗决定法》第17条，主治医生如果持有在医疗机构制成的维持生命医疗计划书或是将事前医疗延命意向书向患者确认的，就视为患者的意愿，并据此最终决定是否中断维生医疗。同时，如果患者的意思能力存有瑕疵，但主治医生

---

❶ 参见韩国《维持生命医疗中断法》第15条。

❷ 参见［韩］金恩正：《论"安乐死"的刑事法评价及课题》，载赵秉志主编：《中韩刑法正当化事由比较研究》，群众出版社、中国人民公安大学出版社2020年版，第177页。

与相关领域的一名专家均可以确认患者事前维持生命医疗意向书的内容，且事前维持生命医疗意向书是在第 2 条第 4 项范围内依据第 12 条的规定制成，同样视为存在患者的意愿。❶

根据韩国《维持生命医疗决定法》第 18 条，如果患者的主观意愿无法确认，且患者丧失同意能力的，在以下两个场合可以依据患者家属的意愿来推定患者意愿：其一，未成年患者的法定代理人（限于亲权者）作出中断维持生命医疗的决定，经主治医生和相关领域的一名专家认定成立的，可以视为推定的患者同意；❷ 其二，19 周岁以上有权患者家属一致同意维持生命医疗，并经主治医生和相关领域的一名专家认定成立的，可以视为推定的患者同意。❸

根据韩国《维持生命医疗决定法》第 19 条，如果无法表达自己意愿的终末期患者既未制定维持生命医疗计划书，也不存在患者自己制定的事前维持生命医疗意向书，如果两名以上患者家属（19 周岁以上且为配偶、直系血亲、直系尊亲，在无前三种人员的情况下，则为兄弟姐妹）对可充分视为患者中断维持生命医疗的意愿、患者此前惯常表示的关于中断维持生命医疗等决定的意愿作出一致陈述，经主治医生以及一名该领域专家的确认，可以推定患者家属的陈述为患者意愿，并据此履行维持生命医疗等决定。但是，如果患者的其他家属作出对立性陈述或存在保健福祉部令规定的客观证据，则不可视为存在患者意愿。❶ 然而，这一规定值得商榷。在难以确认患者对于维持生命医疗真实意愿的场合，单纯凭借两名以上患者家属的陈述就简单认定患者意愿，这很有可

---

❶　参见韩国《维持生命医疗中断法》第 17 条。
❷　参见韩国《维持生命医疗中断法》第 18 条第 1 款第 1 项。
❸　参见韩国《维持生命医疗中断法》第 18 条第 1 款第 2 项。
❶　参见韩国《维持生命医疗中断法》第 19 条第 1 款第 3 项。

能导致部分患者家属的意愿强行转换为患者意愿并被贯彻实施的恶劣后果，存在巨大的权利滥用风险。根据韩国《维持生命医疗决定法》第19条第1款的规定，中断维持生命医疗等决定一经作出后必须即时履行。从现实的医疗情况观之，临终过程中的患者处于无法表达意愿的状态，仅凭借部分家属的陈述（且不乏虚假陈述的可能），便能轻易并立即履行中断维持生命医疗等决定，即便之后发现有其他家属存在对立性陈述，也难以挽回业已履行的维持生命医疗等决定所造成的不利结果。❶

韩国《维持生命医疗决定法》将中断维持生命医疗的适用对象严格限定为"处于临终过程中的患者"，并将"维持生命医疗"定义为无治疗效果、仅是延长死亡进程的医疗行为。同时，要求在实施中断维生医疗行为的过程中，不能停止提供止疼措施与单纯的营养、水和氧气供给。显然，基于患者自主决定权实施的维持生命医疗的中断行为，并未人为地缩短他人生命，仅是不抑制（容许）人类的自然死亡，因而并不该当刑事法中故意杀人的构成要件。

3. 韩国《维持生命医疗决定法》存在的局限性

韩国通过的《维持生命医疗决定法》通常被媒体报道为"尊严死法"，也即为消极安乐死❷，并在条文中将消极安乐死的行为表述为"维持生命医疗中断"，韩国大法院在判例中也是使用"维持生命医疗中断"等类似表述，学界与实务界都在表述上积极避免"死"字，但两者之间并无实质意义上的差别，都是基于患者自主决定权而认可患者选择自然死亡的权利。

---

❶ 参见［韩］金恩正：《论"安乐死"的刑事法评价及课题》，载赵秉志主编：《中韩刑法正当化事由比较研究》，群众出版社、中国人民公安大学出版社2020年版，第178页。

❷ 本书主张将尊严死与消极安乐死视为同一概念使用。

　　韩国《维持生命医疗决定法》将中断医疗的适用对象限定为临终患者，非临终患者则禁止适用，但后者才是消极安乐死争议的核心。围绕消极安乐死的定义及适用对象，学界至今尚未达成一致意见，但多数学者认为消极安乐死同样应当适用于非处于临终状态的长期植物人患者。❶ 对此，韩国《维持生命医疗决定法》并未作出回应。

　　根据韩国《维持生命医疗决定法》第 2 条第 4 项的规定，"维持生命医疗"是指针对患者采取没有治疗效果，仅是延长临终过程的心肺复苏、佩戴人工呼吸机等医学处置。该法在第 19 条第 2 款还规定，主管医师在执行中断维持生命医疗等决定时，仍然要持续采取缓解患者痛苦的医疗处置，且营养、水和氧气的供给也不得中断。其中，该法规定不得停止缓解患者痛苦的医疗行为，可以视为出于人道主义的考量，旨在维护患者的善终权益。但是，要求不得中断人工营养、水和氧气供给这一规定，难免引起侵犯患者自主决定权的质疑。❷

　　医事活动中，一切医疗行为都应旨在保护和实现患者的最佳利益。❸ 韩国《维持生命医疗决定法》第 1 条就直接明确规定本法

---

❶ 参见［日］高桥则夫：《刑法总论》，李世阳译，中国政法大学出版社 2020 年版，第 299 页；［日］大塚仁：《刑法概说》（总论），冯军译，中国人民大学出版社 2003 年版，第 365 页；张明楷：《刑法学》（下），法律出版社 2021 年版，第 1109 页；刘兰秋：《韩国维持生命医疗中断立法之评介》，载《河北法学》2018 年第 11 期，第 140 页；等等。

❷ 参见刘兰秋：《韩国延命医疗中断立法之评介》，载《河北法学》2018 年第 11 期，第 140—141 页。

❸ 如 1981 年世界医学会发布的《里斯本宣言》在序言中强调，"医生应依良心行事，致力于维护患者最佳利益，并应努力维护患者的自主地位。"在《里斯本宣言》规定的患者的首要权利，即"得到优质医疗服务的权利"之（c）款规定，"应根据患者最佳利益，为患者提供医疗服务。所实施的治疗应符合普遍认可的医疗原则。"

的立法宗旨为"保障患者的最佳利益"，然而，关于何为患者的最佳利益、患者的最佳利益如何衡量与落实等具体问题，该法却并未回应。相反，在患者丧失同意能力且并无维持生命医疗计划书或是事先维持生命医疗意向书的场合，关于患者实施维持生命医疗意愿的判断，韩国《维持生命医疗决定法》规定依据患者家属的意愿来推定患者的意愿，这从事实上采取了"代行判断"（substituted judgement）的逻辑和理念。❶ 也就是说，韩国立法是将患者家属的"代行判断"整体上视为"患者的最佳利益"，然而，该规定难以避免对患者最佳利益保障不利的各种嫌疑。

（二）美国

自 1976 年 3 月 31 日美国新泽西州最高法院针对约瑟夫·昆兰诉托马斯·科廷案（Joseph T. Quinlan v. Thomas R. Curtin）❷，始认可患者享有放弃人工呼吸器的权利，并由父母代为行使该权利，自此揭开了关于患者拒绝医疗权利的序幕。❸ 同年 9 月 30 日，美国加利福尼亚州（简称加州）率先通过《自然死法案》（Natural Death Act），并确定于 1977 年 1 月 1 日起生效，成为美国最早通过临终医疗相关法案的行政辖区。《自然死法案》确定了预立医疗指示（directive）制度，赋予患者医疗自主选择权，包含末期患者对于维生医疗的选择。规定在加州 18 周岁以上心智健全的人，在两位非医疗人员的见证下，可以通过预立医疗指示方式，在其

---

❶　关于代行判断的标准，美国新泽西州最高法院曾在托马斯·惠特莫尔诉克莱尔·康罗伊案（Thomas C. Whittemore v. Claire C. Conroy）中提出主观标准、限制性主观标准和纯客观标准。In re Conroy, 98 N. J. 321, 486 A. 2d 1209, 48 A. L. R. 4th（N. J. Jan. 17, 1985）.

❷　7 In Re Quinlan, 70 N. J. 10, 355 A. 2d 647（1976）.

❸　参见廖建瑜：《病人自主权利法通过后之新变局评析：病人自主权利法对现行制度之影响（下）》，载《月旦医事法报告》2017 年第 4 期，第 141 页。

罹患不可治愈之疾病，经两位医师确认为末期后，可以限制或撤回人工延长生命的治疗，其中，预立医疗指示的效力为 5 年。[1] 同时，《自然死法案》还强调医疗人员在执行预立医疗决定时可以免除民事责任和刑事责任。[2] 这种以生前遗嘱（living will）体现患者享有死亡权（right to die）的模式，随后在美国有十个州相继立法，[3] 1989 年美国统一州法委员会（The National Conference of Commissioners on Uniform State Laws）修正通过《统一末期疾病患者权利法案》（Uniform Rights of the Terminally Ill Act），增订委托代理人机制，赋予患者亲属代替末期（terminal condition）病人决定维生医疗（iife-sustaining treatment）的权利。[4] 1990 年克鲁赞诉密苏里州卫生局局长案（Cruzan v. Director，Missouri Department of Health）[5]，美国联邦最高法院认可具备自主能力的患者享有拒绝包含人工灌食在内医疗处置的权利。美国联邦政府于同年 12 月 1 日生效的《综合预算调节法案》（Omnibus Budget Reconciliation Act of 1990，OBRA）中也包含了《病人自主决定法》（Patient Self-Determination Act，PSDA），旨在通过联邦法的强制力，确保医疗机构告知患者享有自主决定医疗决策与签署预立医嘱的权利，以

---

[1] The Natural Death Act, CAL. HEALTH & SAFETY COD § 7185 – 7195（West Supp. 1977）.

[2] Greaves, David. "The future prospects for living wills." Journal of Medical Ethics 15, no. 4（1989）: 179 – 182.

[3] Stephenson, Saskia A. "The right to die: a proposal for natural death legislation." U. Cin. L. Rev. 49（1980）: 228.

[4] http: //www. lawandbioethics. com/demo/Main/Media/Resources/UniformRightsOfTerminallyIllAct. pdf（last visited Apr 12, 2021）.

[5] Court, US Supreme. "Cruzan v. Director, Missouri Department of Health." West's Supreme Court Reporter 110（1990）: 2841 – 2892.

保障患者自主决定权的实现。[1] 法案内容明确规定：主要从国家医疗保险和医疗救助收取资金的医疗服务提供者，包含医院、长期照护中心、疗养院等医疗机构，有义务告知住院患者在州法下享有医疗决定的自主权利，并协助病人作出医疗决定。医疗机构必须培训医疗人员知悉预立医嘱相关知识，以为患者有效提供相关资讯，且不得拒绝、差别对待已签署预立医嘱的患者。医疗机构必须查询患者是否已经订立预立医嘱，并在医疗病历记录中载明。[2] 但该法案仅适用于医疗机构而不包括医师，其主要强调应当告知患者在医疗活动中享有的权利，因而也被称为"医疗的米兰达宣言"（medical Miranda[3]）。

2000 年美国加州制定了《预立医疗照护指示法》（The Advance Health Care Directive），该法案综合囊括了预立医疗代理人、预立维生医疗决定指示、器官捐赠意愿书与指定责任医师四种预立医疗指示。其中，在预立维生医疗决定指示中规定，18 周岁以上心智健全的人，或是具有行为能力的未成年人，就可以依据病患意愿作出预立医疗指示。[4] 美国加州《预立医疗照护指示法》中明确规定患者有权自行决定医疗代理人，并可同时制定两名候补代理人，且要求不能由为患者提供照护医疗的机构人员担任医疗代理人。只要患者未单独作出特别例外注记，医疗代理人

❶ H. R. 4449 – Patient Self-Determination Act of 1990, 136 Cong. Rec. E 943（1989 – 1990）.

❷ Cranford, Ronald E. "Advance directives: the United States experience." Humane Medicine 9, no. 1（1993）: 64 – 69. Madson, Susan K. "Patient self-determination act: Implications for long-term care." Journal of Gerontological Nursing 19, no. 2（1993）: 15 – 18.

❸ Miller, Colin. "Cloning Miranda: Why Medical Miranda Supports the Pre-Assertion of Criminal Miranda Rights." Wis. L. Rev.（2015）: 863.

❹ California Probate Code Section 4701.

可代理患者作出所有医疗照护决定，包含终止生命决定与延长或不延长维生医疗决定，关于手术或药物治疗方式的选择，保留或撤出人工营养与水分等生命维持系统，以及所有其他形式的维生医疗措施，并有权选择或排除医疗机构。关于医疗代理人的义务方面，医疗代理人有义务依据患者的预立医疗指示做决定，如果在患者意愿不明的场合，代理人应当兼顾患者本人的价值取向与主观偏好，为患者最大利益作出医疗照护决定。[1] 但是，如果医疗代理人肆意行使代理权，非基于患者最大利益作出医疗决定的，如何保护患者的医疗自主权？基于此，在美国的大多数州，几乎任何人都可以质疑为无行为能力患者作出的医疗决定，[2] 依据美国加州州法的明确规定，关注患者福利的任何人，都可以代表患者向美国加州法院提交请愿书。[3]

自此，美国各州关于临终医疗的法制虽各有不同，但差别无外乎以下几点：预立医疗指示是否只能适用于终末期患者、是否要在预立医疗指示书中指定代理人、未成年人是否有权预立医疗指示、预立医疗指示的约束力大小、预立医疗指示有无必要定期更新等。[4] 但是，让患者自然死亡的临终医疗似乎有愈加倾向于安乐死的表象。1994 年，美国俄勒冈州通过《尊严死法案》（Death With Dignity Act，DWDA），成为美国第一个允许医生为终末期患

---

[1] Dayton, K. Standards for health care decision-making: legal and practical considerations. Utah L. Rev., 1329 (2012).

[2] Millard, Rebekah C. "They Want Me Dead-Active Killing-An Option in Modern Health Care Decision Making." Ave Maria L. Rev. 11 (2012): 227.

[3] California Probate Code § 4765.

[4] 参见廖建瑜：《病人自主权利法通过后之新变局评析：病人自主权利法对现行制度之影响》（下），载《月旦医事法报告》2017 年第 4 期，第 142—143 页。

者开处方药加速死亡的州。❶ 法案规定，该州年满 18 周岁以上的成年人，出于自愿的情况下，可以书面请求开立符合人性尊严的致死处方。患者的请求须由两位医师同意，先经主治医师诊断确认患者将可能在 6 个月内死亡，并罹患不可治愈以及难以恢复的疾病，才可适用前述规定。❷ 2015 年 10 月 5 日美国加州通过《生命末期选择法案》（End of Life Option Act）成为美国第五个准许医师对于符合条件的末期患者可开立处方药帮助其提前结束生命的州。❸ 美国加州的法律体系中同时存在医助自杀的法律与拒绝维生治疗的法律。医助自杀的法律是指 2016 年 6 月 9 日起正式施行的《临终选择法》，拒绝维生治疗的法律是自 2000 年就已经实施的《医疗决定法》，该法规定患者享有拒绝维持生命治疗的基本权（fundamental right）❹。同时规定，患者有权拒绝维生医疗且"不得被解释为纵容、授权或允许怜悯杀人、协助自杀或安乐死"❺，美国加州直至《临终选择法》正式实施后才允许医生协助自杀，但对于安乐死仍然禁止。❻ 当前，美国共有华盛顿、加利福尼亚、科

---

❶ 因俄勒冈州法规特别指出这些死亡不是因为"自杀"，故而本书使用法规中的语言"尊严死"，而非"医师协助自杀"。

❷ 参见陈逸珍：《从实证分析看加工自杀罪之可罚性——兼论病人自主权利法之适用》，台湾交通大学 2018 年硕士学位论文，第 57—58 页。

❸ California Medical Association, California law provides individuals the ability to ensure that their health care wishes are known and considered if they become unable to make these decisions themselves. shttp：//www. cmanet. org/about/patient-resources/end-oflife-issues/（last visited Mar 21，2021）. 该法案规定：18 岁以上具有意思决定能力之患者，经主治及咨询医师确认 6 个月内即将死亡，在相隔 15 天以上提出二次口头请求及一份具有二位见证人签名之书面，即可请求医师开立终结生命之药物，而此项请求不得由他人代理。

❹ West's Ann. Cal. Prob. Code § 4650.

❺ West's Ann. Cal. Prob. Code § 4653.

❻ 参见孙也龙：《临终患者自主权研究——以境外近期立法为切入》，载《西南政法大学学报》2017 年第 5 期，第 66—67 页。

罗拉多、佛蒙特州、哥伦比亚区等行政辖区立有医师协助自杀的类似法律，还有超过30个州考虑立法，但均尚未通过。

（三）荷兰

荷兰是世界上第一个允许安乐死的国家。荷兰法院自1984年开始允许医生遵循一系列指导原则，协助病人自杀或是直接为绝症末期病人注射致命药物。指导原则包括患者必须因不能忍受的痛苦自愿且多次地提出要求，执行医生必须至少与一位同事咨询和协商，并就个案撰写报告。❶荷兰国会于2001年通过安乐死法案，并于2002年4月1日起正式实施《受嘱托终止生命与帮助自杀（审查程序）法》（Termination of Life on Request and Assisted Suicide Act（Review Procedures）❷，该法案全文虽并未明确使用"安乐死"这一表述，但实质上正是使符合特定条件的积极安乐死与医师协助自杀行为合法化的法案。❸该法案相关重点如下：

1. 安乐死的适用对象与请求要件

该法依据请求主体行为能力的不同做不同程度的要求，具体如下：

（1）完全行为能力者：原则上年满十八周岁且具备完全行为能力的成年人均有权提出请求，不待法律明文。

（2）限制行为能力者：已满十六周岁未满十八周岁且具有识别能力的未成年人，可与父母或监护人共同作出结束生命或是请求协助自杀的决定；已满十二周岁未满十六周岁且具备识别能力

---

❶ 参见萧娸凌、黄清滨：《初探安乐死与尊严死相关立法规范》，载《医事法学》2009年第2期，第66页。

❷ 法条可参考：http：//wetten. overheid. nl/BWBR0012410/geldigheidsdatum_15 – 09 – 2013，最后访问于2022年3月9日。

❸ 参见郑雨青：《非末期病人拒绝维生医疗之权利》，台湾交通大学2015年硕士学位论文，第52页。

的未成年人，必须由父母或监护人作出同意结束生命或是请求协助自杀的决定。

（3）无行为能力者：年满十六周岁的主体如果处于无法表达内心意愿的状态，但曾事先以书面请求结束生命的，医生可以完成其请求；未满十二周岁的未成年人则绝对排斥在本法案适用对象之外。

2. 安乐死阻却违法性的要件

积极安乐死行为阻却违法性成立的要件规定在该法案第 2 条第 1 项，具体需要同时满足以下六个要件：

（1）患者必须是出于自愿且经过深思熟虑后作出的决定；

（2）医生必须确信病人遭受的痛苦是永久持续且无法忍受的；

（3）医生必须充分明确告知患者当前的真实病情及未来可能发生的情况；

（4）患者确实已经了解其病情且客观上确实没有其他合理的治愈方式；

（5）医生至少应当咨询另外一位独立医生的意见，且该名医生应当以书面形式提交符合前述要件的证明；

（6）医生应依合理注意义务结束患者生命或协助自杀。

3. 安乐死实施后的监督

患者死亡后，医生必须立即填写表格向当地法院呈报患者死因，并补送报告证明符合合理注意义务的要件。❶ 若当地法院予以认可的，则再呈报检察官与负责登录出生、死亡和婚姻的官员处，同时需要呈报区域审查委员会。❷ 其中，区域审查委员会的成员应

---

❶　参见荷兰《受嘱托终止生命与帮助自杀（审查程序）法》第 7 条。

❷　参见荷兰《受嘱托终止生命与帮助自杀（审查程序）法》第 10 条。

包括法律专家、医疗专家和伦理学专家，对于每一个依本法实施的案件都要审查。若认定医生的行为有悖于法律规定的程序，将交由检察机构调查，以决定是否对该医生提起诉讼；如果检察机构对于医生的行为存有疑惑，可以主动调查。此外，区域审查委员会应当每年提交报告，公开案例数目与相关意见等资料。❶

需要注意的是，荷兰的安乐死法律较之于其他国家，有一些常见的成立要件并未涵括在内，例如：本法并未硬性要求患者必须以书面方式表达其求死的意愿；未规定冷静期；未限制要求患者的病情必须处于终末期阶段；未限制要求患者的痛苦必须是来自生理上的疼痛，由此表明，心理上的痛苦在荷兰也可以作为请求结束生命或是协助自杀的理由。❷ 相关数据显示，荷兰每年有 2 ~ 5 件因心理疾病请求安乐死或医师协助自杀的案例。❸

《受嘱托终止生命与帮助自杀（审查程序）法》作为荷兰实施安乐死的主要法律依据，旨在达成以下三个目标：一是创造患者与医师间的法律稳定性，为安乐死的顺利实施提供法律保障；二是创造透明的安乐死实施环境，借助法律的明文规定，确保安乐死实施的规范化；三是借助立法为医师自愿实施安乐死提供保障，因为实施安乐死并非医师的法定义务，患者也没有要求医师必须实施安乐死的权利。❹ 荷兰《受嘱托终止生命与帮助自杀（审查程序）法》的核心价值主要包含自我决定、减轻痛苦、重视生命与

---

❶ 参见郑雨青：《非末期病人拒绝维生医疗之权利》，台湾交通大学 2015 年硕士学位论文，第 53 页。

❷ Ebbott, Kristina. "A Good Death Defined by Law: Comparing the Legality of Aid-in-Dying around the World." Wm. Mitchell L. Rev. 37 (2010): 170.

❸ Mendelson, Danuta, and Timothy Stoltzfus Jost. "A comparative study of the law of palliative care and end-of-life treatment." Journal of Law, Medicine & Ethics 31, no. 1 (2003): 130 – 143.

❹ Anne Ruth Mackor, Sterbehilfe in den Niederlanden, in: ZStW 2016, 43.

尊严四个方面。事实上,安乐死行为在荷兰基本上还是受到处罚的,安乐死非为普遍适用的医疗手段,只能经由医生在别无选择的情况下才能够实施。因此,不能仅因为例外允许实施安乐死,就否定生命的不可侵犯性。❶

(四) 德国

德国基于二战中纳粹的教训,对于有关生死的议题十分谨慎。近年来逐渐开放,确立了具有完整行为能力患者的拒绝医疗权,1994 年德国最高法院进一步肯定了无行为能力患者也享有拒绝喂食喂水等人工维生医疗行为的自主权,只要可以证实此为患者的推定意愿(der mutmaβliche Wille)。关于患者推定意愿的认定,可以综合患者书面或口头的意思表示、个人喜好或价值取向等判断。❷ 为了更好地贯彻落实对患者医疗自主决定权的尊重,德国联邦法院(Bundesgerichtshof)于 2003 年 3 月 17 日确定"预立医疗决定"(Patientenverfügung)的法律效力:当病人失去同意能力且其疾病已经不可逆转地走向死亡时,如果患者此前曾在预立医疗决定中明确表达拒绝维生或延生医疗措施的意愿,那么,维生或延生医疗措施就必须终止。❸ 该判决后续引发了广泛的关注与讨

---

❶ 参见林东茂:《帮助自杀与积极死亡协助的适度合法化》,载《东吴法律学报》2019 年第 31 卷第 1 期,第 82 页。

❷ Mendelson, Danuta, and Timothy Stoltzfus Jost. "A comparative study of the law of palliative care and end-of-life treatment." Journal of Law, Medicine & Ethics 31, no. 1 (2003): 130 – 143.

❸ 此为德国联邦法院 2003 年 3 月 17 日作出的判决 AZ XII ZB 2/03:Istein Patient einwilligungsunfähig und hat sein Grundleiden einen irreversiblentödlichen Verlauf angenommen, so mussen lebenserhaltende oder-verlängernde Maβnahmen unterbleiben, wenn dies seinem zuvor-etwa in Form einer sog. Patientenverfugung-geäuβerten Willen entspricht. 网址参见 http://juris. bundesgerichtshof. de/cgi-bin/rechtsprechung/document. py? Gericht = bgh&Art = en&sid = 51feb291e6956c5b1fc0b9b32abdce83&nr = 25809&pos = 12&anz = 13(last visited Mar. 21, 2021).

论，核心关注点如下：其一，预立医疗决定的适用是否仅针对末期患者？其二，预立医疗决定中关于不予或撤出维生措施的实施，是否要求每一案件都必须经过法院的同意？还是仅当涉事各方无法达成一致意见时才需要法院的介入？❶

直至 2009 年德国关于安宁缓和与预立医疗才有了最新修法动态，但德国并未就此专门制定单独的法案，而是将预立医疗决定的内涵及相关概念整合进德国民法典（Bürgerliches Gesetzbuch，BGB）之中。本次修法进一步确立了预立医疗决定与医疗委托代理人（Bevollmächtigte）或监护人（Betreuer）对患者自主决定权的保障（§1901a BGB）。同时，此次修法更加强调医生专业判断的重要性，并规定医生应当与患者监护人或代理人通过交流会晤来确认患者的内心真意。

德国《民法典》第 1901a 条第 1 款❷规定，任何一个具备完整行为能力的成年人均有权制定预立医疗决定，对自己今后陷入无意识状态时的医疗行为事先作出具体选择，且可以不固定的方式随时撤回预立医疗决定。❸ 由此可见，预立医疗制度在德国已经得到确立，这是对患者医疗自主决定权的充分尊重与维护，适用主体十分广泛，只要是具有完整行为能力的成年患者即可。一旦预立医疗决定依法成立，即便在事后患者丧失同意能力的场合，也可依

---

❶ 参见孙效智：《安宁缓和医疗条例中的末期病患与病人自主权》，载《政治与社会哲学评论》2012 年第 41 期，第 73 页。

❷ 参见《德国民法典》第 1901a 条第 1 款："对于一有意思能力之成年人，就日后陷入无意思能力时，针对提出申请时尚未面临之健康检查、身体治疗或侵入性之医疗处置，而为了同意或拒绝所提出之书面声明，应由其辅助人加以检验，该声明是否符合现在之生活及治疗情形。如有符合者，辅助人应明确表明受辅助人之意思，并依其同意书加以履行。病患愿同意书得以不要式方式，随时撤回之。"

❸ 参见台湾大学法律学院、台大法学基金会编译：《德国民法典》，北京大学出版社 2017 年版，第 1336—1337 页。

据该书面的预立医疗决定拒绝或同意与患者自己身体相关的一切医疗行为，包括维生医疗、安宁缓和医疗、人工喂食等医疗处置。

德国《民法典》1901a 第 2 款❶规定，若是患者不存在预立医疗决定，或是预立医疗决定与现实情状不相符合的，辅助人可以患者明示的意愿或是推定的意愿，来具体判断是否决定适用第 1 款所规定的医疗行为。其中，关于患者推定同意的判断，应以事发当时的现实情势为基础，具体凭借患者具有完整行为能力时所作出的口头或是书面的意思表示，或是患者个人的主观偏好和价值取向来加以推定其可能的内心真意。❷ 与此同时，在第 1901a 第 3 款还特别规定："第一款及第二款规定之适用，不因受辅助人所生疾病之种类或病况之严重性而受限制。"❸ 意即预立医疗决定的适用是普遍的，不限定疾病的种类，无论死亡是否迫近，都不会对患者医疗自主权的行使造成限制。"社会承认，'死亡迫近'之外，仍能有某些理由可以让病人选择放弃维生医疗。"❹ 此外，在第 1901a 第 5 款还规定："第一款至第三款规定，于代理人准用之。"❺ 该规定旨在确保当患者丧失同意能力之时，仍然能够通过代理人

❶ 参见德国《民法典》第 1901a 条第 1 款："未订有病患意愿同意书或该病患同意书之内容且未符合其现在之生活及治疗情形者，辅助人应以受辅助人明示或可得推知之意愿，或以其为基础，决定是否同意或拒绝第一款所定之医疗行为。所谓可得推知之意愿，应以具体之情事为依据。于此情形，特别应斟酌受辅助人先前以口头或书面所为之意思表示，或考虑受辅助人对其伦理及宗教之信念，或其个人之价值观。"

❷ 参见台湾大学法律学院、台大法学基金会编译：《德国民法典》，北京大学出版社 2017 年版，第 1337 页。

❸ 台湾大学法律学院、台大法学基金会编译：《德国民法典》，北京大学出版社 2017 年版，第 1337 页。

❹ 孙效智：《安宁缓和医疗条例中的末期病患与病人自主权》，载《政治与社会哲学评论》2012 年第 41 期，第 73—74 页。

❺ 台湾大学法律学院、台大法学基金会编译：《德国民法典》，北京大学出版社 2017 年版，第 1337 页。

这一特定主体实现自己的医疗自主决定权，是对患者自主决定权全面保障的体现。需要强调一点，在此事关患者人格利益决定的场合，代理人在此扮演的角色并非是代替患者做决定，而是协助探寻与贯彻患者本人的主观意愿。

关于患者意愿的确认，德国《民法典》第 1901 (b) 第 1 款❶规定，主治医生根据患者病情提出的医疗方案，应与代理人充分协商，并基于患者的主观意愿作出决定。再依据 1901b 第二款之规定，为确认患者明示的意愿或是推定的意愿，只要不至于给患者病情造成重大迟延的场合，都应当赋予患者的最近亲属或是其他与之具有信赖关系的主体就患者意愿的确认表达意见之机会。此外，在第 1901b 第 3 款同样规定："第一款至第二款规定，于代理人准用之。"亦是借此强调了对患者医疗自主决定权维护与贯彻的重视。

二、域外消极安乐死适用推定同意的案例评析

本书选取大陆法系最具代表性国家德国与日本的司法案例加以评析，探索德国和日本司法机关对于推定同意适用于消极安乐死领域的基本态度与具体实情。

（一）德国案例

1. 2010 年德国联邦最高法院判决（Fulda 案）——中断治疗的新主张❷

（1）基本案情

76 岁的女患者 A 于 2002 年 9 月的一次谈话中，曾向其女儿 B

---

❶ 参见德国《民法典》第 1901b 第一款："负责治疗之医师，应依病患之身体状况，而预测应采取何种医疗处置及指示如何治疗之步骤。医师与辅助人，应以受辅助人之意愿为主，检讨有关之医疗处置，而作出依第一千九百零一条之一规定所应为之决定。"

❷ BGH, Urteil vom 25. 6. 2010 – 2 StR 454/09 = NJW 2010, 2963.

表示，若其日后陷入丧失意识且无表达意愿能力的状态时，拒绝接受维持生命的医疗处置，也不愿意接受插管治疗，但 B 对此并未以任何书面形式记录。2002 年 10 月，A 因脑充血进入植物人状态，丧失同意能力，只能通过人工输养维持生命。2006 年，A 因骨折截除右臂，时至 2007 年 12 月，患者 159 的公分的身体只剩下40 公斤，不再具有恢复健康的可能。患者女儿 B 基于母亲生前拒绝维生医疗的意思表示，于 2006 年 3 月要求患者的照管人拔除胃管，让患者有尊严地走向死亡。但由于缺乏书面的有效材料证实患者拒绝维生医疗的意愿，照管人拒绝了 B 的请求。随后，患者女儿 B 与患者儿子 C 共同计划关闭维生设备。2007 年 8 月，B 与C 共同成为患者的照管人，二人计划停止对患者的人工输养行为，并获得家庭医生的认可。但是，养老院主管和工作人员却对此明确反对，且拒绝停止输养。最终，为协调各方矛盾，养老院主管提出一个折中方案：在符合所有参与人道德主张的前提下，由兄妹二人自行关闭患者的输养设备，并给予患者必要的止痛支持与死亡协助，而养老院只从事狭义的照护工作。因此，2007年 12 月 20 日，患者女儿 B 中断患者的营养输送。但次日，养老院受上级主管指示，对患者恢复供养。当日，B 和 C 咨询专职律师 K，K 告知二人养老院继续输养的行为是违法的，鉴于短期内无法寻求法律救助，建议二人可以直接切除患者的胃管。B 和 C 对此表示信任，数分钟后，B 在 C 的帮助下切断胃管。养老院很快发现这一情况，并报警处理。随后，在检察院的命令下，患者被转移至医院，并恢复人工输养。2008 年 1 月 5 日，患者因自身疾病死于医院。

Fulda 邦法院判决律师 K 成立情节较轻的共同杀人未遂罪，对于患者女儿 B 则因为其是信赖律师意见而做出的行为，属不可避

免的容许错误（即间接的禁止错误），判决无罪。至于患者儿子
C，因其已死亡，对其不作实体判决。

对于 Fulda 邦法院的判决，检察官与被告 K 的律师分别提起法
律审上诉，德国联邦最高法院第二刑事审判庭于 2010 年 6 月 25 日
作出判决，驳回了检察官关于量刑的上诉，全面采纳了被告 K 的
上诉理由，撤销原判决，改判被告无罪。

（2）裁判要旨

德国联邦最高法院第二刑事审判庭作出判决的核心内容可以
归结为以下三点：其一，只要符合患者的真实意愿或是推定意愿
（§1901a BGB），并有利于让导致死亡的疾病流程在无治疗的情况
下继续进行，就可以阻却不作为、限制或结束中断治疗
（Behandlungsabbruch）的死亡协助行为的违法性；其二，中断治疗
行为可以不被视为以积极作为的方式实施；其三，与中断治疗行
为无关的对人生命有目的的干预行为，不能假借同意阻却违法性
的成立。

因本案判决内容过长，现将与推定同意相关的主要内容阐释
如下：

初审地方法院认为，患者女儿 B 为阻止人工输养恢复而切断
胃管这一行为，属刻意缩短患者生命的行为，应被认定为积极的
作为，而非不作为地放弃人工输养，不能构成法律所容许的消极
安乐死，自然也就不能再基于患者的同意正当化。联邦最高法院
肯定地方法院的这一见解符合区分作为与不作为的传统立场，❶ 但

---

❶ 传统立场认为，在特定条件下，消极安乐死与间接安乐死是被容许的，积极安乐
死则一律被禁止。其中，被允许的消极安乐死以德国《刑法典》第 13 条规定的
不作为为前提，自然意义上的作为则一律视为违法的杀害行为，依据德国《刑法
典》第 212 条和第 216 条定罪处罚。

也提出传统立场本身存在难以克服的弊端，因而主张通过被害人的真实同意或推定同意来认定是否成立"中断医疗"，并据此阻却行为的违法性。

依据德国 2009 年 7 月 29 日制定的《病人预立医疗指示法》（Patientenverfügungsgesetz），无论患者身患何种疾病、身处哪一治疗阶段，亲属和医生都应当尊重与维护患者的自主意愿（§1901a III BGB）。关于容许的死亡协助与杀人、受嘱托杀人罪的区分，不能单纯依据作为与不作为的自然意义来加以界定。所以，将关闭呼吸器这一积极作为转化解释为不作为，再借助"消极的死亡协助"来予以正当化的主张，是不为解释学所认可的"诡计"（Kunstgriff）。因为，"中断治疗"就其自然意义和社会意义而言，并不局限于单一的不作为，而是涵盖了一系列的积极行为与消极行为。如果将前述行为一概视为不作为，不但违背了《刑法典》第 13 条关于不作为犯的规定，同时可能导致部分判断结果取决于偶然。故而将所有与结束医学治疗相关的行为都纳入"中断治疗"这一上位概念中，具有合理性与必要性。再者，如果患者在医疗行为进行之前就享有拒绝治疗的权利，那么在医疗行为进行的过程中，其同样有权拒绝不再符合自己意愿的治疗，是通过消极的不作为还是积极的作为（如关闭呼吸机或移除维生设备）来实现患者要求，在所不问。

也就是说，基于外在标准很难在个案中实现对于积极行为与消极行为的界分，因而要寻求其他标准来认定依据患者意愿而实施的放弃或中断医疗行为的正当性。可以从"安乐死""中断治疗"概念本身与宪法规范背景下所涉法益权衡来获得界分标准。"安乐死"概念要想为刑法所容许并具有体系上的意义，需要设定严格的成立条件。具而言之，通过放弃、限制或终止治疗而实现的安乐死，要求以患者罹患危及生命的绝症，且相应的医疗措施必须可以维持或延长患者的生命为正当化要件。不符合前述要件而故意结束生命的行为，即便与医疗相关，也不可能通过被害人的同意而正当化。从德国《刑法典》第 216 条（§216 StGB）受嘱托杀人罪与第 228 条（§228 StGB）同意下的伤害行为违反善良风俗依然违法的规定及其背后法秩序的价值观之，得到的答案亦然。此外，基于患者同意而能够合法化的安乐死还要求其客观和主观方面都需与前述意义上的治疗行为相关联，其中，仅有放弃或终止维生医疗的行为，以及附随缩短生命副作用的医学镇痛（消极安乐死）才可能具备正当性。

德国《宪法》第 1 条第 1 款和第 2 条第 1 款规定的人性尊严与一般自主决定权，是指任何人都有权免于遭受违背自己意愿的侵害身体完整性的行为，有权选择自然死亡。但是，自主决定权并不容许个人在非医疗场合承诺他人侵犯自己的生命法益。能够阻却违法性的个人的同意，只能适用于恢复已经存在的疾病的自然发展进程这一场合，也就是说，是通过不再治疗来减轻患者的痛苦，进而让患者自然死亡的行为。但是，与疾病发展进程无关的故意结束生命的行为则不能涵括在内。

中断治疗这一概念本身就要求行为需与治疗相关，且是在获得患者同意后实施。这一概念主张显然优越于传统区分作为与不作为的做法。后者不仅存在教义学上的疑问与实务上的操作困难，难以在权衡中顾及相关法益，亦无法提供明确的法律指引。"中断治疗"这一概念的适用，并不会使德国《刑法典》第 216 条（§216 StGB）之受嘱托杀人罪的构成要件范围受到影响，同时这一概念也符合《预立医疗指示法》的立法意图，即将经患者同意的中断或终止医疗行为与德国《刑法典》第 216 条（§216 StGB）

禁止的受嘱托杀人行为区别开来。因为涉及至关重要的生命法益，因而对于患者主观意愿的认定应当设置更为严格的标准。尤其在缺乏患者书面的预立医疗指示，需要对于患者过去口头表达的意愿加以确认的场合，更是如此。❶ 至于可以适用中断医疗阻却违法性的行为人，并不限于为患者治疗的医生、照管人与医疗代理人，亦涵括辅助治疗与照顾的第三人。

（3）案例评析

德国实务与学界的通说观点历来认为，只有医生、医护人员或其他负有治疗义务的人，实施的中断维生医疗的积极行为可以在刑法上被评价为不作为，并因为患者拒绝维生医疗的承诺而不再具有保证人地位，因而不成立不作为的杀人罪。❷ 但是这种通过对作为与不作为的区分来使得依据患者意愿放弃或是中断医疗的行为正当化的传统见解，既存在操作争议，也缺乏明确的法律指引，因而德国联邦最高法院放弃了这一传统立场，转而单纯以患者的自主决定权作为判断宗旨，即以患者的真实同意或是推定同意为标准来认定安乐死行为能否正当化。具而言之，依据患者真实意愿或推定意愿中断治疗的行为能否阻却违法性的成立，判断标准在于是否符合"中断治疗"的成立要件。如果认定构成"中断治疗"，纵使积极导致了患者的死亡，同样存在正当化的可能。"因此，病患的承诺与不作为／积极作为的区分无关。无论是作为还是不作为，它们的目的都是中止某项（病患）不再愿意（接受）

---

❶ 德国《民法典》第 1901a 条及其以下的程序性规定，尤其是其中关于照管人或代理人必须与医生以及在特定情况下与监护法庭共同确定患者意志的规定，都可以确保严格证明标准得以贯彻实施。

❷ 参见张丽卿：《刑法总则理论与运用》，五南图书出版股份有限公司 2011 年版，第 424 页。

的治疗。"❶

综而述之,联邦最高法院判决认为,构成"中断治疗"需要具备以下四个要件:一是患者罹患不可康复的重大疾病,死亡进程已经不可逆转;二是患者的同意限于与医疗相关的事项❷;三是必须存在患者的真实同意或是推定同意;四是中断治疗需由医护人员、照管人、代理人或是辅助治疗与照顾的第三人施行。治疗中断正当化的主观要件则同于一般的违法性阻却事由,都要求行为人主观上必须认识到患者的意愿。

德国联邦最高法院判决与传统见解最大的区别就在于,其至少在"中断医疗"的场合,认可依据患者的真实同意或推定同意实施的中断医疗措施、缩短患者生命行为的正当性。这是基于违法性层面解决问题的方式,强调了对于患者自主决定权的尊重。该主张便于实务操作,并较大程度改善了医护人员与相关主体在安乐死场合的不利处境。较之于区分作为与不作为的传统见解,依据是否构成"中断医疗"这一标准来认定行为是否具备刑事违法性,明显具有更强的确定性,也可为医疗实践中的各方主体提供明确的行为指引。❸

2. 1994 年德国联邦最高法院判决(Kempten 案)——尊重患者推定意愿❶

(1)基本案情

70 岁的患者 E 由于心脏停搏给大脑造成了不可逆的伤害,由

---

❶ [德] 埃里克·希尔根多夫:《医疗刑法导论》,王芳凯译,北京大学出版社 2021 年版,第 83 页。

❷ 患者同意他人通过与医疗无关的举动结束自己生命的,同意无效。

❸ 参见王钢:《德国判例刑法》,北京大学出版社 2016 年版,第 63 页。

❶ BGH, Urteil vom 13. 09. 1994 – 1 StR 357/94 = NJW 1995, 204.

医生 T 负责治疗。患者 E 无法自主完成吞咽动作，因而需要插入胃导管来进行维生。自 1990 年末，患者 E 就已经丧失自主意识，无法站立或行走，对于外部刺激只能通过脸部颤动和嘀咕来作出反应，也无法表达痛觉。尽管有接受物理治疗，但患者 E 的四肢还是不可避免地逐渐萎缩僵化。1993 年初，医生 T 找到当时被指定护理患者 E 的儿子 S，建议结束对于患者 E 的输养行为，通过喂茶来代之，原因在于患者 E 已经不再具备康复的可能，并预估患者将在中止喂食后的两到三周内自然死亡，而不用再遭受病痛的折磨。同时，医生 T 告诉患者儿子 S，中止维生医疗的行为是有法律保障的，S 相信了医生 T 的声明，并未寻求进一步的法律建议，表示同意医生 T 的建议。S 作出中止维生医疗决定的另一个重要因素在于大约八年或十年之前，患者在看到电视节目中一个四肢僵硬和褥疮患者的护理案例后，告诉 S 这不是她想要的结果，她不愿意这样结束生命。于是，医生 T 在事先未与护理人员说明的情况下，在护士室的医嘱簿上写下如下内容："在与医生 T 协商达成一致意见后，我希望一旦现有的瓶装营养用尽之后或自 1993 年 3 月 15 日起，只给我母亲喂食茶水。"医生 T 和患者儿子 S 都已在上面签字，两人都认为护理人员应该会遵守该决定，患者 E 将会在不久后死去。但这一期望并未实现，护理组业务长担心该终止维生医疗决定的合法性，于是将此事告知监护法院，法院拒绝批准该计划。紧接着，患者 E 的治疗由另外一位医生接管。1993 年 12 月 29 日，时隔九个月，患者 E 因为肺水肿而死亡。

州法院认定医生 T 和患者儿子 S 负有力图杀人的罪责，二人不服提起上诉，上诉审法院取消原判，并发回重审。

（2）裁判要旨

州法院正确地指出，本案并非消极安乐死的情况。消极安乐死的前提条件是：根据医生确诊，患者罹患不可康复的重大疾病，死亡的进程已经开始且不可逆转，患者必将在短时间内走向死亡。只有处于这个阶段时，才可以正当地成立临终帮助或死亡协助，也就是安乐死。此时，允许医生撤出维生设施，例如终止输氧、输血或人工营养。

但在本案中，死亡的进程尚未开始。患者 E 除了需要人工喂食外，客观上是具有生存能力的。事实上，在被告决定停止人工喂食后，患者仍然存活了九个多月，直到 1993 年 12 月 29 日才死亡。因此，这并不构成真正意义上的安乐死，而是单纯终止维持生命措施的行为。即便在学术研究中已经将这个过程视为广义上的安乐死，原则上可以视为一般决策自由与身体不受侵犯之权利的表现。但是，在认定推定同意之时，较之于本来意义上的安乐死而言，需要设定更为严格的成立条件。医生、家属或者照管人不考虑无同意能力患者的真实意愿，单纯凭借自己的标准或想象，认为患者是毫无意义的、不再具备生存价值或者是无用的而擅自决定结束患者生命的风险，自始就得严加防范。

本案中，患者 E 自 1990 年 9 月以来，因脑部遭受不可逆转的损害而丧失了作出现实同意的能力，因而只能适用推定同意。但是，因为缺乏足够可信赖的证据，无法认定成立有效的推定同意，故被告 S 作出的推定同意是无效的。

本案的关键时间点为 1993 年 3 月之前的八年或十年，由于电视节目留下的直接印象，患者 E 曾经说过，"她不想这样结束生命"。但是，这种多年前不经意间作出的非正式表述，并不足以作为认定成立中断治疗的有力证据。这句话不排除是一时的情绪宣泄，患者 E 并未以书面或口头的方式再次表达过类似的意愿，其事前是无法预估自己 1993 年的内心真意与现实情状的。自 1990 年以后，患者只能完成最简单的事情，由于脑损伤，她需要人工喂食，无法再建立人际交往，以至于周围的人看来她的生活已经失去了意义，但这并不足以佐证中断维生医疗，并导致快速死亡的推定同意是正当成立的。因为如果不这样做，她还可以继续活下去。即便身为患者儿子与指定代理人的 S 已经同意中断治疗，也不能改变这一结果与事实。

根据德国《民法典》第 1904 条的规定，如果照管人对特定医疗措施作出同意的决定，需要获得监管法院批准以后才能够生效。但该条款不能直接适用于可能导致患者死亡的中断治疗的情形，依据法条的表述，该条款仅能适用于积极的医疗措施，例如健康检查、治愈治疗或医疗干预。但依据该条款的立法宗旨，在安乐死案件中，若医疗措施就是结束已经实施的维生治疗，且死亡的进程尚未直接开始，只有在这种情况才能适用该条款。

本案中，被告 S 由于事后并未取得监护法院的必要批准，因此，他在 1993 年 3 月初向医生 T 表达同意中断维生医疗的决定就是无效的。

州法院在关于两名被告人禁止错误可避免性的论述上，存在很大疑问。在本案的情形中，自始就应该能够排除允许死亡的可能性，事实根本无法达到可以推定患者会作出同意的程度。

合议庭认为，鉴于本案的特殊情况，如果推定的患者同意能够有效成立，可以例外地认为以中断治疗的方式放任死亡的行为并非自始就是不允许的。因为即使是在患者丧失意识的情况下，也仍要尊重患者的自主决定权，原则上不能违背其意愿开始或继续治疗。但是，本案情况并不满足前述可容许的消极安乐死的先决条件，因而难以适用。为了保护患者重大的生命法益，在认定无同意能力患者是否成立有效的推定同意时，需要满足十分严格的先决要件。核心要素在于，谨慎、周全地考察所有事实情状之后，判断患者在行为时的推定意愿究竟是什么。此时，不仅需要考量患者事前作出的书面或口头的意思表示，还要综合考量其宗教信仰、个人价值取向、对于预期寿命的期待或是遭受痛苦时的态度。符合客观利益衡量的理性人标准对于特定患者个人意愿的推定并没有独立意义，只能充当查明特定患者意志的辅助手段。

如果经过必要的审慎审查，仍然无法确定患者推定的意愿，那么就只能依据客观利益权衡的标准来作出决定。但是，对此需要采取谨慎的态度：在存有疑虑的情况下，保护患者生命优先于医生、亲属或其他任何有关人员的意愿。在特别的个案中，最后作出的决定也取决于医生的专业判断、患者恢复健康可能性的大小与距离死亡的远近。具而言之，恢复一般认为的有尊严生活的可能性越小与距离死亡越近的，中断治疗的合理性就越大。

患者儿子 S 是从母亲的主治医生 T 那里得知中断治疗的行为在法律上是没有问题的，不会承担责任。但是，仅凭主治医生的一个答复，不足为 S 信赖并践行。通常而言，可靠人士的法律建议可以否定禁止错误的可避免性。从这个意义上言之，可靠人士需为有能力、知识渊博且公正的人，他在提供建议时不追求任何私利，并本着客观、谨慎、尽职和负责的态度提供建议。根据这些判断标准，患者儿子 S 可以认为医生 T 是可靠的。核心问题在于，针对特定的领域，全科医生当然可以被视为可靠人士，他的职业决定了他必须能够处理相关的法律问题，尤其是涉及医学领域的，以便使外行人可以信赖他在医学领域提出的专业建议。

但是，S 仅询问医生 T 的建议，并不足以证实其已经全面尽到审慎审查的义务。原因在于患者儿子 S 同时兼具指定医疗代理人的身份，这一身份的职责范围包含处理与患者相关的所有医疗问题，S 有义务在作出中断医疗的决定前，取得监管法院的批准。因此，州法院负有义务查明为何被告 S 没有事先征询监管法院的意见并取得同意，并确认 S 行为时是否知悉《民法典》第 1904 条的新规定。

医生 T 在作出决定前根本没有征求过任何意见，但是基于患者艰难的现实处境和弱势的法律地位，他将不得不这样做。虽然医生在医疗场合关于是否终止和继续治疗方面具有一定的判断能力和自由裁量权，但是，如果患者的呼吸、心脏跳动和循环等基本生命功能仍然存在的，只有当符合无法表达意愿的患者的推定同意时，才可能允许停止治疗。因此，合议庭应当调查在 1993 年年初，医生 T 究竟是出于什么原因建议中断治疗，是否确信在当时的情况之下推定同意能够有效成立，以及为何告诉患者儿子 S 同意中断治疗在法律上是不存在问题的。合议庭也不能排除是否可能存在其他事实，以至于可能会导致对于患者的推定同意以及两名被告人禁止错误的可避免性之判断得出不同结论。因此，有必要从整体上撤销原判决，将案件发回重审。

（3）案例评析

依据联邦最高法院的观点，如果患者罹患不可康复的重大疾病，死亡进程已经开始且不可逆转，所剩时日无几之时，容许撤除维生设施，任由患者自然死亡。这种情况当前普遍上被称为消极安乐死，教义学上的主流观点将之视为继续治疗的不作为，即便是通过切断呼吸器或胃管等积极作为的方式来实现治疗终止的亦然。学界将此谓之"作为形式的不作为"，因为从本质上观之，此为一种继续治疗的不作为，无论形式上是否采取了积极的处置措施。❶

---

❶　参见［德］克劳斯·罗克辛：《德国最高法院判例刑法总论》，何庆仁、蔡桂生译，中国人民大学出版社 2012 年版，第 83—84 页。

基于法学的视角，这种类型的消极安乐死行为，自始就不该当德国《刑法典》第 212 条规定的故意杀人罪的构成要件。依据学界和实务界传统的见解，仅当行为人负有阻止结果发生的保证人义务时，才会因为不履行延长患者生命的义务而受罚。本案中，两名被告人在患者病情所处的这一阶段已经不再负有阻却患者死亡的保证人义务。显然，较之于更晚一些的 Fulda 案，本案仍然是持区分作为与不作为这一传统标准来认定终止维生医疗的行为是否能够合法化。

本案最大的争议之一在于是否能够成立正当化的消极安乐死。其判断的核心就在于，患者的推定同意能否有效成立？联邦最高法院认为，因患者 E 从被终止维生医疗到真正死亡间隔九个月之久，可见，在两名被告人决定中断治疗之时，患者的死亡进程尚未真正开始，客观上仍具备一定的生存能力，并不全部符合消极安乐死合法化的前提条件。同时，患者儿子 S 推定患者同意终止维生医疗的依据是患者多年前在看电视时不经意说出的一句话，患者此后也并未通过书面或是口头重复表达过相同的意思，因而这并不足以作为推定患者同意终止维生医疗的有力证据。加之被告人 S 在依推定同意作出终止维生医疗的决定时，并未事先取得监管法院的批准。综上，联邦最高法院认可州法院的判定，认为推定同意在本案中不能有效成立。

通过前述判决内容可以发现，消极安乐死在德国已经是被普遍认可的正当化事由，依据患者的真实同意或是推定同意都可以被认可实施。但是，为避免医生、家属和照管人违背患者的自主意愿，滥用代理决定权，防范有权主体擅自剥夺患者生命的风险，因而在患者无同意能力，需要适用推定同意来终止维生医疗的场合，设置了十分严格的适用条件，可以归纳为以下两点：第一，依据专业的医学判断，患者罹患不可康复的重大疾病，医疗行为只能延缓患者的生命，对于疾病的恢复毫无意义；第二，患者死亡的进程已经开始，不可逆转，其必将在短时间内走向死亡。只有当同时满足上述两个先决条件，才允许适用推定同意撤出维生设备，放任患者自然死亡。

此外，依据德国《民法典》第 1904 条第 2 款❶的规定，当照管人决定对于患者不为或中断先前同意的医疗处置之时，倘若从医学上认为有必要，且客观上确实存在导致患者死亡或是身体健康长期遭受重大损害的，照管人应当事先取得监管法院的批准。这一规定事实上同样是为防范有权主体滥用代理权限的风险，因为无同意能力的患者处于绝对弱势的地位，在无法表达自己的主观意愿而需要由他人代为推定同意之时，较之于存在患者真实意愿的场合，需要设定更为严格的适用条件，以维护其合法权益。判决还指出，当对患者的推定同意存有疑虑之时，应当优先保护患者重大的生命法益，无论其他任何有权主体的意愿为何。同时，判决还给出能否成立合法化消极安乐死的具体判断标准：患者恢复健康体面生活可能性越小和死亡可能性越大的，成立合法化消极安乐死的可能性越大，否之则反。

综上，消极安乐死在德国已经普遍成为阻却违法性的正当化事由，无论是患者的真实同意还是推定同意，都可以作为患者主观意愿的确认。但是，较之于患者的真实同意，适用推定同意的场合设置了更为严格的成立要件，以维护患者的合法权益。同时，

---

❶ 参见《德国民法典》第 1904 条第 2 款："辅助人对受辅助人就健康检查、治疗行为或医疗处置不为或撤回同意时，如医疗上认为有必要且存在已证实之危险，不为或中断该处置有使受辅助人死亡或长期健康受有重大损害之虞者，应得辅助法院之许可。"

患者罹患疾病康复可能性的大小、距离死亡的远近、有权主体是否事先获得监管法院终止维生医疗的批准等因素也都综合决定了推定同意是否能够有效成立。显然，德国学界和实务界虽都认可依推定同意终止维生医疗的行为，但对于这一行为始终秉持谨慎适用的态度。

（二）日本案例

在世界范围内，最早将安乐死视为正当化事由，对之予以非犯罪化处理的是日本法院。早在 1950 年 4 月 14 日，东京地方法院的判例就表明，为帮助患者摆脱肉体上的剧烈痛苦，在别无更优选择的情况下侵害其生命的行为，应认定构成刑法中的紧急避险，不予处罚。❶ 本书将从日本与安乐死要件有关的司法判例中选取影响较为深远的几个案例加以阐释，以探寻日本对于安乐死及其成立要件的司法立场。

1. 日本名古屋高等法院 1962 年 12 月 22 日判决❷

甲的父亲于 1956 年 10 月因脑溢血病倒，病情之后虽稍有好转，但于 1959 年 10 月再度复发并导致半身不遂，不仅衣食住行必须全部依赖家人照料，身体日益衰弱和变形，稍微移动就倍感疼痛，且持续性打嗝不止。在如此极端痛苦的情况下，甲父不时大喊"我想早点死""杀了我"。甲听到其父如此喊叫，加之见到其父痛不欲生的现实惨况，亦难以忍受，于心不忍。医生也告知患者剩余生命不足十日，故而，甲认为结束父亲生命帮助其摆脱病痛折磨，是其孝道所在。因此，甲将毒药掺入家中牛奶，甲母在

---

❶ 参见梁根林：《争取人道死亡的权利》，载《比较法研究》2004 年第 3 期，第 19 页。

❷ 名古屋高判昭 37·12·22 高刑集 15·9·674.

不知情的情况下喂食，甲父食用后中毒身亡。[1] 该判决首次就安乐死的正当化提出了六个成立要件：第一，根据现代医学水平，患者罹患不治之症且死期迫近；第二，患者所承受的病痛已经达到一般人难以忍受的程度；第三，目的是为解除或是缓和患者正在承受的痛苦；第四，患者的承诺或是嘱托是源自患者意识清楚、明确、诚挚的意思表示；第五，原则上应当由医生施行，若非由医生施行则必须具有特别事由；第六，施行方法必须具有伦理相当性。[2]

需要注意，此处所指的"痛苦"必须是来自生理上的，而不包括心理上的痛苦。[3] 该案例为日本司法史上第一件关于积极死亡协助的案件。日本名古屋法院判决有罪的理由在于：其一，被告的行为不符合合法化要件第五点的要求，未由医生施行，且本案也并不存在无法由医生施行的特殊情况；其二，被告是将毒药直接掺入患者饮用的牛奶中，致使患者中毒身亡，此乃伦理上难以容忍的行为，故而也不符合第六点的要求。综上，法院判决被告有罪，并承担相应的刑事责任。[1] 这是一个典型的积极安乐死的案件，日本法院提出的安乐死合法化的六个成立要件，也为本书研讨的消极安乐死中推定同意成立的要件提供了参考。

---

[1] 第一审名古屋地方裁判所认定被告成立日本原《刑法》第 200 条之尊属杀人罪。后经抗诉，名古屋高等裁判所重新审理，最终认定成立日本原《刑法》第 202 条之嘱托杀人罪，判处被告有期徒刑一年，缓刑三年。

[2] 参见刘建利：《死亡的自我决定权与社会决定权》，载《法律科学（西北政法大学学报）》2013 年第 5 期，第 63 页。

[3] 东京地判昭 25・4・14 裁判所时报 58・4.

[1] 参见王志嘉：《死亡协助与刑事责任》，东吴大学 2006 年硕士学位论文，第 34 页。

2. 日本横滨地方法院 1995 年 3 月 28 日判决（东海大学附属医院"安乐死"案）❶

58 岁的患者甲罹患多发性骨髓肿瘤（multiple myeloma），于 1990 年 12 月入住东海大学附属医院接受治疗。自 1991 年 4 月 8 日开始，尚存部分意识的患者甲因为极度疼痛，一再试图拔掉身上的医疗导管。1991 年 4 月 11 日被告医生乙向患者甲的妻子与长子说明患者所剩时日无几，只能再存活一至两天，患者此时对于疼痛刺激已经处于无反应的临终状态，意识不清。甲之妻子及其长子请求医生中止治疗，医生予以拒绝。1991 年 4 月 13 日中午，患者甲的妻子与长子为解除患者所受剧烈痛苦，再次强烈恳请医生中止治疗，医生遂将患者身上的点滴与导管撤走，全面中止治疗。傍晚六点十五分左右，移除所有维生设施的患者仍然存活，并痛苦地打鼾不止，患者长子再次强烈请求医生尽快让其父亲断气，使之从痛苦状态中解脱。医生见家属态度坚决，遂使用带有抑制呼吸副作用的镇静剂，并以平常两倍之分量，于二十秒内快速注射到患者体内。其后患者状况并未发生变化，晚间七时左右，患者长子再次强烈要求尽快带其父返回家中，医生虽然尝试劝说，但最后还是使用带有抑制呼吸副作用的另外一种药剂，以平常两倍的剂量于十秒内注射至患者体内。晚间八时左右，患者长子再次激动质问医生为何患者还有呼吸，并强烈要求当日就要带其父返回家中。晚间八点三十分左右，医生使用附随降低脉搏数、一时性心跳停止等副作用的药剂，并以平常两倍的分量注入患者体内，后由于患者脉搏等没有变化，医生又继续使用附随心脏传导障碍副作用的药剂（若不稀释使用将导致心脏停止跳动），不稀释

---

❶ 横浜地判平 7・3・28 判时 1530・28.

地注入患者体内。晚间八点三十五分，患者因心脏停止跳动而死亡。

日本横滨地方法院于 1995 年 3 月 28 日，认定该医生构成普通杀人罪，判处有期徒刑二年，缓刑二年。该判决内容有以下几个要点值得关注：其一，关于消极死亡协助中的中止治疗行为，也称为消极安乐死，提出其成立要件应为病人罹患不可治愈的绝症，没有康复的可能，已经进入临终末期，且在医生中止治疗行为之前患者已经明确表达了中止治疗的意愿。❶ 如果没有患者希望中止治疗的明确意思表示，也可以由充分了解患者的价值取向、主观偏好、实际病情与治疗内容的近亲属去推定患者的主观真意，且要求近亲属在事前曾与医生和患者进行过充分的沟通与交流，理解患者的立场，并基于患者的立场去代为作出决定。此时，方可允许患者的近亲属推定患者会作出中止治疗的决定。❷ 其二，关于间接安乐死，需要具备以下要件才能够阻却行为的违法性，具体包括实施的行为应当属于具有医学相当性的治疗行为范围内的行为，且是患者行使自我决定权的结果表现，可以是患者真实的意思表示，也可以是推定的患者意愿。❸ 其三，关于积极安乐死，其正当化根据包含紧急避险和自我决定权。具而言之，此中的紧急避险是指为了解除患者正在承受的剧烈痛苦，在已经没有其他可以替代选择的手段时，放弃生命的选择才可以被容许。此中自我决定权的法理则是指是否选择放弃生命应当由患者自主决定，他

---

❶　参见［日］佐伯仁志：《日本临终期医疗的相关刑事法问题》，孙文译，载《法学》2018 年第 5 期，第 143 页。

❷　参见陈逸珍：《从实证分析看加工自杀罪之可罚性——兼论病人自主权利法之适用》，台湾交通大学 2018 年硕士学位论文，第 60 页。

❸　参见［日］佐伯仁志：《日本临终期医疗的相关刑事法问题》，孙文译，载《法学》2018 年第 5 期，第 143 页。

人无权干涉。针对积极安乐死的正当化根据，该判决提出了如下四个要件：一是患者正在被难以忍受之肉体上的痛苦所折磨；二是患者的死亡不可避免且死期迫近；三是已经竭尽所有可能帮助患者解除或是减轻痛苦的方法，且没有其他可以替代的手段；四是存在患者承诺缩短生命的明确意思表示。❶

该判决的基本立场与日本名古屋判决是保持一致的，都秉持尊重和维护患者自我决定权的原则，但显著不同于名古屋判决的一点在于，该判决要求，如果想要阻却积极安乐死行为的违法性，必须存在患者本人真实而明确的意思表示，推定的患者意愿在此并不可行。显然，日本判例对于安乐死正当化的要件作出了实质改变。但是，丧失意识的患者根本没法做出明确的意思表示，无疼痛、无反应的植物人患者也就谈不上难以忍受的肉体上的疼痛。事实上，能够同时满足前述四个要件的患者，客观存在的几率微乎其微。因此，该判决可以谓之事实上禁止积极安乐死。❷ 也就是说，在医疗实践中的临终末期阶段，患者通常都已经失去意识，或者已经丧失同意能力。再者，医方通常也都会通过深度镇静（deep sedation）这一替代方式使患者失去意识以缓解痛苦。从这一角度而言，该判决提出的成立要件已经使得积极安乐死事实上失去了适用的空间。此外，该判决还就没有被起诉的消极安乐死与间接安乐死做了详细阐释，并明示了二者的成立要件。由法院来阐明消极安乐死与间接安乐死的要件在当时尚属首例，具有重要意义。但是，关于这一部分的阐释属于该案的"旁论"，即是说

---

❶ 参见［日］山中敬一：《有关日本临终医疗与延命措置之中止》，周广东译，载《高大法学论义》2018 年第 2 期，第 396—397 页。

❷ 参见［日］山中敬一：《有关日本临终医疗与延命措置之中止》，周广东译，载《高大法学论义》2018 年第 2 期，第 397 页。

对于本案有罪结论的得出并不十分必要。对于这样的"旁论"其司法效用几何，存在不小的争议与批判。❶

这是日本第一个医生被起诉的案件。该案件的案情相对较为复杂和特殊，同时涉及消极安乐死、间接安乐死与积极安乐死三个行为，最终导致患者死亡的是后面的积极安乐死行为。其中，医生接受患者家属提出的中止治疗请求，而撤出患者身上滴管与导管的行为，归属于消极的死亡协助；数小时后，应患者家属的强烈请求为使患者摆脱痛苦而注射具有抑制呼吸副作用的镇静剂的行为，则属于间接的死亡协助；最后，见患者未有脉搏变化，而注射的具有抑制心跳等副作用的药剂，最终致使患者因此而心跳停止并死亡的行为，就属积极安乐死。

实施安乐死的整个过程中，患者均处于无意识状态，并不具备同意能力，安乐死的决定是由其近亲属代为作出，并由医生具体实施。在本案中，因为患者已经陷入昏迷状态，丧失了同意能力，患者此前也未曾就安乐死作出过书面或口头的意思表示，因而对于患者意愿的推定难以有效成立。因此，最开始实施的消极安乐死，其后施行的间接安乐死，以及最后直接导致患者死亡的积极安乐死行为都不能被认为是合法的。❷

3. 2005 年日本横滨地方法院之川崎协同医院事件判决❸

58 岁的日本患者因为严重的哮喘而造成心脏与呼吸暂停，并被送至川崎协同医院。尽管医师及时施行救治，但患者脑部还是

---

❶ 参见 [日] 佐伯仁志：《日本临终期医疗的相关刑事法问题》，孙文译，载《法学》2018 年第 5 期，第 143 页。

❷ 参见 [日] 佐伯仁志：《日本临终期医疗的相关刑事法问题》，孙文译，载《法学》2018 年第 5 期，第 143 页。

❸ 甲斐克则：《治疗行为の中止》，载甲斐克则、手嶋豊主编：《医事法判例百选》，有斐阁 2014 年版，第 198—199 页。

因为缺氧造成损害并陷入昏迷。两周后，患者妻子要求医师移除防痰插管。在患者诸多家庭成员来到医院后，医师实行拔管行为。在实施拔管行为之前，医师已经先行确认患者病情严重，没有插管将可能窒息死亡。但拔管后，患者仍然艰难地维持自主呼吸，医师担心患者家属发现，为使者安静下来，而对之注射镇静剂，但并无效果。其他医师进而建议主治医生对患者接续注射三瓶肌肉松弛剂，患者因此窒息死亡。日本横滨地方法院于 2005 年 3 月 15 日判决❶认定，医生构成杀人罪，判处有期徒刑三年缓刑五年。

该判决提出了中止治疗行为有效成立的七个要件：其一，尊重患者的自主决定权以及医生的治疗义务界限；其二，尊重患者在临终阶段的生死决定，但这不代表患者愿意死亡；其三，患者不具有康复可能性，且死期迫近；其四，患者事前知悉全部病情，并自愿作出缩短生命的明确意思表示；其五，医生如无法确认患者作出决定的内容以及是否出于自愿，则应当继续探寻患者的内心真意；其六，医生应依据患者事前可信赖的书面意思表示或与患者熟识亲友之陈述来探寻患者的主观意愿，若穷尽一切办法仍然无法确认患者意愿的，医生则应当优先保全患者性命，提供适当合理的医疗处置；其七，医生应基于有效医疗的出发点进行专业判断，只能以被咨询者的地位向患者阐明将会如何走向死亡，但不能代替患者作出生死决定。

该判决认为，关于中止治疗行为的正当化根据，包含患者的自我决定权和医师的治疗义务界限两个要件。因原判决全文较长，现仅将其中与推定同意相关的核心要点简述如下：在探讨终末期医疗中直接导致患者死亡的中止治疗行为的正当性时，其正当化

---

❶ 参见［日］佐伯仁志：《日本临终期医疗的相关刑事法问题》，孙文译，载《法学》2018 年第 5 期，第 143—144 页。

根据在于尊重患者的自我决定权和以医学判断为基础的治疗义务的界限。关于中止治疗行为的选择，必然应为患者本人的自主决定，且该决定的作出必须是基于获取足够充分全面的相关资讯基础上，患者依据自己真实自主的意愿而作出的选择。在现实临终医疗场合，当真正需要患者就是否中止医疗行为作出决定时，患者已经陷入昏迷或是丧失同意能力的情况并不罕见。此时，为确保患者自主决定权的实现，仍应积极探寻患者的内心真意。如果坚持只要不存在患者真实的意思表示，就不得中止治疗，不可否认，这自然会使得判断标准简单便捷。但是，同时也可使违背患者意愿的治疗行为一直持续进行，事态发展的最终就只能被迫将医疗行为的决定权交到医生手中，如此反而与尊重患者自主决定权的意图背道而驰。因此，为了始终贯彻尊重患者自主决定权的宗旨，当确实无法获得患者的真实同意之时，还是应当许可对于患者意愿的推定。在推定患者内心真意的过程中，应当结合患者事前口头或书面的医疗意愿表示（如预立医疗决定等），熟识患者的近亲属对患者意愿的推测，患者事前的主观偏好和价值取向等来综合推定。如果穷尽所能仍然难以推定得知患者意愿的，就应遵循"存疑时生命利益优先"的原则，竭力抢救患者生命，继续实施正当的医疗行为。

关于治疗义务的界限，是指如果医生在能力范围内已经竭尽一切正当治疗行为，客观上确实也已达到有效治疗的界限，即便患者本人仍然同意继续治疗的，但治疗行为在医学上看来已经是无意义甚至是有害的，据此就可以认为医生在法律上不再负有治疗义务。在这一场合，合理限度内的中止治疗行为就能够正当化。虽然客观上仍然存在医生为尊重患者及其家属意愿而持续治疗的情形，但此时的医生并不负有治疗义务。

将以上两个要件适用于本案，其中，关于患者自我决定权的判断：本案患者处于昏迷不醒的无意识状态，已经丧失了同意能力，无法判定患者存在同意中止治疗的真实意愿，甚至推定意愿也难以认定。因为家属在患者陷入昏迷仅两周就提出中止医疗行为的请求，该请求的提出并非是基于对患者病情的充分了解、对患者主观意愿的合理推测等作出。因此，患者家属请求中止治疗的意愿，是否可以等同于患者本人的意愿则存有疑虑。关于医生治疗义务界限的判断：本案医生中止治疗的行为是应患者家属的请求而作出，既非患者本人的真实意愿或推定意愿，也并非出于专业的医学判断。医生在实施拔管行为前，并未对患者进行过任何预判患者预期寿命的专业检查行为，仅在患者陷入昏迷两周时就中断治疗，着实难以认定患者的病情已经没有康复希望，并处于临终末期状态。因此，可以认定中止治疗行为是医生在尚未达到治疗义务界限时实施的违法行为，该行为与违法注射肌肉松弛剂的积极安乐死行为共同构成杀人罪。

三、小结

当前，国际上容许积极安乐死合法化的国家仅有荷兰、比利时与卢森堡三个国家。此外，澳洲北领地区（北方准州，Northern Territory）是世界上最早将安乐死合法化的行政地方，但为期短暂，施行两年即遭废止。从整体上观之，安乐死的合法化只是在有限度的范围内被认可。积极安乐死基本上是被普遍禁止的，即便是例外允许积极安乐死合法化的荷兰，事实上也并非全面主动地支持积极安乐死，只不过是规定当积极安乐死行为符合法定要件时，经法定程序，可以阻却犯罪的成立，毋宁说是一种被动的出罪机制。相对缓和的消极安乐死则是被普遍认可和接受的，绝大多数国家与安乐死相关的立法都是针对消极安乐死而言，只不过具体细则和表述称谓上有所不同而已。消极安乐死中关于患者主观意愿的判断，各国立法一致要求患者本人的真实意愿占据绝对主导的优先地位，只有当患者本人的真实意愿不可得之时，才可例外地由患者家属或是其他特定第三人代为决定。即是说，推定同意在消极安乐死中的适用，同样处于补充性地位，只有当患者客观上行使自主决定权不能时，才可以适用推定同意。但是，无论最终由谁推定同意，都必须基于患者的立场，秉持维护和尊重患者自主决定权的基本原则。大陆法系国家中最具代表性的德国和日本的司法判例也印证了这一观点，但在消极安乐死能否正当化的判断标准上则存在不同观点，其余具体的成立要件大同小异，并无实质差异。日本司法判例的传统观点是综合患者的自我决定权与医师的治疗义务界限来判断消极安乐死能否正当化，德国司法判例的传统观点则是通过对"作为"与"不作为"的区分实现消极安乐死的正当化，但当前正朝着直接通过患者的真实同意或是推定同意阻却消极安乐死行为的违法性这一趋势发展。具体是否可行以及如何规范适用，还有待下文更进一步展开。

第三节　消极安乐死适用推定同意的本土化思考

积极安乐死在我国自然是被绝对禁止的，消极安乐死则存在一定的合法化空间。虽然我国法律体系至今尚未作出任何明确规定，但在当前的法律规范文本中还是可以为消极消极安乐死在我国的合法化找到相应的适用根据，司法实务中对于消极安乐死的类似案件的裁判也呈现出一种轻刑化乃至无罪化的处理趋势。不可否认的是，消极安乐死在我国的合法化还有很长的一段道路要走，但当前的司法实务还是可以为此预留一定的现实出路。如果可行，推定同意在此又当如何规范适用？下文将对此详细论证和阐释。

一、消极安乐死在我国的合法化界限

（一）我国台湾地区关于安乐死的有关规定

我国台湾地区于 2000 年公布《安宁缓和医疗条例》，由此创建了安宁缓和医疗体制，旨在尊重末期患者的医疗意愿，并保障其合法权益。此后，又于 2016 年进一步公布所谓的"病人自主权利法"以厘清患者自主权的意义与范畴，其中所涉的大多数条文都与维持生命医疗、预立医疗和缓和医疗密切相关，自此基本上形成了较为完整的终末期医疗体制。虽然"病人自主权利法"的适用范围并不限于安宁缓和医疗，同时也使用了与安宁缓和条例不同的专有名词，但整体上两个法律规范之间是有所交叉和重叠的。❶ 再者，依据所谓的"病人自主权利法"第 7 条❷的规定观之，其与《安宁缓和医疗条例》之间为特别法律规范与一般法律规范的关系。需要注意的是，因为我国台湾地区明文规定处罚自杀参与以及得同意杀人的行为，故而积极安乐死在我国台湾地区仍然是被禁止的，属于犯罪行为。下文将就《安宁缓和医疗条例》与所谓的"病人自主权利法"之间的异同进行详细比较与分析。

依据《安宁缓和医疗条例》的规定，仅有末期病人可以拒绝

---

❶ 参见李茂生：《安乐死到底是让谁得到了安乐》，载《法律扶助与社会》2020 年第 5 期，第 95 页。

❷ 参见我国台湾地区所谓的"病人自主权利法"第 7 条："医疗机构或医师遇有危急病人，除符合第十四条第一项、第二项及安宁缓和医疗条例相关规定者外，应先予适当急救或采取必要措施，不得无故拖延。"

心肺复苏术与只能延长濒死过程的维生医疗。原则上，成年人都可以在具备完全行为能力时，自主预立意愿书，明确表明当自己进入"末期病人"状态时，就安宁缓和医疗、维生医疗的具体内容作出拒绝或是同意的选择。当末期病人陷入昏迷之时，如果病人有预立放弃医疗的意愿书，医生就可以依据《安宁缓和医疗条例》的第 7 条不施行心肺复苏术或是维生医疗。注意，此时需要同时满足两个十分重要的条件：一是应由两位医生诊断确定为末期病人；二是确认存在病人事先签署的有效意愿书。可见，《安宁缓和医疗条例》的宗旨就在于尊重患者的自主决定权，当患者符合"生命末期"的临床特征时，放弃医疗行为，让患者走向自然死亡。不施行心肺复苏或维生医疗，形式上看似积极的举动，实则是消极不治疗，因而是不作为。医生消极不治疗的行为，正是基于患者的期待而存在，因而并不具备期待可能性。任何医疗行为的实施，都必须是以遵循患者的自主决定权为前提，当患者明确表达不愿治疗的意愿之时，医生的保证人义务就不复存在。此时，医生既没有强行治疗的权利，也没有强行治疗的义务。[1] 因此，医生依末期病人意愿不施行心肺复苏或维生医疗，病人继而死亡的，医生由于不存在治疗义务而不构成犯罪。[2]

　　《安宁缓和医疗条例》的局限之处在于，只有二十周岁以上具有完全行为能力的人才有权利预立意愿书，事先表明当其进入"末期病人"的状态时，自主决定是否接受安宁缓和医疗与维生医疗。其中，末期病人是指罹患不可治愈的重症，近期内不可避免

---

[1]　参见林东茂：《帮助自杀与积极死亡协助的适度合法化》，载《东吴法律学报》2019 年第 31 卷第 1 期，第 56 页。

[2]　参见许泽天：《消极死亡协助与病人自主决定权——德国学说、立法与实务的相互影响》，载《台北大学法学论义》2016 年第 100 期，第 231 页。

地走向死亡的患者。❶ 然而，针对重度植物人、重度昏迷、重度失智、渐冻人、闭锁综合征等其他重症患者都无法被判定为末期病人，这类病人都忍受着漫长的病痛折磨，给个人、家庭和社会都带来了无限痛苦，医事法领域对此都没有例外的急救义务规定。医生为避免承担责任，都会竭力对重症患者不计代价地抢救到底，使得重症患者要因此承担无尽痛苦的折磨，对于患者的善终权利明显保障不足。❷ 病人的自主权利也因此受到限制。

但是，所谓的"病人自主权利法"则放宽了适用预立决定的条件，任何具备完全行为能力的人都可以预立放弃医疗的决定，当预立医疗决定者符合特定的临床条件时，医方可以终止、撤除或不施行急救。❸ 也就是说，预立医疗决定者只要符合特定条件，医方就可以"终止、撤除或不施行维持生命治疗或人工营养及流体喂养之全部或一部"❹，实质意义上就是不予救治，属消极的不作为。造成的结果就是病人走向自然死亡，医生因缺乏保证人地位，因而无罪。所谓的"病人自主权利法"第 14 条第 5 款中也明确规定，医疗机构和医生不负刑事责任与行政责任。

所谓的"病人自主权利法"于第 1 条就开宗明义地表明其目的在于尊重病人的医疗自主权，保障其善终权利的实现，促进医患关系和谐。该法律规范赋予具备完全行为能力的个人事先制定预立医疗指示的权利，以决定将来处于特定医疗条件时接受或拒

---

❶ 《安宁缓和医疗条例》第 3 条。
❷ 参见陈逸珍：《从实证分析看加工自杀罪之可罚性——兼论病人自主权利法之适用》，台湾交通大学 2018 年硕士学位论文，第 39 页。
❸ 依据所谓的"病人自主权利法"第 14 条的规定，前述特定的临床条件具体涵括以下几种：一是末期病人；二是处于不可逆转之昏迷状况；三是永久植物人状态；四是极重度失智；五是其他经中央主管机关公告之病人疾病状况或痛苦难以忍受、疾病无法治愈且依当时医疗水准无其他合适解决方法之情形。
❹ 所谓的"病人自主权利法"第 14 条。

绝具体的医疗行为，还明确界定了拒绝医疗的要件与程序，并以此保障今后医生在执行患者的预立医疗决定时可以阻却行为的违法性。同时，患者可以书面选任医疗委托代理人在其陷入昏迷或是无法清楚表达意愿之时，代理表达意愿，作出医疗决定。

所谓的"病人自主权利法"赋予患者对于本人病情的知情权，对于医疗选项的选择与决定权，以及拒绝医疗权与善终权。同时，还引进了预立医嘱制度、预立医疗照护谘商、预立医疗决定、医疗委托代理人，通过赋予个人事先决定选择或拒绝各类医疗行为的权利，真正意义上使得个人的医疗自主决定权可以延伸至其丧失决策能力之后。但是，患者的医疗自主权也并非毫无限制，要求其自主权的行使必须以医生依专业判断给出的医疗选项为范围。通过排除医生的急救义务，免除其承担刑事责任的可能，进而解除医生的后顾之忧。如此，不仅能够保障患者自主决定权的实现，还维护了医生的合法权益，有利于最大限度促进医患关系的稳定与和谐。

事实上，即便没有《安宁缓和医疗条例》或是所谓的"病人自主权利法"，任何医疗行为都必须尊重患者的自主决定权，而不是医生的临床裁量权。医生的临床裁量权基本上只能是针对无法表达意愿的患者，或是不具备相应行为能力的患者。可见，临床裁量具有成立推定同意的基础，但只能是在有限范围内依据推定同意进行临床裁量，而不是毫无边界的裁量。❶

（二）消极安乐死在我国大陆地区的合法化界限

消极安乐死能否合法化，核心就在于患者对于自己的生命是

---

❶ 参见林东茂：《帮助自杀与积极死亡协助的适度合法化》，载《东吴法律学报》2019 年第 31 卷第 1 期，第 57—58 页。

否享有自主决定权，而自主决定权的有效行使又是以患者知情同意为前提。我国至今尚无关于消极安乐死的任何明文规定，但由此并不能绝对否认我国当下并不具备建立安乐死制度的法律基础。纵观我国现有的法律体系，仍然还是可以为安乐死制度的建立找到相应的法律依据，整体法秩序对于安乐死也是包容鼓励的。具体可从宪法关于人权的规定，民法典对于生命尊严的明文保护，以及各法律规范关于患者知情同意权的确切规定以窥之。

2004 年 3 月 14 日第七届全国人民代表大会第二次会议通过《中国人民共和国宪法修正案》，在第 33 条下增加了第 3 款："国家尊重和保障人权。""人权，是人作为人依据其自然属性和社会本质所应当享有的权利。"❶ 生命权、自由权和财产权是自近代确立的人的三大自然权利，其中，生命权彰显了人之为人的尊严与价值。生命权包含生命安全维护权、司法保护救济权与生命利益支配权。安乐死关涉人之生死存亡，是生命权的核心要义所在，是个人对生命利益支配的显现。❷ "生命自主原则，在安乐死实践中，表现为尊重患有不治之症的病人选择尊严死亡的权利，人有生的权利，也有死的尊严，这是社会文明进步的一种体现。"❸ 赋予个人尊严死亡的权利，正如保障个人尊严体面地生存一般，是对生命的尊重，亦是对人权的尊重。因此，法律不要总是等到安乐死事件发生后再判断是否构成刑事犯罪，而是应当事先在民法上确认，当个人具备安乐死的成立要件时，是否享有选择死亡的

---

❶ 李步云、邓成明：《论宪法的人权保障功能》，载《中国法学》2002 年第 3 期，第 41 页。

❷ 参见李惠：《论安乐死的非犯罪性》，载《上海大学学报（社会科学版）》2010 年第 2 期，第 26 页。

❸ ［瑞士］托马斯·弗莱纳：《人权是什么？》，谢鹏程译，中国社会科学出版社 2000 年版，第 53—54 页。

权利。生命权既应然指代"生"的权利，在一定条件下也涵括了选择"死"的权利，这才符合生命权的应有之义。这不仅是对个人权利的尊重，与宪法的核心宗旨也并不违背，于公共秩序和善良风俗也无妨碍。

2020年5月28日，新中国第一部以法律命名的法律《中华人民共和国民法典》（以下简称《民法典》）正式颁布，《民法典》虽仍然未就安乐死问题作出明文规定，但其在第1002条❶关于生命权的保护中，明确规定自然人的生命尊严与自然人的生命安全一样都受到法律保护，这是一个重大的突破，为安乐死在我国的合法化预留了解释余地。"从抽象的人性出发，生命尊严是人的主张；从具体的人出发，主张生命尊严是伦理人的内在道德要求。在此基础上，主张生命尊严的终极目的是维护人格尊严，应当受到人格权法的保护。"❷ 显然，这就是《民法典》在第1002条为何将生命尊严规定为生命权基本要义之一的理论依据与社会基础。"生命尊严不仅是人格尊严的具体展开，也是生命权的终极理据。以死的尊严为核心，其具体内容包括尊严死、生前预嘱和临终关怀等。"❸ 由此可见，我国《民法典》第1002条规定生命尊严旨在实现对于人格尊严的周全保护，通过延展生命权内涵的方式以保障死的尊严，并为尊严死、预立医嘱、临终关怀等提供了法律上的适用根据，也为消极安乐死在我国的合法化道路开辟了可能。无论消极安乐死还是积极安乐死，都是为帮助患者摆脱正在忍受的剧烈痛苦，为患者保留最后的死亡尊严，这与《民法典》所保

---

❶ 参见《民法典》第1002条："自然人享有生命权。自然人的生命安全和生命尊严受法律保护。任何组织或者个人不得侵害他人的生命权。"

❷ 杨立新、李怡雯：《论〈民法典〉规定生命尊严的重要价值》，载《新疆师范大学学报（哲学社会科学版）》2020年第6期，第100页。

❸ 杨立新、李怡雯：《论〈民法典〉规定生命尊严的重要价值》，载《新疆师范大学学报（哲学社会科学版）》2020年第6期，第100页。

护的生命尊严内涵完全吻合。据此，司法实务部门在处理安乐死相关案件时，可以援引《民法典》第 1002 条的规定来阻却安乐死行为的违法性。凭借这种变通手段间接使得安乐死行为得以正当化，助力于推动安乐死的立法进程，待到将来各方面时机成熟，再实现《民法典》明文规定安乐死的立法期待。❶

我国法律关于患者知情同意权的规定，最早可追溯至原卫生部 1982 年颁布的《医院工作制度》第 40 条手术室工作制度附则第 6 条❷的规定，要求手术进行前原则上应当取得患方同意，只有当手术紧急来不及取得患方同意的场合，才可由医方代为同意。这是我国法律规范首次对于患者一方医疗自主决定权的明文确认，但是该规定相对较为保守和落后，并未直接将医疗行为决定权赋予患者本人，而是由患者的家属或是单位行使，虽对于患者医疗自主决定权的保障并不全面和彻底，但也开启了重视患方医疗自主决定权的先河，有着标志性的正向意义。随后，至 1994 年国务院颁布的《医疗机构管理条例》（下文简称《条例》），其中，第 33 条❸的规定明确赋予患者本人医疗自主决定权，并通过确认医方义务的方式反向保障患者医疗自主决定权的贯彻落实。但是，该规定更倾向于保护患者对于医疗行为的同意权，对于患者知情权

---

❶ 参见杨立新、李怡雯：《论〈民法典〉规定生命尊严的重要价值》，载《新疆师范大学学报（哲学社会科学版）》2020 年第 6 期，第 107 页。

❷ 参见我国《医院工作制度》第 40 条手术室工作制度附则第 6 条规定："实行手术前必须由病员家属、或单位签字同意（体表手术可以不签字），紧急手术来不及征求家属或机关的同意时，可由主治医师签字，经科主任或院长，业务副院长批准后执行。"

❸ 参见我国《医疗机构管理条例》第 33 条："医疗机构施行手术、特殊检查或者特殊治疗时，必须征得患者同意，并应当取得其家属或者关系人同意并签字；无法取得患者意见时，应当取得家属或者关系人同意并签字；无法取得患者意见又无家属或者关系人在场，或者遇到其他特殊情况时，主治医师应当提出医疗处置方案，在取得医疗机构负责人或者补充授权负责人员的批准后实施。"

的保障暂未明确提及。同年，原卫生部颁布的《医疗机构管理条例实施细则》第 62 条❶的规定弥补了这一缺陷，不但明确承认患者享有知情权，同时强调医生负有说明义务，刚好与《条例》的内容互补，整体上形成一个相对完整的"患者知情同意权"体系。

　　紧接着，2009 年颁布的《执业医师法》第 26 条❷第 1 款中明确规定了医师负有向患者或其家属告知病情的义务，但在第 2 款就患者同意权的规定，却仅限于进行实验性临床医疗的情形，在其他医疗情形并未规定要求事先取得患者的同意。直到《侵权责任法》颁布，将"医疗损害责任"作为独立章节予以规定，并于第 55 条❸重申了医生的告知义务，并将获得患者的同意明确要求改为"书面同意"。在随后颁布的《病例书写基本规范》（2010 年）第 10 条❹、《医疗纠纷预防和处理条例》（2018 年）第 13 条

---

❶　参见我国《医疗机构管理条例实施细则》第 62 条："医疗机构应当尊重患者对自己的病情、诊断、治疗的知情权利。在实施手术、特殊检查、特殊治疗时，应当向患者作必要的解释。因实施保护性医疗措施不宜向患者说明情况的，应当将有关情况通知患者家属"。

❷　参见我国《执业医师法》第 26 条："医师应当如实向患者或者其家属介绍病情，但应注意避免对患者产生不利后果。医师进行实验性临床医疗，应当经医院批准并征得患者本人或者其家属同意。"

❸　参见我国《侵权责任法》第 55 条："医务人员在诊疗活动中应当向患者说明病情和医疗措施。需要实施手术、特殊检查、特殊治疗的，医务人员应当及时向患者说明医疗风险、替代医疗方案等情况，并取得其书面同意；不宜向患者说明的，应当向患者的近亲属说明，并取得其书面同意。医务人员未尽到前款义务，造成患者损害的，医疗机构应当承担赔偿责任。"

❹　参见我国《病例书写基本规范》（2010 年）第 10 条："对需取得患者书面同意方可进行的医疗活动，应当由患者本人签署知情同意书。患者不具备完全民事行为能力时，应当由其法定代理人签字；患者因病无法签字时，应当由其授权的人员签字；为抢救患者，在法定代理人或被授权人无法及时签字的情况下，可由医疗机构负责人或者授权的负责人签字。因实施保护性医疗措施不宜向患者说明情况的，应当将有关情况告知患者近亲属，由患者近亲属签署知情同意书，并及时记录。患者无近亲属的或者患者近亲属无法签署同意书的，由患者的法定代理人或者关系人签署同意书。"

第 1 款❶与《基本医疗卫生与健康促进法》（2019 年）第 32 条❷中，都明确规定了医生的告知义务与患者的知情同意权。再到 2020 年颁布的《民法典》第 1219 条❸，其中更是将患者的"书面同意"修改为"明确同意"，使得对患者知情同意权的保护实现了从形式保护到实质保护的飞跃。虽然《民法典》延续采用了通过规定义务反向塑造患者知情同意权的立法模式，但毋庸置疑的是，患者的知情同意权俨然已经成为民法上的一项法定权利。对于患者知情同意权的认可，事实上也表征了对于患者知情拒绝权的认可，因为同意的权利往往意味着拒绝的权利❶。患者的知情同意权表明，经患者同意是医疗行为得以进行的前提，如果患者拒绝同意的，医疗行为就可能是违法的，存在对医护人员追究刑事责任的可能。维持生命医疗通常是指心肺复苏术、机械式维生系统、

---

❶ 参见我国《医疗纠纷预防和处理条例》（2018 年）第 13 条第 1 款："医务人员在诊疗活动中应当向患者说明病情和医疗措施。需要实施手术，或者开展临床试验等存在一定危险性、可能产生不良后果的特殊检查、特殊治疗的，医务人员应当及时向患者说明医疗风险、替代医疗方案等情况，并取得其书面同意；在患者处于昏迷等无法自主作出决定的状态或者病情不宜向患者说明等情形下，应当向患者的近亲属说明，并取得其书面同意。"

❷ 参见我国《基本医疗卫生与健康促进法》（2019 年）第 32 条："公民接受医疗卫生服务，对病情、诊疗方案、医疗风险、医疗费用等事项依法享有知情同意的权利。需要实施手术、特殊检查、特殊治疗的，医疗卫生人员应当及时向患者说明医疗风险、替代医疗方案等情况，并取得其同意；不能或者不宜向患者说明的，应当向患者的近亲属说明，并取得其同意。法律另有规定的，依照其规定。开展药物、医疗器械临床试验和其他医学研究应当遵守医学伦理规范，依法通过伦理审查，取得知情同意。"

❸ 参见我国《民法典》第 1219 条："医务人员在诊疗活动中应当向患者说明病情和医疗措施。需要实施手术、特殊检查、特殊治疗的，医务人员应当及时向患者具体说明医疗风险、替代医疗方案等情况，并取得其明确同意；不能或者不宜向患者说明的，应当向患者的近亲属说明，并取得其明确同意。医务人员未尽到前款义务，造成患者损害的，医疗机构应当承担赔偿责任。"

❶ Moody, Carol, "The Right to Refuse Medical Treatment", *Journal of Healthcare Management 36*, No. 1 (1991)：147.

血液制品等任何可能延长患者生命的必要医疗处置措施，显然，"维持生命治疗以具有身体侵入性的人工机械装置代替自然人的生物功能以实现延命目的"，❶ 因而当然应事先取得患者的同意，相应地，患者自然也有权拒绝同意维持生命医疗。

除前述关于患者知情同意权的一般性规定之外，在《精神卫生法》《人体器官移植条例》《母婴保健法》等调整特定医疗活动的法律规范中也都确立了对患者知情同意权的保障和尊重。但遗憾的是，我国至今尚无一部专门就患者知情同意权相关内容作出单独规定的法律，因而，对于患者是否享有选择死亡的知情同意权，就只能从现有的一般法律规范中予以推敲和探寻。由于安乐死事关患者最为核心的生命权益，适用情形尤为特殊，患者的主体地位较之于平常更为敏感和脆弱。因此，必然面临种种障碍与难题：医生应当在什么时候以及如何履行告知义务？患者丧失同意能力或是不具备同意能力时，如何有效保障其医疗自主决定权的实现？如何避免其他有权同意主体滥用或是不当剥夺患者的医疗自主决定权？患者事先签署的预立医疗遗嘱是否能够受到法律上的认可？诸如此类。这些现实难题亟须专门立法予以解决。对此，中国医师协会于 2014 年颁布的《中国医师道德准则》（以下简称《准则》）中率先做出解答，在第 20 条规定："慎重对待患者对于维持生命治疗的选择。尊重丧失能力患者在其丧失能力之前所表达的意愿，可通过生前遗嘱、替代同意等方式，最大限度地保护患者的权益。"可见，《准则》对于是否维持生命医疗的选择秉持较为谨慎的态度，但也并未一概否决患者拒绝维生医疗的权利，而是尊重患者的主观意愿，以保护患者的最大权益为目的。

---

❶ 孙也龙：《临终患者自主权研究——以境外近期立法为切入》，载《西南政法大学学报》2017 年第 5 期，第 70 页。

事实上，该规定为患者拒绝维生医疗权利行使预留了空间，即便是丧失同意能力的患者，通过其生前遗嘱、替代同意等方式，只要符合患者的最佳利益，都有践行患者拒绝维生医疗决定的可能。随后，至 2017 年，我国原国家卫生和计划生育委员会颁布《安宁疗护实践指南（试行）》及《安宁疗护中心基本标准和管理规范（试行）》，其中，《安宁疗护实践指南（试行）》在第三点"心理支持和人文关怀"部分明确规定："尊重患者的意愿做出决策，让其保持乐观顺应的态度度过生命终期，从而舒适、安详、有尊严离世。"可见，国家层面对于生命尊严的重视与保障也在不断推进，对于患者自主医疗意愿的尊重也在日渐强化，当然，更详尽有力的制度安排还有待后续跟进和完善。

综上，我国现有法律体系虽然至今尚未就消极安乐死的合法化作出任何明文规定，但现有法律规范文本中都有为消极安乐死的合法化预留适用空间，国家层面也日益重视对于患者医疗自主决定权的尊重和维护，正积极稳步推进对于患者生命尊严和生存质量的现实保障。因此，待到将来时机成熟，消极安乐死这一制度在我国的合法化、体系化的实现是可以期待的，因而当下应当努力为将来的立法做好充足的理论准备。

二、国内关于消极安乐死适用推定同意的案例研讨

不可否认的是，安乐死的出发点是符合伦理道德的，旨在实现解除或是缓解患者的病痛、保护患者的最佳利益等崇高目的。[1]但是，安乐死客观上确实剥夺了患者的生命权，因而围绕着生命法益是否可以自由处分，第三人是否可依患者的真实同意或是推

---

[1] 参见樊树林：《实施"安乐死"路还很长》，载《广西日报》2019 年 4 月 30 日第 010 版。

定同意而结束他人生命，医生是否具有为患者实施维持生命医疗的作为义务，患者终止医疗的意愿是否真实自主等难题，在实践和理论中都尚未有效解决，使得安乐死行为往往会触发刑事责任问题。❶ 荷兰作为世界上最早将安乐死合法化的国家，也就安乐死的正当化设置了十分严格的条件。即便如此，仅在 2010 年度实施的 3200 件"安乐死"事件中，就有约 72% 的案件涉嫌"故意杀人"。❷ 在全民医疗制度如此发达的荷兰尚且如此，相对于医疗技术与发达国家尚有差距、"看病难"问题并未完全解决、部分子女未能很好履行赡养义务以及部分医生的职业道德水平有待提高的我国，安乐死实施的社会基础尚不牢固。此外，安乐死的合法化将会无形中赋予医生假借各种由头"杀人"的主动权，并带来医生出于某种私利鼓励心理脆弱或是有心理疾病的患者积极自杀、妨碍医学研究的发展、改变社会良知等一系列难以预料的弊端。❸这也是诸多国家在安乐死立法问题上举棋不定甚至望而却步的主要顾虑所在。同理，安乐死的合法化在我国还有很长一段路要走，还有很多问题需要预先防范与解决。

　　关于安乐死问题的研究，我国在 20 世纪 80 年代中期以前仅有少量的研究成果，直至 1986 年陕西省汉中市安乐死事件曝光后，安乐死问题才真正受到社会各界的关注，并引发激烈争论。❹ 我国

---

❶ 参见周振杰：《现行刑法下安乐死的司法处理路径研究》，载赵秉志主编：《中韩刑法正当化事由比较研究》，群众出版社、中国人民公安大学出版社 2020 年版，第 157 页。

❷ 参见樊树林：《实施"安乐死"路还很长》，载《广西日报》2019 年 4 月 30 日第010 版。

❸ 参见樊树林：《实施"安乐死"路还很长》，载《广西日报》2019 年 4 月 30 日第010 版。

❹ 参见刘建利：《死亡的自我决定权与社会决定权》，载刘建利主编：《医事刑法重点问题研究》，东南大学出版社 2017 年版，第 260 页。

并无直接禁止或是允许安乐死的法律规定，也没有类似于国外立法规定的受嘱托杀人罪或是自杀帮助罪等与安乐死相关的单独罪名。但在刑事司法实践中，已经就有关安乐死的案件作出了有益探索。在我国司法实务中，司法机关处理安乐死案件时，主要是适用《刑法》第 232 条之故意杀人罪的规定，如果"情节显著轻微危害不大的"，还可能同时适用《刑法》第 13 条，不认为是犯罪。

关于安乐死的种类划分存在多种主张，本书主要探讨终止过剩的维持生命医疗这一类型。具而言之，在患者陷入昏迷、只能依靠延命措施维持生命时，撤出维生设备，任由患者走向自然死亡。这又被称为消极安乐死，当前，主要也是这类安乐死行为被普遍主张应当得到法律的认可。在搜集到的案例中，根据案件的具体事实情节不同，司法认定的结论也存在显著差异。

（一）文某某拔管杀妻案❶

1. 基本案情

2009 年 2 月 9 日，文某某的妻子胡某在家中晕倒，送入 ICU 病房治疗，期间一直昏迷不醒，靠呼吸机维持呼吸。同年 2 月 16 日下午 3 时许，文某某进入病房探望期间，擅自拔掉被害人胡某身上的呼吸管、血压监测管等医疗设备，并阻止他人救治，4 时许被害人死亡。当日 18 时 24 分，民警通知文某某到公安机关接受调查，文某某 19 时许自行到案。经法医检验鉴定，被害人胡某的死亡原因为拔去气管插管后导致呼吸停止。2010 年 12 月 9 日，深圳市中院以故意杀人罪判处被告人文某某有期徒刑 3 年，缓刑 3 年。一审宣判后，检察机关提出抗诉，认为本案不属于"情节较轻"，

---

❶ 参见（2009）深中法刑一初字第 285 号刑事判决书。

被告人并非出于爱为妻子拔管，虽然有自首、积极赔偿经济损失等情节，但适用缓刑社会效果不佳，遂提出抗诉。广东省高院二审认为，抗诉理由不能成立，不予采纳，遂维持原判。

2. 裁判要旨

一审焦点在于，病人脑死亡，家属是否有权拔管？控辩双方持截然相反的观点。辩方认为，脑死亡在医学上已有定论，当前仅存在伦理上的争议。依据原卫生部2003年脑死亡标准草案，本案中被害人胡某符合脑死亡的标准。控方则认为，当前的脑死亡标准并未明确，即便标准明确，也尚未对被害人胡某进行过专业检查与鉴定，故而该主张在本案并不成立。因此，依据当前的临床死亡标准，包括心跳死与呼吸死，被害人胡某在被拔管之前尚未死亡，无论其是否已经进入死亡进程，文某某都无权擅自剥夺其生命。文某某的拔管行为直接导致了被害人胡某的死亡，因而应当承担刑事责任。[1]

一审宣判后，深圳市检察院认为"量刑畸轻"，提起抗诉。[2] 2012年3月14日，文某拔管杀妻案在深圳中级人民法院二审开庭，由广东省高级人民法院派法官审理。控辩双方就一审认定的事实与量刑展开了激烈辩论，焦点如下：其一，文某某是否有小三；其二，文某某是否得到被害人家属谅解；其三，对文某某该判缓刑还是实刑。事实上，本案最为核心的争议焦点就在于文某

---

[1]　参见吴俊：《深圳开审"拔管杀妻"案 被告被诉"故意杀人罪"》，载《新华每日电讯》2010年1月8日，第008版。

[2]　深圳市检察院提出三点抗诉理由：一是认定本案属于"情节较轻"有误；二是认定被告人出于爱妻拔管的作案动机有误，导致量刑不当；三是虽然被告人有自首、积极赔偿经济损失等情节，但适用缓刑的社会效果不佳。参见孟广军，张孟东：《检察机关对深圳"拔管杀妻"案提出抗诉》，载《检察日报》2010年12月24日，第001版。

某的行为究竟是消极的不履行救助义务的行为，还是积极的杀人行为。检察机关认为，虽然文某某并未采取常见的暴力手段，而是实施相对温和的拔管行为，但该行为方式并不能够改变对其主观恶性的认定，因为其针对对象是毫无反抗余地的病人。因此，文某某的行为性质不属于消极的不履行救助义务的行为，而是积极的杀人行为。

最终，广东省高级人民法院二审认为，文某某在知悉其妻胡某病重且无法救治后，阻拦医护人员急救，强行拔管致其妻死亡的行为，已构成故意杀人罪，应依法惩处。考虑到文某某在胡某发病后，积极救治并精心照顾，当医院确诊胡某不可治的情况后才冲动拔管，主观恶性不大，社会危险性较小，属于"情节较轻"。文某某具有自首情节和悔罪表现，依法可酌情从轻处罚，对文某某宣告缓刑不致再危害社会。检察机关要求改判的理由不能成立，不予采纳。最终，二审宣告维持原判。

3. 案例评析

该案引发了社会对"安乐死"的热议，这是我国发生的较为接近消极安乐死的案例之一，各界都试图从审判结果中探求司法机关对于"安乐死"的立场。有一种观点认为，法院认可被告文某某"为爱而为"的人道立场，主张其是一时冲动而拔管，主观恶性不大，社会危害性较小，最终"判三缓三"的量刑体现了司法对于"安乐死"的间接认同。另一种观点则认为，判决结果可能会间接纵容漠视他人生命法益的不法行为，存在鼓励他人主动放弃原本应当承担的对于病危亲属的道义和社会责任的不良风尚。其实，如果抛开判决结果对于本案中不同当事人的主观感受和个人影响，仅从法律的视角观之，本案恰恰说明了我国司法机关当前对于"安乐死"问题并无明确的立场与指向。❶ 从法院判决中可以发现，司法机关对于安乐死问题的救济困境。首先，法院判决自始并未提及任何类似"安乐死"的表述，且有意采用叙述性的文字回避了被害人是否处于"脑死亡"状态的争议。其实，"不仅亲手致其妻死亡"这一表述就彰显了法官否定"脑死亡"的基本立场。其次，法官综合本案各种情节，认为被告文某某确实不致再危害社会而宣告缓刑。但是，这些情节并不能直接有效助力于解决安乐死这一法律争议问题，因为我们并不能从本案直接得出"在其他案件完全具备前述情节之时，法官就可以持认可'安乐死'的立场"，相反，如果缺乏前述的一个情节或是几个情节，就不能适用缓刑，或是从轻、减轻甚至是免除处罚。因此，虽然本案法官倾向于认可被告人文某某"为爱杀妻"的立场，但并不能保证其他案件的审判法官也会秉持同样立场。❷ 安乐死在我国的适用还存在诸多亟待解决的障碍，消极安乐死亦如。

转到案件事实察之，被告人是针对丧失同意能力的患者实施了中断维生医疗的行为，本案与国外合法化消极安乐死的最大不同之处在于非经法律程序由专业医护人员实施，而是患者的丈夫强行独断而为。而且本案中的患者既未处于长期的植物人状态，也并非处于临终末期，相反，仅限于昏迷状态七天而已。实施拔管行为的患者丈夫，也无确切证据证实患者存在"想死"的意愿。显然，本案客观上并不存在患者的真实意愿，就连推定的患者同意也难以认定。因此，法院不敢贸然认为文某某不构成犯罪，而

---

❶　参见王钢撰：《拔管杀妻案并非"安乐死"的司法判例》，载《法制日报》2010年12月14日，第3版。

❷　参见王钢撰：《拔管杀妻案并非"安乐死"的司法判例》，载《法制日报》2010年12月14日，第3版。

是在认定其强行拔管行为构成故意杀人罪的基础上，再依据其作案动机、事后表现、履行扶养义务的程度、胡某病情的危重程度等因素来对其减轻处罚，并最终决定适用缓刑。这在实质上既减轻了行为人的违法性，也减轻了其责任。基于安乐死尚未得到法律的认可，判决书全文自然也不会出现类似"安乐死"的直接表述，但却是在合法的框架内合情合理地处理了个案，就这一层面而言，典型案例所体现出来的立场无疑是具有积极意义的。❶ 但是，典型案例在表明立场的同时，也留下了诸多亟待解决的理论与实践问题：其一，司法机关对于如何处理安乐死案件尚未达成共识。本案中，法院与检察机关的主张截然不同，一审法院宣判后，检察院认为"量刑畸轻"，并提起抗诉；其二，司法机关虽表明了立场，但并未进行较为深入的说理论证。本案中，法院虽然最终认为被告人的行为属于"情节较轻"，但并无具体的理论阐明。其三，法院的说理重点都在于被告人是否具有自首情节、是否履行扶养义务、作案动机是否良善等方面，对于被害人的主观意愿、自身情状等并没有给予充分关注，而安乐死的核心要旨正在于尊重和维护患者的自主意愿。司法机关的有意回避，显然并不利于安乐死问题的解决。其四，本案的安乐死行为是由患者家属实施的，并无医生的规范介入。如此，非但不利于帮助患者减轻或是解除痛苦，反而容易使得患者家属因情感冲动而触犯刑律，并由此滋生更多的社会问题。

---

❶ 参见周振杰：《现行刑法下安乐死的司法处理路径研究》，载赵秉志主编：《中韩刑法正当化事由比较研究》，群众出版社、中国人民公安大学出版社 2020 年版，第 159 页。

（二）阮某某等诉武汉中原医院等医疗损害赔偿纠纷案❶

1. 基本案情

2005 年 6 月 30 日 15 时，阮某某到中原医院就诊待产。15 时 30 分，中原医院告知阮某某家属胎儿现状，并提出多种分娩方式的建议，家属选择阴道分娩并签字。17 时，中原医院经诊断认为剖宫产更为可取，并向阮某某及其家属提出建议，但被拒绝。直至 18 时 50 分，阮某某及其家属才同意行剖宫术。中原医院在进行相关术前准备后，于 20 时 20 分为阮某某行剖宫术。20 时 35 分，娩出一活男婴。后因新生儿病情危重，中原医院建议转至上级医院救治，胡某某（阮某某丈夫）表示同意。23 时，新生儿被转入协和医院。23 时 30 分，协和医院告知胡某某新生儿病情危重，存活会留有后遗症，病情恶化则会死亡。胡某某知情后要求继续救治。7 月 3 日，协和医院再次告知胡某某新生儿病情危重，抢救存活后可能会留有严重后遗症，甚至也可能会死亡。胡某某知情后仍然要求继续救治。7 月 6 日 14 时 45 分，协和医院告知胡某某新生儿病情急遽恶化，已出现多器官功能衰竭，胡某某知情后签字表示放弃治疗，协和医院撤出呼吸机，新生儿当即死亡。

2. 裁判要旨

本案的核心争议点在于，协和医院在每一阶段如实向新生儿家属告知病情的行为，是否构成诱导家属放弃治疗？对此法院认为，新生儿被送入协和医院时病情已经十分危重，且持续恶化，一直用呼吸机辅助呼吸。协和医院的医师也有严格履行告知义务，并无不当之处。患者家属在知悉全部病情后，同样享有选择继续治疗的权利。本案中，阮某某、胡某某二人是在充分了解病情后，

---

❶ 参见（2006）岸民初字第 313 号民事判决书。

自主决定放弃治疗，医院的行为对此并无任何实际影响，自然也就不可能构成对家属放弃治疗的诱导。

3. 案例评析

本案中，被告协和医院竭尽所有医疗手段积极救治新生儿，在新生儿病情持续恶化，只能依赖维生设备勉力维持生命的情况下，多次告知新生儿父母实际病情进展，并遵循其意愿持续救治。新生儿父母最终签字同意放弃治疗，是自主决定的结果，医院并无任何诱导。基于新生儿父母放弃治疗的意愿，协和医院才撤出人工呼吸机，新生儿当即死亡。事后，新生儿父母认为协和医院存在诱导选择消极安乐死的行为，其放弃治疗的决定是受协和医院多次劝说的影响而作出，并最终造成新生儿死亡的结果。据此，主张医院构成民事侵权并提起诉讼。但是，法院并未支持原告的主张，否定协和医院存在诱导实施安乐死的行为事实，认为是家属自主作出的终止治疗决定而直接导致患者死亡。原因在于，即便协和医院多次告知家属患者病情危重，但家属始终都享有选择继续治疗的权利，协和医院在整个治疗过程中并无不当之处。这也从另一侧面表明，针对不具同意能力且不具康复希望的重症病患者，家属代为决定终止治疗的，法院虽未明确支持，但也并未一概否决，反而是一种间接默许的状态。本案中的患者属于婴幼儿，自始都不具备同意能力，是其父母代为作出的放弃治疗决定，法院虽予以默认，但背后的理论依据是什么，却并未予以说明，这也正是本部分写作需要解决的问题之一。由此也引出，针对婴幼儿实施的安乐死行为，是否可以适用推定同意出罪？如果不可以，那背后的正当化根据何在？如果可以，那又需要具体符合哪些要件才能够实现正当化？

综合前述"文某某拔管杀妻案"可以看出，我国司法实践中对于终止治疗行为，或称为消极安乐死行为，并非绝对禁止或一概允许，反而是持一种相对包容的态度，初步可以认为在满足一定的条件下，终止治疗行为或是消极安乐死行为是可以得到容许的。❶ 依据法院的判决主张发现，法院在认定终止治疗行为是否合法时，主要参考以下三点：其一，患者病情进入终末期状态的具体严重程度；其二，医院是否严格依法向患者及其家属履行了告知说明义务；其三，患者及其家属是否全面客观地了解病情，以及其作出的放弃治疗决定是否出于真实自主的意愿。

　　与本案类似的还有"曹某等诉某医院医疗损害责任纠纷案"❷。在该案中，上海市黄浦区人民法院认为，是患方自主决定放弃治疗的行为导致新生儿死亡的结果。医方行为合乎规范，并无过错，新生儿死亡与医方行为之间没有因果关系。最终，法院拒绝支持原告要求被告承担赔偿责任的诉讼请求。再如，"聂某某等诉安福县中医院医疗损害赔偿纠纷案"❸，法院认为，患方最后放弃治疗，在一定程度上使得新生儿丧失生存机会。从以上判决不难看出，法院并不主张在任何情况下都要挽救新生儿的生命，在一定程度上认可了针对重症新生儿放弃治疗的行为，本质上彰显了对于新生儿生命质量的考量。以此类推，针对一般的晚期绝症病人同样如此。如果晚期病人已经不再具备康复的可能性，且正面临着难以忍受的痛苦，生命也已经逐渐进入死亡的进程，尤其是针对已经丧失同意能力，陷入无意识状态的终末期患者，此时，我们需要审慎思考究竟是应该让其为了活着而活着，还是尊严体面地死

❶　参见刘建利：《晚期患者自我决定权的刑法边界》，载《中国社会科学院研究生院学报》2018 年第 3 期，第 140 页；于佳佳：《刑法视野下临终患者的自主决定权及限制》，载《当代法学》2015 年第 6 期，第 45 页。
❷　参见（2012）黄浦民一（民）初字第 3719 号民事判决书。
❸　参见（2011）安民初字第 65 号民事判决书。

去。这也正是本书需要解决的议题之一。在上述案件中，行为人并未实施杀人的实行行为，如果将我国《刑法》第232条故意杀人罪的构成要件该当行为解释为杀害这一实行行为，那么，依据罪刑法定的人权保障功能观之，处罚单纯的消极终止治疗行为不无疑虑，对此将在后文展开论述。

综上，在缺乏立法确认的当下，司法机关已经为如何在现行法律框架下合情合理地处理涉安乐死案件作出了有益探索，这是值得肯定的。但是，现有的司法实践也表明，对于类似案件的处理，我国尚未形成统一的立场、系统的路径与明确的规则，相关理论的适用也需要进一步明确与深入。● 尤其是在消极安乐死的场合，针对已经丧失同意能力的患者，应当如何确保其自主决定权的行使有待探讨。针对一般的末期患者，原则上只要其明确表达了拒绝救治的意愿，通常都会被遵循。但是，更多的患者在生命进入终末期状态时，往往已经陷入无意识状态，其自主决定权不能因为其自身无法亲自行使而被忽视或是侵害。因此，需要明确在终末期患者无法表达内心真意的场合，需要符合哪些条件才能够实施消极安乐死？终末期患者应当如何界定？推定同意实施消极安乐死的效力如何确认？等等。对此，将在后文展开详细论述。

三、消极安乐适用推定同意的现实基础

安乐死所蕴载的价值是难以与我国传统的立法或是法律文化自洽的。当国家法律对于安乐死问题还是秉持禁止的态度时，就应敬重国家法律的权威。因而实务中对于各类安乐死行为、间接

● 参见周振杰：《现行刑法下安乐死的司法处理路径研究》，载赵秉志主编：《中韩刑法正当化事由比较研究》，群众出版社、中国人民公安大学出版社2020年版，第159页。

或变相协助自杀的行为予以惩治是合乎法律规定的。当然，司法实务中大多数安乐死案件的处理结果以判处缓刑为主，这也彰显了国家对于安乐死案件的轻刑化立场。其实，消极安乐死是独立于国家法律而存在的一种不容忽视的客观社会现实。因此，针对当前尚未就安乐死问题建立理想制度的现状，我们亟需一种超越传统立法的更高价值与理性作为过渡，以暂时将安乐死存置于法律与道德、合法与非法之间的"灰色地带"。● 待到将来道德、法治、医疗、福利、社会文化等水平达到相当水平，再通过立法认可安乐死的合法性。鉴于我国当前各方面的社会条件尚未成熟，如若此时就急切地将安乐死合法化，必然会滋生各类矛盾与弊端。所以，基于社会现实的考量，司法机关在处理安乐死相关案件时，可以充分运用专业知识和实务经验，就符合条件的个案，对刑事立法的一般规则作限制性理解和适用，进而实现对于安乐死案件的非犯罪化处理。同时，还可以借助由国家最高司法机关颁布司法解释等方式，针对特定条件下的安乐死刑事个案之定性表明态度并作出安排。●

　　前文已阐明，学说上关于安乐死的类型，整体上可以分为积极安乐死、间接安乐死与消极安乐死三种。其中，消极安乐死，是指为了帮助患者解除正在遭受的剧烈痛苦，选择中断或是终止维持生命医疗的行为。● 学界也通常将消极安乐死称为中断维生医疗或医疗中止，本书重点研究的也是该领域推定同意的适用问题。

● 参见韩大元：《论安乐死立法的宪法界限》，载《清华法学》2011 年第 5 期，第 33 页。
● 参见王金贵：《深化医疗行为中的刑事法律问题研究——医疗行为中的刑事法律问题研究学术研讨会综述》，载《人民检察》2007 年第 23 期，第 57 页。
● 参见刘建利：《晚期患者自我决定权的刑法边界》，载《中国社会科学院研究生院学报》2018 年第 3 期，第 136 页。

对于不具康复可能性且死亡进程已经开始的患者中断医疗并致其死亡的，不可否认，中断医疗行为与患者死亡结果之间确实存在因果关系。一切医疗活动的进行都是取决于患者的主观意愿，由患者自主决定医疗行为是否进行、如何进行，除非法律上存在特别规定，否则医生原则上不得强制医疗。如果患者明确要求医生采取或继续实施维持生命医疗的，医生就负有了治疗义务且应当履行。当然，治疗义务的履行并不是绝对的，可能会因为客观医疗条件的缺乏或是其他病人的利益等而受到限制。但是，当患者明确表示拒绝接受维持生命医疗的行为时，医生就不再负有治疗义务。也就是说，如果患者明确表达了放弃生命的意愿，其生命法益将不再受到保护，刑法也就丧失了干涉的必要性。❶ 相反，如果医生违背患者主观意愿强行坚持治疗，反而是对患者医疗自主决定权的侵犯。因此，在消极安乐死的场合，医生的治疗义务因患者真实有效的承诺而结束，即便因医生中断维生医疗的行为而致患者死亡的，医生也不成立不作为的故意杀人罪。如果患者已经丧失同意能力，无法就消极安乐死作出真实有效的承诺，就适用推定的同意。❷ 具而言之，在消极安乐死的场合，可以依患者的推定同意使得中断维生医疗的行为正当化。也就是说，可以直接采纳推定同意这一超法规违法阻却事由作为消极安乐死的正当化根据。国内外司法案例的裁判结果也彰显了这一结论，只不过在表述方式、成立要件、论证逻辑等方面存有差异而已，但本质上都认可了消极安乐死的非犯罪化，以及在患者丧失同意能力之时适用推定同意来阻却行为的违法性。在医疗实践中，在临终末

---

❶ 参见付子堂、王业平：《法律家长主义与安乐死合法化的范围界限》，载《法学杂志》2021 年第 3 期，第 64 页。

❷ 参见冯军：《刑法问题的规范理解》，北京大学出版社 2009 年版，第 399 页。

期患者具备同意能力时依患者真实意愿中断医疗的，排除犯罪的成立，对此基本上已无太大争论。但在临终末期患者处于无同意能力的昏迷状态时，能否由医生、家属或是他人代为决定实施中断医疗行为，则存在较大争议。此中，关于患者主观意愿如何推定、推定同意的效力如何评价等问题尚无统一适用的规则，因而在发生类似案件时，不同司法机关作出的裁判结果不尽相同，亟需统一裁判规则的指引。

英国经济学人智库（EIU）发布的《2015 全球死亡质量指数排名》中，中国大陆以 23.3 分在 80 个国家和地区中位列第 71 位。[1] 报告指出，中国大陆如此靠后的排名，原因在于缓和医疗在中国适用的有限性，以及中国整体上低质量的缓和医疗服务。[2] 显然，现实情况是，大部分绝症患者都很难有条件接受充分有效的治疗，即便接受治疗也必将会带来难以承受的经济负担，因而我们很难对他人选择放弃治疗而解除病痛的行为表示谴责。[3] 正如德国哲学家海德格尔（Heidegger）所言之"向死而生"，死即"向死亡的存在"（Being-towards-death）[4]。死亡是每一个个体永恒且必然要走向的结局，基于某些特殊原因（首要原因是疾病），人类中总有一些个体需要尊严地走向自然死亡，这种尊严死亡的需求并

---

[1]　该指数旨在评析全球 80 个国家缓和医疗的质量，主要聚焦于成人缓和医疗的质量和供应情况，由 20 项定性和定量指标的得分构成，前述指标涵括缓和医疗的环境、人力资源、医疗护理的可负担程度、护理质量和公众参与。

[2]　参见《全球死亡质量指数报告：中国排倒数第 10 名》，载 http://news. sina. com. cn/c/nd/2015 - 10 - 30/doc-ifxkhcfn4214352. shtml，最后访问于 2022 年 1 月 22 日。

[3]　参见郑玉双：《自我损害行为的惩罚——基于法律家长主义的辩护与实践》，载《法制与社会发展》2016 年第 3 期，第 192 页。

[4]　参见［德］马丁·海德格尔：《存在与时间》，陈嘉映、王庆节译，生活·读书·新知三联书店 2006 年版，第 440 页。

未受到任何外界的胁迫、诱导或欺骗，确实是因为生命已经走到了不可逆转的尽头，肉体与精神都饱受极端折磨且无法摆脱，作为人的尊严已经难以在维持生命的医疗中得到维护。● 此时，个体是否能够主导死亡？如果可以的话，如何主导？善终的权益又将如何维护？这不仅是哲学和道德领域需要解决的问题，更是需要法律回应的问题。生命走到尽头，患者理应享有终结肉体与精神不堪的自主决定权，以维护最后的尊严，即死亡的尊严。❷ 我国已迈入老龄化社会，绝症患者也随之急遽增加，法律如何保障终末期阶段的绝症患者能够尊严地走向自然死亡，俨然是我国法学界需要解决的新议题。发达国家和地区的老龄化明显早于我国，其立法和司法也在不断探索确保临终患者自主决定权实现的有益方案，为我国提供了极具参考价值的现实资料。❸ 当前，消极安乐死是实践中彰显临终患者医疗自主决定权的普遍形式，世界上大多数国家也专门立法认可了消极安乐死的合法性地位。我国虽然至今尚未就安乐死问题制定任何法律，但我国民众对于消极安乐死整体上是认可并接受的，司法实务部门原则上也不会将消极安乐死行为入罪处理。❹ 即便最后进入刑事司法程序，法院的裁判结果也是以判处缓刑为主。显然，消极安乐死在我国非犯罪化的发展趋势还是较为显著的。消极安乐死在适用过程中，论争最大之处还是集中于患者丧失同意能力的场合。此时，能否适用患者的推

● 参见王云岭：《现代医学与尊严死亡》，山东人民出版社 2016 年版，第 169 页。

❷ 参见林东茂：《刑法与病人自主——兼论死亡协助》，一品文化出版社 2021 年版，第 125 页。

❸ 参见孙也龙：《临终患者自主权研究——以境外近期立法为切入》，载《西南政法大学学报》2017 年第 5 期，第 65 页。

❹ 参见王钢：《德国刑法中的安乐死》，载刘建利主编：《医事刑法重点问题研究》，东南大学出版社 2017 年版，第 251 页。

定同意阻却消极安乐死行为的违法性，现实中还是存有较大的争议。如果可以适用推定同意来阻却行为违法性的成立，那具体的适用条件又是什么？司法实践对此态度不一，缺乏统一的原则指导与规则指引，使得类似案件因司法人员所持观点的不同，处理结果也不尽相同，有的被视为无罪，有的被判处缓刑，少数个案甚至直接被判处实刑。因此，本书试图构建一套科学的规则体系，以有效应对现实所需，也为将来的正式立法提供实践参考。

四、消极安乐死中适用推定同意的规则建构

我国已不可避免地步入老龄化社会，但医疗保健体制并不完善，缓和医疗制度与彰显患者医疗自主权的制度建设明显滞后，无效医疗的理念也并不明晰，在"生命权至上"这一传统主流观念的影响下，患者善终权益的保障明显不足，本质上就是患者医疗自主决定权的保障不足。能否、由谁、如何终止或中断攸关生死的维生医疗措施，是医疗实践中常见的选择难题。恪守孝道、珍爱生命与讳言生死都是我国历来的社会传统理念，加之保障患者医疗自主决定权相关立法的缺位，无一不使得医疗实践中都惯常坚持"竭尽全力抢救到底"。[1] 医疗活动中仍保有意识、具备同意能力的终末期患者尚有机会自主行使拒绝维生医疗的权利，但针对其他丧失同意能力、生不如死的终末期患者而言，其拒绝维生医疗的自主决定权又当如何保障？如何确保其尊严体面地走向死亡？如何避免相关权利主体滥用推定同意的权限？这些问题事关消极安乐死中推定同意适用的具体规则建构，都是本书接下来需要阐明的议题。我国可以适当借鉴域外的相关立法实践与司法

---

[1] 参见刘兰秋：《韩国延命医疗中断立法之评介》，载《河北法学》2018 年第 11 期，第 143 页。

经验，明确推定同意有效成立的判断标准，界定推定同意的效力范围，并对滥用消极安乐死的可能进行分析与规避。

（一）消极安乐死的成立要件

关于消极安乐死能否正当化的判断标准这一问题，鉴于德国司法判例与理论界所普遍主张的"中断医疗"理论较之于传统作为与不作为的划分标准更具合理性，是为本书所提倡。因此，消极安乐死合法化的规则建构就以是否构成"中断医疗"为核心。❶德国联邦最高法院在 Fulda 案中提出了成立"中断医疗"的四个前提条件：其一，患者必须罹患危及生命、不可康复的重大疾病；其二，患者的承诺仅限于医疗范围内有效，同意其他与医疗无关的举动结束自己生命的承诺无效；其三，患者应当通过明示同意或是推定同意不接受、不继续或中断延长自己生命的医疗行为，进而放任疾病或是死亡进程的自然发展；其四，中断医疗的实施主体限于负责治疗的医护人员、患者的照管人或代理人，或帮助医护人员、照管人、代理人进行治疗或护理的第三人。❷

2005 年日本横滨地方法院在"川崎协同医院事件"判决中，也明确提出了"中断医疗"有效成立的七个要件：其一，尊重患者的自主决定权以及医生治疗义务的界限；其二，尊重患者在临终阶段的生死决定，但这不代表患者愿意死亡；其三，患者不具有康复可能性，且死期迫近；其四，患者事前知悉全部病情，并自愿作出缩短生命的明确意思表示；其五，医生如无法确认患者作出决定的内容以及是否出于自愿，则应当继续探寻患者的内心

---

❶ 学界也常将"中断医疗"与"消极安乐死"视为同一概念，视不同场合需要而交换使用。因此，本书在论及"中断医疗"之时，若无特别说明，与"消极安乐死"是同一概念，只不过表述不同而已。

❷ BGH, Urteil vom 25.6.2010 – 2 StR 454/09 = NJW 2010, 2963.

真意；其六，医生应依据患者事前可信赖的书面意思表示或与患者熟识亲友之陈述来探寻患者的主观意愿，若穷尽一切办法仍然无法确认患者意愿的，医生则应当优先保全患者性命，提供适当合理的医疗处置；其七，医生应基于有效医疗的出发点进行专业判断，只能以被咨询者的地位向患者阐明将会如何走向死亡，但不能代替患者作出生死决定。❶

再观以世界各国的立法实践，以韩国 2016 年通过的《维持生命医疗决定法》为例，其中对于"中断医疗"的成立条件亦有明确规定，具体包括如下三点：第一，中断医疗的适用对象。根据韩国《维持生命医疗决定法》第 15 条的规定，中断医疗的适用对象为处于临终过程中的患者。❷ 关于"临终过程"的认定，则规定是指死亡已经不可逆转，即便继续治疗也不再具备康复可能，病情急遽恶化，进入行将死亡的状态。❸ 第二，患者中断医疗意愿的认定。不仅需要书面的维持生命医疗计划书、事前维持生命医疗意向书或是患者家属的陈述，且还需经由医生确认中断医疗的决定符合患者本人的真实意志（时间应延及至临终过程）。❹ 第三，患者意愿无法确认之时中断医疗决定的认定。如果患者的意愿无法确认，且患者处于丧失同意能力的医学状态，在法定的两个场合可以推定存在患者的中断医疗决定。❺

---

❶ 甲斐克则：《治疗行为の中止》，载甲斐克则、手嶋豊主编：《医事法判例百选》，有斐阁 2014 年版，第 198—199 页。

❷ 同时，即便已无回生可能，被诊断为将在数月之内死亡的末期患者，如果想要根据韩国《维持生命医疗决定法》被认定为"临终过程中的患者"，必须根据该法第 16 条的规定，由主治医生与相关领域的一名专家仅专业的医学判断认定其处于临终过程中。

❸ 参见韩国《维持生命医疗决定法》第 2 条第 1 项。

❹ 参见韩国《维持生命医疗决定法》第 15 条。

❺ 参见韩国《维持生命医疗决定法》第 18 条第 1 款。

由前述各国的立法规范与司法判例可以看出，"中断医疗"的判断主要就是两方面：一是临终状态的认定，二是患者意愿的获得。其中，关于"临终状态"的认定，前述各国的立法都有明确规定，主要是由医生来进行专业判断得出结论，原则上只要患者不再具备康复可能性，死亡进程不可逆转，医疗措施本身已经是"有害"或"无意义"的，就可以认定为"临终状态"。而"患者意愿的获得"则存在较大争议，立法实践和司法实务中都尚未形成统一权威的指导准则，且深藏于患者内心的主观意愿本身就很难准确认定，因而是为本书研究重点。

（二）患者意愿的推定

医生遵循患者拒绝治疗的主观意愿而中断治疗，患者因此死亡的，属适法行为。原因在于，治疗行为若想正当化，就必须获得患者的同意。拒绝治疗权是患者行使自主决定权的表现，在中断医疗的场合，维持生命的利益已不存在。❶ 若医生无视患者拒绝治疗的意愿坚持治疗的，属于"专断医疗行为"，将可能面临故意伤害罪的追诉。当然，在遵循患者表达拒绝治疗意愿的场合，必须保证患者表达的意愿是基于知情同意而作出的真实自主表示。❷ 但是，承认患者的自主决定权并不等于承认患者享有死亡请求权，而是主张患者在死亡进程中享有自主选择权。需要注意的是，中止治疗必须在患者处于濒临死亡的阶段之时，才具有正当性。❸

消极安乐死作为一种普遍存在于患者临终末期阶段的行为，有其难以忽视的特殊性所在，但仍要受到患者自主决定权的约束。

---

❶ 参见曾淑瑜：《医疗法律·伦理》，元照出版有限公司 2007 年版，第 222 页。

❷ 参见刘建利：《晚期患者自我决定权的刑法边界》，载《中国社会科学院研究生院学报》2018 年第 3 期，第 141 页。

❸ 参见曾淑瑜：《医疗·法律·伦理》，元照出版有限公司 2007 年版，第 222 页。

法律严令禁止违背患者意愿实施的安乐死行为，但如果患者在具备同意能力时作出拒绝治疗的真实意思表示，医生就必须尊重患者的自主医疗决定。即便如此将严重背离医生救死扶伤的天职，也丝毫不能减损患者自主决定权对医生的约束力。显然，具备同意能力的患者实现其自主决定权的路径十分简洁明了，随时可以自由表达真实自主的内心意愿，充分而直接地行使自主决定权。❶

　　然而，当患者病情真正处于临终末期阶段，到了真正需要由患者本人作出最终医疗决定之际，因着舒缓医疗的普及以及镇静剂等药物的广泛使用，临终患者经常已经意识模糊或是处于完全无意识的状态，患者本人往往已丧失作出有效或是明确同意的能力。此时，如何获得患者的意愿？此乃患者自主决定权行使必须解决的问题。具而言之，此时已不存在获得患者真实意愿的可能性，只能通过推定同意这一标准来认定消极安乐死能否正当化。此时，患者的主观意愿应当如何推定？

　　1. 生前预嘱

　　生前预嘱是指患者在具有同意能力时订立的关于自己将来丧失同意能力之际行使临终医疗自主决定权的预先嘱托。❷是患者事先就临终时接受哪些医疗服务类型、是否使用生命支持系统等事项作出明确选择的文件。生前预嘱实质上就是患者自主决定权的衍生物，是预防性的事前医疗决定，医护人员应当受此约束。❸ 生

---

❶　参见张文婷：《论患者临终阶段的自决权——无同意能力患者消极安乐死之检讨》，载南京大学—哥廷根大学中德法学研究所编：《中德法学论坛》（第 7 辑），南京大学出版社 2009 年版，第 220 页。

❷　参见王铀镱：《生前预嘱制度合法化路径探析》，载《医学与法学》2019 年第 1 期，第 2 页。

❸　参见孙也龙：《违反生前预嘱的法律责任——美国法的考察与启示》，载《金陵法律评论》2016 年第 1 期，第 243 页。

前预嘱旨在帮助处于生命末期的患者尊严体面地走向自然死亡，一定程度上可以解决某些伦理难题。❶ 在我国当前的法律框架内，生前预嘱虽尚不具备法律效力，亦缺乏专门法律保障生前预嘱的践行。但是，生前预嘱制度能够有效遏制医疗父权的滥用，预防具有代理权的医生或是近亲属作出违背患者意愿的医疗决定，有效缓和医患矛盾和家庭矛盾。❷

不可否认，生前预嘱也面临不少质疑：①生前预嘱的制定与最终需要决定是否中断医疗之际存有时间上与空间上的间隔，人的想法是流动变化的，难以确保健康状态下主体的想法，到真正面临生死存亡之际不会发生改变。②临终患者的病情实状与医疗方法是变化和多样的，生前预嘱很难涵盖所有类型和可能，事实上，有很大一部分患者制定的生前预嘱很难生效，患者自主决定权的实现是有限的。❸ 诚然，生前预嘱并不能够解决所有问题，但这并不意味着生前预嘱就毫无意义。虽然不能保证生前预嘱的内容与患者真正需要作出中断医疗决定时的意愿完全一致，亦无法确保生前预嘱能够涵盖临终阶段的所有情状，但这对于当前已经丧失同意能力的患者而言，这是能够确保其自主决定权最大限度实现的唯一手段。❹ 为保障患者临终阶段仍然能够就死亡方式行使自主决定权，较低限度内牺牲患者主观意愿的"真实性"是可以

---

❶ 参见李亚明：《"生前预嘱"与死亡的尊严》，载《哲学动态》2014年第4期，第80页。

❷ 参见王铀镱：《生前预嘱制度合法化路径探析》，载《医学与法学》2019年第1期，第2页。

❸ ［日］甲斐克则：《尊严死と刑法》，成文堂2004年版，第4页。

❹ 参见刘建利：《刑法视野下医疗中止行为的容许范围》，载刘建利主编：《医事刑法重点问题研究》，东南大学出版社2017年版，第276页。

被理解和容许的。❶ 如果一味地否定生前预嘱的效力，就只能让临终患者被动维持医疗现状，或是将自主决定的权利假手他人代行决定。较之于他人的代行决定，生前预嘱自然与患者的内心真意更为接近。因此，可以将生前预嘱视为推定患者主观意愿的重要根据，只要在中断医疗实施之前的这段时间内，并未发生足以变更患者主观意愿的重大情势，就可以根据生前预嘱的内容来推定患者的内心真意。❷ 随着医疗自主意识的不断觉醒和安乐死合法化进程的不断推进，生前预嘱在世界范围内的被重视程度与日俱增。美国是生前预嘱制度的发源地，至 20 世纪 90 年代中期，几乎全部州都通过立法确认了生前预嘱的法律效力。在德国，联邦法院于 2003 年 3 月 17 日正式确认"预立医疗决定"的法律效力，并于 2009 年将预立医疗决定的相关理念整合进德国民法典（Bürgerliches Gesetzbuch）之中，进一步确定了预立医疗决定对于患者自主决定权的保障（§1901a BGB）。其中规定，患者有权随时以任何形式撤回预立医疗决定，若当前的生活状态和医疗情况符合预立医疗决定的内容时，应当履行预立医疗决定。❸ 在韩国，2016 年 1 月 8 日通过的《维持生命医疗决定法》中，明确规定处于临终过程中的患者，通过维持生命医疗计划书或事前维持生命医疗意向书，经医生确认属于患者本人的真实自主意愿，且不违背临终过程中患者内心真意的，应当履行中断维持生命医疗等

---

❶　［日］井田良：《安乐死と尊严死》，载《现代刑事法》2000 年总第 15 号，第 89 页。

❷　参见于佳佳：《刑法视野下临终患者的自主决定权及限制》，载《当代法学》2015 年第 6 期，第 53 页。

❸　参见孙效智：《安宁缓和医疗条例中的末期病患与病人自主权》，载《政治与社会哲学评论》2012 年第 41 期，第 73—74 页。

决定。❶ 我国台湾地区 2000 年公布的《安宁缓和医疗条例》规定，针对末期病人可以通过预立的意愿书不施行心肺复苏术与只能延长死亡进程的维生医疗。此后，于 2016 年又公布所谓的"病人自主权利法"更进一步放宽了预立医疗决定的适用条件，任何具备完全行为能力的人都可以预立放弃医疗的决定，当其符合预立医疗决定中的内容时，医方可以终止、撤除或是不施行急救。

我国大陆地区虽尚无关于预立医嘱的法律规定，但现有法律规范文本中都有为预立医嘱的合法化预留适用空间，国家层面也日益重视患者的医疗自主决定权，正积极稳步推进对于患者生存质量与生命尊严的保障。可见，预立医嘱在我国的合法化是可以预期的。

2. 代行决定

代行决定是"自我决定权的代行"，是指由患者的家属、医护人员或其他第三人来代替患者作出是否中断医疗的决定。❷ 在终末期医疗实践中，最常见的情形是患者既无明确的医疗指示，也无生前预嘱。处于临终末期阶段的患者本人往往已经处于无意识的昏迷状态或是行为能力十分有限的意识模糊状态，此时，只能考虑通过"代行决定"来推定患者的真实意愿。有权代行决定者，通常都与患者存在特定亲密关系，十分熟悉患者一贯的做法与想法，这类主体主要包括患者的家属、好友与主治医生等。如果患者事先并未明确授权或指定某一主体代为决定，一般就默认患者

---

❶ 参见［韩］金恩正：《论"安乐死"的刑事法评价及课题》，载赵秉志主编：《中韩刑法正当化事由比较研究》，群众出版社、中国人民公安大学出版社 2020 年版，第 175—177 页。

❷ 参见刘建利：《刑法视野下医疗中止行为的容许范围》，载《法学评论》2013 年第 6 期，第 132 页。

的家属、好友和主治医生为有权代为决定的主体。其中，家属的意见最受重视。在医疗临床实践中，医护人员也常常会优先遵循患者家属的意愿来作出医疗决定，因为家属是与患者相处时间最久，有着相同的生活背景与成长经历，依常情判断，家属应是最为了解患者的主观价值取向，最关心患者以及最能够帮助患者实现最佳利益的主体。因而，当患者陷入意愿不明之际，家属的医疗意愿往往是临床医疗决定的重要参考。❶ 在我国当前的法律体系中，虽然尚无法律或是行政性文件就消极安乐死中的代行决定作出明确规定，但关于普通医疗行为中患者同意的相关规定仍然可以为此提供有效参考。在 1994 年国务院颁布的《医疗机构管理条例》第 33 条规定，医疗机构的医疗行为应取得患者同意，并应同时取得患者家属或其关系人的同意并签字；若无法取得患者意见的，应取得患者家属或其关系人的同意并签字。同年，原卫生部颁布的《医疗机构管理条例实施细则》第 62 条与 2009 年制定的《侵权责任法》第 55 条规定，医疗机构应当向患者履行说明义务，若不宜向患者说明情况的，应当向患者的近亲属说明，并取得其书面同意。随后颁布的《病例书写基本规范》（2010 年）第 10 条、《医疗纠纷预防和处理条例》（2018 年）第 13 条、《基本医疗卫生与健康促进法》（2019 年）第 32 条与《民法典》（2020 年）第 1219 条都明确规定，在需要实施手术、特殊检查或特殊治疗的场合，当患者因各种原因无法作出有效同意时，应由患者的近亲属或其他关系人代为作出同意。在《医疗机构管理条例实施细则》（2017 年修正）第 88 条将特殊检查、特殊治疗规定为患者病情危笃，可能对患者产生不良后果与危险的检查和治疗等活动。因此，

---

❶ 参见张樱馨：《医疗义务与拒绝医疗权冲突时之刑法评价》，台湾成功大学 2011 年硕士学位论文，第 39 页。

根据法律的规定观之，在患者病情进入临终末期、死亡进程已经不可逆转且患者丧失同意能力的场合，是否采取或是继续实施维生医疗的决定权就由患者本人移转至患者家属手中，此时，家属的意见占据主导地位。❶ 也就是说，应当在合理限度内赋予患者家属放弃治疗的权利，选择让患者自然死亡，且无须担责。❷ 那么，应当如何规范患者家属代为推定患者可能意愿的行为？可以借鉴国外的立法实践与司法实务经验。在德国，依据《民法典》第1901a 条的规定，关于患者可能意愿的推定，家属应根据患者此前口头或书面作出的意思表示，或患者本人的主观价值取向以及对伦理、宗教的信念来综合判定。在日本，横滨地方法院在东海大学附属医院"安乐死"案、川崎协同医院案的判决中表明，当缺乏患者关于中断医疗的真实意愿时，可由充分了解患者主观偏好、价值取向、病情实状与治疗内容的近亲属代为推定，同时综合患者事前口头或书面的医疗意愿表示来综合判断。同时，判决还要求近亲属在事前曾与患者和医生进行过充分的沟通与交流，能够准确把握与理解患者立场，并立足于患者的立场去代为决定。❸ 在美国，托马斯·惠特莫尔诉克莱尔·康罗伊案（In Re Conroy）上诉审的新泽西州最高法院明确提出代行判断的三个标准：主观标准、限制性主观标准与纯客观标准。❹ 特拉华州法院的判决甚至直接允许家属基于患者日常表达过的意见来推定患者可

---

❶ 参见眭素利：《对生前预嘱相关问题的探讨》，载《中国卫生法制》2014 年第 2 期，第 9 页。

❷ 参见付子堂、王业平：《法律家长主义与安乐死合法化的范围界限》，载《法学杂志》2021 年第 3 期，第 66—67 页。

❸ 参见陈逸珍：《从实证分析看加工自杀罪之可罚性——兼论病人自主权利法之适用》，台湾交通大学 2018 年硕士学位论文，第 60 页。

❹ In re Conroy, 98 N. J. 321, 486 A. 2d 1209 (1985).

能的主观意愿。❶

　　然而，家属所表达的意愿究竟是对患者本人主观意愿的真诚推定，还是基于自己的立场作出希望患者接受的医疗决定，事实上是很难准确分辨的。即便家属是真诚地推测患者可能的内心真意，亦有研究表明，许多家属事实上很难准确判定患者深藏于内心的主观意愿，❷ 遑论家属基于自己主观利益而推定的场合，其真实性更难保证。如果患者家属代为推定作出的医疗决定，明显有悖于常情且无确凿证据可以证实为患者的主观意愿，❸ 医生不应遵循，应坚持保护患者最佳利益的原则。可见，允许家属有权推定患者的主观意愿，并不代表家属意愿可以直接替代患者意愿。❹ 法律并不否定违背患者家属意愿的正当医疗行为存在，当家属推定得出的医疗意愿明显违背患者最佳利益，也无可靠证据证实符合患者的主观意愿，或医生特别知悉家属意愿与患者本人的主观意愿不相符合的，可以由医生来代行决定。医生可以依据过去与病患的接触了解来推定患者的主观意愿，或是遵循最佳利益原则代替患者进行利益权衡，以避免家属基于私利侵害患者的合法权益，

❶　In re Travel，661 A. 2d 1061（Del. 1995）. 本案详情如下：特拉华州法院在承认推定意思时根据的证据是，患者与母亲一起观看报道植物人的电视节目时，告诉母亲自己如果处于同样的状态，不希望继续治疗；医生也证明了，患者的状态与被报道过的植物人的状况相似；并且，终止治疗与患者本人对哲学和神学的理解也不相冲突。

❷　参见张樱馨：《医疗义务与拒绝医疗权冲突时之刑法评价》，台湾成功大学 2011 年硕士学位论文，第 39 页。

❸　参见陈英淙：《论长期昏迷且意愿未明者之死亡协助——兼释疑"死亡协助"一词》，载《月旦法学》2005 年第 121 期，第 178 页。

❹　参见于佳佳：《刑法视野下临终患者的自主决定权及限制》，载《当代法学》2015 年第 6 期，第 54 页。

改善医疗实践中常见的"该医而不医""不该医而医"的情形。❶
此外，在竭尽各种方法之后，仍然难以准确推定患者可能的主观
意愿的，如果此时的维生医疗不是"非人道"的，依据"存疑时
生命利益优先"的原则，应当优先保护患者的生命利益，不得随
意中断或终止维持生命医疗。❷

---

❶ 参见王皇玉：《强制治疗与紧急避难——评台湾高等法院 96 年度上易字第 2020
号判决》，载《月旦法学杂志》20017 年第 151 期，第 261 页。

❷ ［日］甲斐克则、谷田宪俊主编：《安乐死·尊严死》，丸善出版社 2012 年版，
第 144 页。

结　论

　　所谓推定同意，是指并不存在被害人真实的同意，但可以合理信赖被害人如若知悉全部事实真相后当然会予以同意。关于推定同意的判断标准，学界存在主观说与客观说的不同主张，本书支持主观说，认为推定同意是立足于被害人的立场去判断"如果其在场，将会如何选择"。在推定同意的场合，因为事关被害人自身利益层面的决定，因而自然应以被害人的主观意愿作为判断准则，只要其意愿能够被知悉或是推知，即便是非理性的意愿，也应予以尊重和遵循。此中意愿被推定的被害人，事前需具备相当的认识能力和判断能力；如果被害人的权利是由法定代理人代为行使的，则以法定代理人的推定意愿为准。如果被害人的意愿确实难以被获知或是推知的，才可以退而根据客观利益权衡的标准加以判断，同样能够起到阻却违法性的效果。

　　关于推定同意的类型划分，学界虽存在诸多不同主张，但分类的实质标准基本上是一致的，更多的是不同国家或是学者在表述上有所差异而已。归根到底，都可以总结归纳成为被害人利益的推定同意，以及为他人（行为人或第三人）利益的推定同意两种类型，这种分类方法也最能彰显不同类型推定同意之间的核心差别，为本书所提倡。

在推定同意的场合，行为人在实施法益侵害行为之前，并未取得被害人真实有效的同意，仅是基于特定亲密关系或是相关事实推定存在被害人作出同意的当然可能性，难言是被害人行使自主决定权的直接表现，因为被害人对于该事实并无预见可能性，遑论主观意愿上的同意。依推定同意实施的行为，客观上已然造成法益损害事实，形式上已经属于该当构成要件的实行行为，但这种行为是依拟制的同意而实施，不同于存在真实意志的被害人同意，二者存在本质上的差异，由此引发了关于推定同意正当化根据的争论。学界对此存在现实意思推定说、紧急避险说、无因管理说、社会相当性说、综合说与被允许的风险说等多种主张。不可否认，各个学说都有其可借鉴之处，但亦存在难以自圆其说的弊端。相对而言，被允许的风险说更具合理性，为本书所提倡。依据被允许的风险说，在推定同意的场合，对被害人可能意愿的推定并非是基于客观利益的权衡，而是被害人被拟制的意志，只要在行为时可以高度盖然性地推测，如果被害人在场并知悉全部事实真相，从自身立场出发应当也会作出相同选择。即便事后证实有悖于被害人真实意愿的，仍然能够阻却推定同意行为的违法性。

关于推定同意的成立要件，本书认为，行为人依推定同意实施的行为欲阻却违法性，需同时满足以下四个要件：其一，行为人主观目的正当合理并具有推定同意的认识；其二，客观上难以获得被害人的真实同意，具体包括情势紧急与非情势紧急两种不同情形；其三，存在被害人作出同意的当然可能性；其四，推定同意的行为仅限于被害人有权处分的个人法益。

关于推定同意的具体适用，本书着重选取了紧急医疗与消极安乐死两个代表性领域。其中，紧急医疗领域是推定同意中情势紧急情形的典型场合，消极安乐死领域则是推定同意中非情势紧急情形的典型场合。

紧急医疗领域是推定同意适用最为普遍的场合，也是其起源之处。紧急医疗行为是为了保全患者的重大利益而实施的侵害其较小利益的行为，获利主体与利损主体均为同一人，其中的重大利益是指患者本人专属的生命安全与重大身体健康，因而只能立足于患者可能的主观意愿去作出判断，同时还蕴含了应当符合患者最佳利益的要求。本书关于推定同意在紧急医疗领域的具体适用，主要分为近亲属的推定同意与医方的推定同意两个领域来加以探讨。关于近亲属的推定同意适用，主要解决了以下四个争议难点：其一，当家属意愿有悖于患者重大利益时，医生有权拒绝，转而基于先前诊疗过程中对患者的了解、综合各种可靠资讯，并遵循最佳利益原则去探寻患者的主观真意。其二，患者此前存在拒绝手术的意思表示时，仍应坚持推定患者的意愿为"生"，尊重生命的价值，竭力抢救。其三，近亲属拒绝同意治疗导致患者死亡时，如果经证实即便及时救治，患者的死亡仍然不可避免的，近亲属就无须担责；如果经证实及时救治将能够有效避免患者死亡的，就要综合近亲属对于患者面临死亡危险的认识程度，以及对自己拒绝同意治疗将可能导致患者死亡的危害后果所持态度等因素来综合判断是否需要对近亲属追责。其四，近亲属之间的医疗意见存有分歧时，应当根据亲属关系的远近来决定医疗意愿被采纳的可能性大小，二者之间是正向关联。若是同一等级内部近亲属之间存有医疗意见分歧，就由医生基于专业知识与素养来最终决定。但无论处于哪一场合，最终决定是否采取医疗行为、具体采取何种医疗行为，都应竭力探寻患者的主观真意，并严格遵循患者最佳利益原则。

关于医方的推定同意适用，则确立了以下解决思路：其一，如果患者已经丧失同意能力，不立即实施手术将会危及生命或是造成不可逆的重大身体损害，且无法即时取得患者近亲属的同意，此种情况下医生可径直实施医疗行为并依推定同意阻却行为的违法性。其二，医生超越患者权限扩大、变更手术范围时，如果病情紧急，扩大或变更手术范围刻不容缓，否则将会对患者身体造成不可逆转的损害，此种情况下医生亦可径直实施医疗行为并依推定同意阻却行为的违法性。但值得注意的是，若医生可以及时获得患者同意而不积极获得，或是手术即便延迟也不会给患者带来更大损害的，医生的行为就可能构成"专断医疗"，有可能承担故意伤害等刑事罪责。

推定同意的另一典型适用就是消极安乐死领域。安乐死虽然在我国尚未被法律明确认可，但现行法律规范文本中都有为消极安乐死的合法化预留适用空间和法律根据。司法实务对大多数中断医疗的消极安乐死行为往往不会作为犯罪处理，因而消极安乐死在我国整体上可以视为一种特殊的超法规违法阻却事由。在消极安乐死的场合，绝大多数临终患者往往已经陷入昏迷或是处于丧失同意能力的状态，推定同意的适用十分普遍。关于消极安乐死正当化的判断标准，本书在借鉴国外立法实践与司法实务的基础上，结合我国现实，提出以下观点：废除作为与不作为界分的主张，转而以患者自主决定权之下的真实同意或推定同意作为判断消极安乐死能否正当化的标准。具而言之，当存在获得患者真实意愿的可能性时，患者的真实意愿优先；如果不存在获得患者真实意愿的客观可能，就适用患者的推定同意。其中，关于患者推定同意的判断，应遵循如下先后适用顺序：首先，患者事先预立医嘱的，应根据预立医嘱的内容来决定是否实施消极安乐死；其次，如果患者事先并未预立医嘱，则由患者家属、医护人员或是相关第三人来代为决定是否同意实施消极安乐死，原则上默认患者家属的意愿优先，例外情况由医生最终决定；最后，如果竭尽所有可能，仍难以推定患者可能的主观意愿时，只要此时的维生医疗不是"非人道"的，就应遵循生命利益优先的原则，优先保护患者的生命，不得随意中断或终止维持生命医疗。

参考文献

一、著作类

1. ［德］埃里克·希尔根多夫：《医疗刑法导论》，王芳凯译，北京大学出版社 2021 年版。

2. ［德］弗里德里希·黑格尔：《黑格尔著作集：法哲学原理》（第 7 卷），邓安庆译，人民出版社 2016 年版。

3. ［德］冈特·施特拉腾韦特、洛塔尔·库伦：《刑法总论 I——犯罪论》，杨萌译，法律出版社 2006 年版。

4. ［德］汉斯·海因里斯·耶赛克、托马斯·魏根特：《德国刑法教科书》（上），徐久生译，中国法制出版社 2017 年版。

5. ［德］克劳斯·罗克辛：《德国刑法学总论（第 1 卷）——犯罪原理的基础构造》，王世洲译，北京法律出版社 2005 年版。

6. ［德］马丁·海德格尔：《存在与时间》，陈嘉映、王庆节译，生活·读书·新知三联书店 2006 年版。

7. ［德］乌尔斯·金德霍伊泽尔：《刑法总论教科书》，蔡桂生译，北京大学出版社 2017 年版。

8. ［德］约翰内斯·韦塞尔斯：《德国刑法总论》，李昌珂译，法律出版社 2008 年版。

9. ［韩］金日秀、徐辅鹤：《韩国刑法总论》，郑军男译，武汉大学出版社 2008 年版。

10. ［韩］李在祥：《韩国刑法总论》，［韩］韩相敦译，中国人民大学出版社 2005 年版。

11. ［美］杰罗姆·巴伦、托马斯·迪恩斯：《美国宪法概论》，刘瑞祥等译，中国社会科学出版社 1955 年版。

12. ［日］川端博：《刑法总论二十五讲》，余振华译，中国政法大学出版社 2003 年版。

13. ［日］大谷实：《刑法讲义总论》，黎宏译，中国人民大学出版社 2008 年版。

14. ［日］大塚仁：《刑法概说》（总论），冯军译，中国人民大学出版社 2003 年版。

15. ［日］高桥则夫：《刑法总论》，李世阳译，中国政法大学出版社 2020 年版。

16. ［日］前田雅英：《刑法总论讲义》，曾文科译，北京大学出版社 2018 年版。

17. ［日］山口厚：《刑法总论》，付立庆译，中国人民大学出版社 2018 年。

18. ［日］松宫孝明：《刑法总论讲义》，钱叶六译，中国人民大学出版社 2013 年版。

19. ［日］松原芳博：《刑法总论重要问题》，王昭武译，中国政法大学出版社 2014 年版。

20. ［日］西田典之：《日本刑法总论》，王昭武、刘明祥译，法律出版社 2013 年版。

21. ［日］曾根威彦：《刑法学基础》，黎宏译，法律出版社 2005 年版。

22. ［日］佐伯仁志：《刑法总论的思之道·乐之道》，于佳佳译，中国政法大学出版社 2017 年版。

23. ［瑞士］托马斯·弗莱纳：《人权是什么?》，谢鹏程译，中国社会科学出版社 2000 年版。

24. ［意］杜里奥·帕多瓦尼：《意大利刑法学原理》（注评版），陈忠林译评，中国人民大学出版社 2004 年版。

25. ［英］吉米·边沁：《立法理论——刑法典原理》，孙力等译，中国人民公安大学出版社 1993 年版。

26. 蔡墩铭：《刑法精义》，台湾五南出版公司 1999 年版。

27. 蔡桂生：《构成要件论》，中国人民大学出版社 2015 年版。

28. 曾淑瑜：《医疗伦理与法律 15 讲》，元照出版有限公司 2016 年版。

29. 张丽卿：《刑法总则理论与运用》，五南图书出版股份有限公司 2011 年版。

30. 张明楷：《刑法学》，法律出版社 2016 年版。

31. 陈兴良：《教义刑法学》，中国人民大学出版社 2017 年版。

32. 陈璇：《紧急权体系建构与基本原理》，北京大学出版社 2021 年版。

33. 陈璇：《刑法归责原理的规范化展开》，法律出版社 2019 年版。

34. 陈子平：《刑法总论》，中国人民大学出版社 2009 年版。

35. 冯军：《刑法问题的规范理解》，北京大学出版社 2009

年版。

36. 付立庆：《刑法总论》，法律出版社 2020 年版。

37. 甘添贵：《刑法之重要理念》，瑞兴图书股份有限公司 1996 年版。

38. 黄丁全：《医事法》，元照出版有限公司 2000 年版。

39. 黄翰义：《刑法总则新论》，元照出版有限公司 2010 年版。

40. 黄荣坚：《基础刑法学》（上），元照出版有限公司 2012 年版。

41. 黄仲夫：《刑法精义》，犁斋社有限公司 2018 年版。

42. 江溯主编：《德国判例刑法》（总则），北京大学出版社 2021 年版。

43. 黎宏：《刑法学》，法律出版社 2012 年版。

44. 李适时主编：《中华人民共和国民法总则释义》，法律出版社 2017 年。

45. 林东茂：《刑法与病人自主——兼论死亡协助》，一品文化出版社 2021 年版。

46. 林东茂：《刑法综览》，一品文化出版社 2015 年版。

47. 林山田：《刑法通论》（上），北京大学出版社 2012 年版。

48. 林书楷：《刑法总则》，五南图书出版股份有限公司 2018 年版。

49. 林亚刚：《刑法学教义》（总论），北京大学出版社 2017 年版。

50. 林钰雄：《新刑法总则》，元照出版有限公司 2014 年版。

51. 刘明祥、曹菲、侯艳芳：《医学进步带来的刑法问题思考》，北京大学出版社 2014 年版。

52. 刘艳红主编：《刑法学》（上），北京大学出版社 2016

年版。

53. 马卫军：《被害人自我答责研究》，中国社会科学出版社 2018 年版。

54. 王利明：《民法学》，复旦大学出版社 2015 年版。

55. 车浩：《阶层犯罪论的构造》，法律出版社 2017 年版。

56. 陈培峰：《刑法体系精义——犯罪论》，台湾康德文化出版社 1998 年版。

57. 阮齐林：《刑法学》，中国政法大学出版社 2011 年版。

58. 田宏杰：《刑法中的正当化行为》，中国检察出版社 2004 年版。

59. 王钢：《德国判例刑法》，北京大学出版社 2016 年版。

60. 王皇玉：《刑法总则》，新学林出版股份有限公司 2019 年版。

61. 王利明主编：《中国民法典草案建议稿及说明》，中国法制出版社 2004 年版。

62. 王云岭：《现代医学与尊严死亡》，山东人民出版社 2016 年版。

63. 王泽鉴：《侵权行为》，北京大学出版社 2009 年版。

64. 王政勋：《刑法的正当性》，北京大学出版社 2008 年版。

65. 王政勋：《正当行为论》，法律出版社 2000 年版。

66. 王志嘉：《医师、病人谁说的算?：病人自主之刑法基础理论》，元照出版有限公司 2014 年版。

67. 许玉秀：《当代刑法思潮》，中国民主法制出版社 2005 年版。

68. 许泽天：《刑总要论》，元照出版有限公司 2009 年版。

69. 杨丹：《医疗刑法研究》，中国人民大学出版社 2010 年版。

70. 杨立新：《中华人民共和国民法总则要义与案例解读》，法制出版社 2017 年版。

71. 杨柳：《专断性医疗行为刑法处遇问题研究》，东南大学出版社 2015 年版。

72. 余振华：《刑法总论》，三民书局股份有限公司 2017 年版。

73. 曾淑瑜：《医疗·法律·伦理》，元照出版有限公司 2007 年版；

74. 赵国强：《澳门刑法概说（犯罪通论)》，社会科学文献出版社 2012 年。

75. 郑泽善：《刑法总论争议问题研究》，北京大学出版社 2013 年版。

76. 周光权：《刑法总论》，中国人民大学出版社 2016 年版。

二、论文期刊类

1. ［德］亨宁·罗泽瑙：《假设承诺：一个新的法律概念》，蔡桂生译，载《东方法学》2014 年第 4 期。

2. ［德］乌尔斯·金德霍伊泽尔：《容许的风险与注意义务违反性：论刑法上过失责任的构造》，陈毅坚译，载《刑事法评论》2018 年第 2 期。

3. ［德］约翰内斯·韦塞尔斯：《德国刑法总论》，李昌珂译，法律出版社 2008 年版。

4. ［韩］金恩正：《论"安乐死"的刑事法评价及课题》，载赵秉志主编：《中韩刑法正当化事由比较研究》，群众出版社、中国人民公安大学出版社 2020 年。

5. ［韩］金日秀、徐辅鹤：《韩国刑法总论》，郑军男译，武汉大学出版社 2008 年版。

6. ［韩］李在祥：《韩国刑法总论》，［韩］韩相敦译，中国人民大学出版社 2005 年版。

7. ［日］金泽文雄：《医疗与刑法》，载［日］中山研一等编：《现代刑法讲座（第二卷）》，成文堂 1979 年版。

8. ［日］井田良：《维持生命治疗的界限和刑法》，冯军译，载《法学家》2000 年第 2 期。

9. ［日］山中敬一：《有关日本临终医疗与延命措置之中止》，周广东译，载《高大法学论义》2018 年第 2 期。

10. ［日］佐伯仁志：《日本临终期医疗的相关刑事法问题》，孙文译，载《法学》2018 年第 5 期。

11. Frank Saliger：《刑法上假设同意的替代方案》，古承宗译，载《月旦医事法报告》2019 年第 38 期。

12. Thomas Rönnau：《医疗刑法中的假定同意——一个有意义的法制度?》，陈俊榕译，载《高大法学论义》2020 年第 15 卷第 2 期。

13. 鲍博：《论医生死亡协助在我国刑法中的正当化》，载《中国卫生法制》2021 年第 1 期。

14. 蔡墩铭：《论刑法上之承诺》，载《台大法学论义》1993 年第 22 卷第 2 期。

15. 蔡桂生：《避险行为对被避险人的法律效果》，载《法学评论》2017 年第 4 期。

16. 蔡桂生：《医疗刑法中的假设被害人承诺》，载《法律科学（西北政法大学学报）》2017 年第 4 期。

17. 曹菲：《医事刑法基本问题研究》，载《环球法律评论》2011 年第 4 期。

18. 车浩：《"被害人承诺"还是"被害人同意"？》，载《中国刑事法杂志》2009 年第 11 期。

19. 车浩：《复数法益下的被害人同意》，载《中国刑事法杂志》2008 年第 5 期。

20. 车浩：《论推定的被害人同意》，载《法学评论》，2010 年第 1 期。

21. 陈朝政：《死亡权问题初探：伦理层面的分析》，载《高医通识教育学报》2009 年第 4 期。

22. 陈聪富：《拒绝医疗与告知后同意》，载《月旦民商法杂志》2009 年第 23 期。

23. 陈聪富：《医疗行为与犯罪行为——告知后同意的刑法上效果》（上），载《月旦法学教室》2008 年第 69 期。

24. 陈尔彦：《德国刑法总论的当代图景与变迁》，载《苏州大学学报（法学版）》2020 年第 4 期。

25. 陈冉：《"假定同意"案件中医疗行为的正当化研究》，载《中国人民公安大学学报（社会科学版）》2019 年第 6 期。

26. 陈英淙：《论长期昏迷且意愿未明者之死亡协助——兼释疑"死亡协助"一词》，载《月旦法学》2005 年第 121 期。

27. 戴瑀如：《监护与辅助宣告下之医疗自主权——以意思能力为中心》，载《万国法律》2018 年第 218 期。

28. 邓毅丞、申敏：《被害人承诺中的法益处分权限研究》，载《法律科学（西北政法大学学报)》2014 年第 4 期。

29. 方军：《被害人同意：根据、定位与界限》，载《当代法学》2015 年第 5 期。

30. 冯军：《被害人同意的刑法涵义》，载赵秉志主编：《刑法评论》，法律出版社 2002 年版。

31. 冯军:《病患的知情同意与违法——兼与梁根林教授商榷》,载《法学》2015 年第 8 期。

32. 付子堂、王业平:《法律家长主义与安乐死合法化的范围界限》,载《法学杂志》2021 年第 3 期。

33. 古承宗:《可得推测之承诺与利益衡量》,载《月旦法学教室》2020 年第 209 期。

34. 古承宗:《刑法上的假设同意》,载《月旦法学教室》2019 年 8 月第 202 期。

35. 古承宗:《预立医疗决定于刑法上的意义与适用》,载《月旦刑事法评论》2017 年第 7 期。

36. 顾长河:《身体权与健康权的区分困局与概念重构》,载《商业研究》2013 年第 5 期。

37. 郭明瑞:《人格、身份与人格权、人身权之关系——兼论人身权的发展》,载《法学论坛》2014 年第 1 期。

38. 韩大元:《论安乐死立法的宪法界限》,载《清华法学》2011 年第 5 期。

39. 韩政道:《从刑法释义界定重症新生儿的治疗界限》,载《高大法学论义》2019 年第 14 卷第 2 期。

40. 黄京平、杜强:《被害人承诺成立要件的比较问题分析》,载《河南省政法管理干部学院学报》2003 年第 2 期。

41. 雷文玫:《沉默的病人? 父权的家属? ——从安宁缓和医疗条例修法历程检视病人临终自主在我国的机会与挑战》,载《月旦法学杂》2014 年第 227 期。

42. 黎宏:《被害人承诺问题研究》,载《法学研究》2007 年第 1 期。

43. 李步云、邓成明:《论宪法的人权保障功能》,载《中国法学》2002 年第 3 期。

44. 李惠:《论安乐死的非犯罪性》,载《上海大学学报(社会科学版)》2010 年第 2 期。

45. 李茂生:《安乐死到底是让谁得到了安乐》,载《法律扶助与社会》2020 年第 5 期。

46. 李倩:《"中断医疗型"安乐死在德国的刑法教义学考察》,载《北方法学》2017 年第 5 期。

47. 李生峰:《关于"医疗公证"的理性思考》,载《医学与哲学》2003 年第 10 期。

48. 李亚明:《"生前预嘱"与死亡的尊严》,载《哲学动态》2014 年第 4 期。

49. 梁根林:《争取人道死亡的权利》,载《比较法研究》2004 年第 3 期。

50. 廖建瑜:《病人自主权利法通过后之新变局评析:病人自主权利法对现行制度之影响》(下),载《月旦医事法报告》2017 年第 4 期。

51. 林东茂:《帮助自杀与积极死亡协助的适度合法化》,载《东吴法律学报》2019 年第 31 卷第 1 期。

52. 林东茂:《死亡协助的刑法问题》,载《高大法学论义》2015 年第 2 期。

53. 林东茂:《医疗上病患同意或承诺的刑法问题》,《中外法学》2008 年第 5 期。

54. 刘德法、范再峰:《论被害人承诺成立要件》,载《中国刑事法杂志》2015 年第 4 期。

55. 刘建利:《民法典编纂对医疗代理决定刑法效力的影响》,载《浙江工商大学学报》2019 年第 6 期。

56. 刘建利：《死亡的自我决定权与社会决定权》，载《法律科学（西北政法大学学报）》2013 年第 5 期。

57. 刘建利：《晚期患者自我决定权的刑法边界》，载《中国社会科学院研究生院学报》2018 年第 3 期。

58. 刘建利：《刑法视野下医疗中止行为的容许范围》，载《法学评论》2013 年第 6 期。

59. 刘建利：《尊严死行为的刑法边界》，载《法学》2019 年第 9 期。

60. 刘兰秋：《韩国维持生命医疗中断立法之评介》，载《河北法学》2018 年第 11 期。

61. 刘守芬、陈新旺：《被害人承诺研究》，载《法学论坛》2003 年第 5 期。

62. 刘晓燕：《患者知情同意权探析——兼评〈侵权责任法〉第 55 条、第 56 条的规定》，载《前沿》2012 年第 10 期。

63. 刘艳红：《法定犯与罪刑法定原则的坚守》，载《中国刑事法杂志》2018 年第 6 期。

64. 吕英杰：《"肖志军拒签案"——医生的刑事责任分析》，载《政治与法律》2008 年第 4 期。

65. 钱叶六：《医疗行为的正当化根据与紧急治疗、专断治疗的刑法评价》，载《政法论坛》2019 年第 1 期。

66. 苏力：《医疗的知情同意与个人自由和责任——从肖志军拒签事件切入》，载《中国法学》2008 年第 2 期。

67. 睢素利：《对生前预嘱相关问题的探讨》，载《中国卫生法制》2014 年第 2 期。

68. 孙效智：《安宁缓和医疗条例中的末期病患与病人自主权》，载《政治与社会哲学评论》2012 年第 41 期。

69. 孙也龙：《临终患者自主权研究——以境外近期立法为切入》，载《西南政法大学学报》2017 年第 5 期。

70. 孙也龙：《违反生前预嘱的法律责任——美国法的考察与启示》，载《金陵法律评论》2016 年第 1 期。

71. 孙也龙：《医疗决定代理的法律规制》，载《法商研究》2018 年第 6 期。

72. 谭兆强、贾楠：《当事人同意的效力问题研究》，载《法律适用》2012 年第 4 期。

73. 田国宝：《论基于推定承诺的行为》，载《法学评论》2004 年第 3 期。

74. 涂欣筠：《论刑法中的推定承诺》，载《中国石油大学学报（社会科学版）》2014 年第 3 期。

75. 王充：《被害人承诺三题》，载《河南社会科学》2010 年第 6 期。

76. 王富仙：《医疗自主权之代理行使》，载《治未指录：健康政策与法律论丛》2020 年第 8 期。

77. 王钢：《紧急避险中无辜第三人的容忍义务及其限度》，载《中外法学》2011 年第 3 期。

78. 王钢：《被害人承诺的体系定位》，载《比较法研究》2019 年第 4 期。

79. 王钢：《被害人自治视阈下的同意有效性——兼论三角关系中的判断》，载《政法论丛》2019 年第 5 期。

80. 王钢：《德国刑法中的安乐死》，载《比较法研究》2015 年第 5 期。

81. 王钢：《紧急避险中无辜第三人的容忍义务及其限度兼论紧急避险的正当化根据》，载《中外法学》2011 年第 3 期。

82. 王皇玉：《德国医疗刑法论述概说》，载《月旦法学杂志》2009 年第 170 期。

83. 王皇玉：《论医疗行为与业务上之正当行为》，载《台湾大学法学论丛》2007 年第 36 卷第 2 期。

84. 王皇玉：《强制治疗与紧急避难——评台湾高等法院 96 年度上易字第 2020 号判决》，载《月旦法学杂志》2017 年 12 月第 151 期。

85. 王金贵：《深化医疗行为中的刑事法律问题研究——医疗行为中的刑事法律问题研究学术研讨会综述》，载《人民检察》2007 年第 23 期。

86. 王俊：《允许风险的解释论意义》，载《苏州大学学报（法学版）》2018 年第 4 期。

87. 王丽莎：《精神障碍患者自我决定权于民法上之保护》，载《月旦医事法报告》2018 年第 20 期。

88. 王涌：《财产权谱系、财产权法定主义与民法典〈财产法总则〉》，载《政法论坛》2016 年第 1 期。

89. 王铀镱：《生前预嘱制度合法化路径探析》，载《医学与法学》2019 年第 1 期。

90. 王岳：《论尊严死》，载《江苏警官学院学报》2012 年第 3 期。

91. 王祯：《刑法上紧急避险拒绝行为的权限求证与因素分析》，载《甘肃政法学院学报》2019 年第 4 期。

92. 王志坚、林信铭：《权利或犯罪？从法哲学的观点论刑法对自杀及其协助行为的评价》，载《生命教育研究》2010 年第 2 卷第 2 期。

93. 魏超：《论推定同意的正当化依据及范围——以"无知之

幕"为切入点》，载《清华法学》2019 年第 2 期。

94. 吴俊颖：《寿终正寝？病患亲属代理决定权的探讨》，载《月旦法学》2004 年第 114 期。

95. 萧姎凌、黄清滨：《初探安乐死与尊严死相关立法规范》，载《医事法学》2009 年第 2 期。

96. 萧奕弘：《欠缺识别能力时的病人自主决定权》，载《月旦医事法报告》2018 年第 25 期。

97. 肖敏：《被害人承诺基本问题探析》，载《政法学刊》2007 年第 3 期。

98. 谢望原：《论刑法上同意之正当化根据及其司法适用》，载《法学家》2012 年第 2 期。

99. 许泽天：《消极死亡协助与病人自主决定权——德国学说、立法与实务的相互影响》，载《台北大学法学论义》2016 年第 100 期。

100. 许泽天：《尊重病人拒绝医疗意愿的中断治疗可罚性》，载《检察新论》2017 年第 21 期。

101. 薛芳：《尊严死刑法问题探究》，载《湖南警察学院学报》2016 年第 2 期。

102. 杨丹：《医疗行为的正当化研究》，载《社会科学》2009 年第 12 期。

103. 杨立新、李怡雯：《论〈民法典〉规定生命尊严的重要价值》，载《新疆师范大学学报（哲学社会科学版）》2020 年第 6 期。

104. 杨秀仪：《论病人之拒绝维生医疗权：法律理论与临床实践》，载《生命教育研究》2013 年第 1 期。

105. 姚万勤：《法律父爱主义与专断医疗行为的正当化》，载

《比较法研究》2019 年第 3 期。

106. 于改之：《社会相当性理论的体系地位及其在我国的适用》，载《比较法研究》2007 年第 5 期。

107. 于佳佳：《刑法视野下临终患者的自主决定权及限制》，载《当代法学》2015 年第 6 期。

108. 张德强：《泛道德主义、非道德化与法律文化》，载《法律科学》1995 年第 6 期。

109. 张红：《民法典之生命权、身体权与健康权立法论》，载《上海政法学院学报（法治论丛）》2020 年第 2 期。

110. 张丽卿：《医疗常规与专断医疗的刑法容许性——评析拒绝输血案》，载《台湾法学杂志》2015 年第 272 期。

111. 张明楷：《被允许的危险的法理》，载《中国社会科学》2012 年第 11 期。

112. 张少林、卜文：《推定同意的刑法意义探究——兼谈医疗手术行为中的紧急推定同意》，载《四川警察学院学报》2010 年第 2 期。

113. 张文婷：《论患者临终阶段的自决权——无同意能力患者消极安乐死之检讨》，载南京大学－哥廷根大学中德法学研究所编：《中德法学论坛》（第 7 辑），南京大学出版社 2009 年版。

114. 章瑛：《人权语境下的性权利：内涵及其意义》，载《学术界》2012 年第 7 期。

115. 赵敏：《医事法基本原则论要》，载《中国卫生法制》2021 年第 1 期。

116. 郑玉双：《自我损害行为的惩罚——基于法律家长主义的辩护与实践》，载《法制与社会发展》2016 年第 3 期。

117. 周维明：《刑法中假定同意之评析》，载《环球法律评论》2016 年第 2 期。

118. 周振杰：《现行刑法下安乐死的司法处理路径研究》，载赵秉志主编：《中韩刑法正当化事由比较研究》，群众出版社、中国人民公安大学出版社 2020 年版。

119. 祝彬：《论患者最佳利益原则》，载《医学与哲学（人文社会医学版）》2009 年第 30 卷第 5 期。

三、案例类

1. （2006）岸民初字第 313 号民事判决书。

2. （2006）通中刑一终字第 0068 号裁定书。

3. （2009）深中法刑一初字第 285 号刑事判决书。

4. （2010）二中民终字 05230 号民事判决书。

5. （2011）安民初字第 65 号民事判决书。

6. （2012）黄浦民一（民）初字第 3719 号民事判决书。

7. （2014）高民申字第 00106 号民事裁定书。

8. （2017）京 01 民终 5482 号民事判决书。

9. （2019）闽 0583 刑初 2043 号刑事判决书。

四、外文类

（一）德文类

1. Andreas Popp, Patientenverfügung, mutmaßliche Einwilligung und prozedurale Rechtfertigung, in：ZStW 2006, 644.

2. Anne Ruth Mackor, Sterbehilfe in den Niederlanden, in：ZStW 2016, 43.

3. Baumann/Weber/Mitsch, Strafrecht Allgemeiner Teil, 11. Aufl., Gieseking, 2003.

4. BGH, Urteil vom 13. 09. 1994 – 1 StR 357/94 = NJW 1995, 204.

5. BGH, Urteil vom 25. 6. 2010 – 2 StR 454/09 = NJW 2010, 2963.

6. Claus Roxin, Strafrecht Allgemeiner Teil, Bd. I, 4. Aufl., C. H. Beck, 2006.

7. Claus Roxin, Tötung auf Verlangen und Suizidteilnahme, in: GA 2013, 315.

8. Frank Saliger, Alternativen zur hypothetischen Einwilligung im Strafrecht, in: Festschrift für Werner Beulke zum 70. Geburtstag, C. F. Müller, 2015.

9. Friedrich Geerds, Einwilligung und Einverständnis des Verletzten im Strafrecht, in: GA 1954, 262.

10. Hans Welzel, Das Deutsche Strafrecht——eine systematische Darstellung, De Gruyter, 1969.

11. Hans-Heinrich Jescheck/Thomas Weigend, Lehrbuch des Strafrechts, 5. Aufl., Duncker & Humblot, 1996.

12. Jörg Eisele, Strafrecht Besonderer Teil, 3. Aufl., W. Kohlhammer, 2014.

13. Karsten Gaede, Limitiert akzessorisches Medizinstrafrecht statt hypothetischer Einwilligung, C. F. Müller, 2014.

14. Kindhäuser/Neumann/Paeffgen, StGB, 5. Aufl., Nomos, 2017.

15. Klaus Ulsenheimer, Arztstrafrecht in der Praxis, 5. Aufl., C. F. Müller, 2015.

16. Lackner/Kühl, StGB, 28. Aufl., C. H. Beck, 2014.

17. Lothar Kuhlen, Objektive Zurechnung bei Rechtfertigungsgründen, in: Festschrift für Claus Roxin zum 70. Geburtstag, De Gruyter, 2001.

18. Nike Hengstenberg, Die hypothetische Einwilligung im Strafrecht, Springer, 2013.

19. Reinhard Merkel, Zaungäste? Über die Vernachlässigung philosophischer Argumente in der Strafrechtswissenschaft, in: Institut für Kriminalwiss. Frankfurt a. M. (Hrsg.), vom unmöglichen Zustand des Strafrechts, Frankfurt a. M. 1995.

20. Sandra Wisner, Die hypothetische Einwilligung im Medizienstrafrecht, Nomos, 2010.

21. Satzger/Schluckebier/Widmaier, StGB, 2. Aufl., Carl Heymanns, 2014.

22. Systematischer Kommentar zum Strafgesetzbuch, 9. Aufl., Carl Heymanns, 2017.

23. Urs Kindhäuser, Strafrecht Allgemeiner Teil, 1. Aufl., Nomos, 2005.

24. Wessels/Beulke, Strafrecht Allgemeiner Teil, 34. Aufl., 2004.

（二）英文类

1. Court, US Supreme. "Cruzan v. Director, Missouri Department of Health." West's Supreme Court Reporter 110 (1990): 2841-2892.

2. Cranford, Ronald E. "Advance directives: the United States experience." Humane Medicine 9, no. 1 (1993).

3. Dayton, K. Standards for health care decision-making: legal and practical considerations. Utah L. Rev., 1329 (2012).

4. Ebbott, Kristina. "A Good Death Defined by Law: Comparing

the Legality of Aid-in-Dying around the World. " Wm. Mitchell L. Rev. 37 (2010).

5. Greaves, David. " The future prospects for living wills. " Journal of Medical Ethics 15, no. 4 (1989).

6. Hockton, Andrew. "The law of consent to medical treatment. " (2002).

7. Madson, Susan K. " Patient self-determination act: Implications for long-term care. " Journal of Gerontological Nursing 19, no. 2 (1993).

8. Mendelson, Danuta, and Timothy Stoltzfus Jost. "A comparative study of the law of palliative care and end-of-life treatment. " Journal of Law, Medicine & Ethics 31, no. 1 (2003).

9. Millard, Rebekah C. "They Want Me Dead-Active Killing-An Option in Modern Health Care Decision Making. " Ave Maria L. Rev. 11 (2012).

10. Miller, Colin. " Cloning Miranda: Why Medical Miranda Supports the Pre-Assertion of Criminal Miranda Rights. " Wis. L. Rev. (2015).

11. Moody, Carol. " The right to refuse medical treatment. " Journal of Healthcare Management 36, no. 1 (1991).

12. Rozovsky, Fay A. "Consent to treatment: A practical guide. " (1984).

13. Stephenson, Saskia A. " The right to die: a proposal for natural death legislation. " U. Cin. L. Rev. 49 (1980).

（三）日文类

1. ［日］甲斐克则、谷田宪俊主编：《安乐死·尊严死》，丸善出版社 2012 年版。

2. ［日］曾根威彦：《刑法原论》，成文堂 2016 年版。

3. ［日］大谷实：《刑法讲义总论》，成文堂 2012 年版。

4. ［日］町野朔：《患者的自己决定权与法》，东京大学出版会 1986 年版。

5. ［日］甲斐克则：《尊严死と刑法》，成文堂 2004 年版。

6. ［日］金泽文雄：《医疗与刑法》，载［日］中山研一等编：《现代刑法讲座（第二卷)》，成文堂 1979 年版。

7. ［日］井田良：《安乐死と尊严死》，载《现代刑事法》2000 年总第 15 号。

8. ［日］井田良：《讲义刑法学·总论》，有斐阁 2008 年版。

9. ［日］立石二六：《刑法总论 27 讲》，日本成文堂 2004 年版。

10. ［日］木村龟二：《刑法总论》（增补版），有斐阁 1984 年版。

11. ［日］内藤谦：《刑法讲义总论》（中），有斐阁 1991 年版。

12. ［日］齐藤诚二：《医事刑法的基础理论》，多贺出版社 1997 年版。

13. ［日］前田雅英：《最新重要判例 250 刑法》，弘文堂 2011 年版。

14. ［日］川端博：《刑法基本判例解说》，立花书房 2012 年版。

15. ［日］山中敬一：《刑法总论》，成文堂 2008 年版。

16. ［日］松宫孝明：《刑法总论讲义》，成文堂 2018 年版。

五、学位论文类

1. 陈逸珍：《从实证分析看加工自杀罪之可罚性——兼论病人自主权利法之适用》，台湾交通大学 2018 年硕士学位论文。

2. 黄郁珊：《被害人许可对于犯罪成立之影响——以承诺与同意他人的危害为中心》，台湾成功大学 2013 年硕士论文。

3. 林道：《推测承诺的法理解析与建构》，台湾政治大学 2015 年硕士学位论文。

4. 凌萍萍：《被害人承诺研究》，吉林大学 2010 年博士学位论文。

5. 邵睿：《论依"推定的权利人同意"之行为》，西南政法大学 2015 年博士学位论文。

6. 王志嘉：《死亡协助与刑事责任》，东吴大学 2006 年硕士学位论文。

7. 郑雨青：《非末期病人拒绝维生医疗之权利》，台湾交通大学 2015 年硕士学位论文。

8. 张原瑞：《承诺与同意对于犯罪成立之研究》，台湾辅仁大学 2015 年硕士论文。

9. 张樱馨：《医疗义务与拒绝医疗权冲突时之刑法评价》，台湾成功大学 2011 年硕士学位论文。

六、报刊、网络资源类

1.《8·31 榆林产妇跳楼事件》，载 https：//baike. baidu. com/item/8·31 榆林产妇跳楼事件/22111112？ fr = aladdin，最后访问于 2021 年 10 月 12 日。

2. 《美国医生：遇紧急情况手术决定权在医生》，载 http：//news. sina. com. cn/s/2007 – 11 – 25/022512963422s. shtml，最后访问于 2022 年 3 月 9 日。

3. 《全球死亡质量指数报告：中国排倒数第 10 名》，载 http：//news. sina. com. cn/c/nd/2015 – 10 – 30/doc-ifxkhcfn4214352. shtml，最后访问于 2022 年 1 月 22 日。

4. 《14 岁少年被打昏迷手术无人签字》，载 http：//news. cntv. cn/2014/05/04/ARTI1399171105857450. shtml.

5. 樊树林：《实施"安乐死"路还很长》，载《广西日报》2019 年 4 月 30 日，第 010 版。

6. 孟广军、张孟东：《检察机关对深圳"拔管杀妻"案提出抗诉》，载《检察日报》2010 年 12 月 24 日，第 001 版。

7. 盛大林：《"非签字不手术"是最不坏的制度》，载《中国经济时报》2007 年 11 月 29 日，第 006 版（时评）。

8. 王钢懿：《拔管杀妻案并非"安乐死"的司法判例》，载《法制日报》2010 年 12 月 14 日，第 3 版。

9. 王骞：《孕妇李丽云的最后人生》，载《南方周末》2007 年 12 月 6 日，第 A7 版。

10. 吴俊：《深圳开审"拔管杀妻"案 被告被诉"故意杀人罪"》，载《新华每日电讯》2010 年 1 月 8 日，第 008 版。

11. 袁正兵：《绝不能赋予医院强制治疗权》，载《检察日报》2007 年 11 月 25 日，第 001 版。

七、其他

1. 戴永盛译：《瑞士民法典》，中国政法大学出版社 2016

年版。

2. 台湾大学法律学院、台大法学基金会编译：《德国民法典》，北京大学出版社 2017 年版。

3. 最高人民法院侵权责任法研究小组编：《〈中华人民共和国侵权责任法〉条文理解与适用》，人民法院出版 2010 年版。